光明社科文库
GUANGMING DAILY PRESS:
A SOCIAL SCIENCE SERIES

·教育与语言书系·

职业教育反贫困研究

——以澳大利亚原住民为例

陈 琪 | 著

光明日报出版社

图书在版编目（CIP）数据

职业教育反贫困研究：以澳大利亚原住民为例 / 陈
琪著 . -- 北京：光明日报出版社，2022.8

ISBN 978-7-5194-6720-3

Ⅰ.①职… Ⅱ.①陈… Ⅲ.①职业教育－扶贫－研究
－澳大利亚 Ⅳ.① G719.611

中国版本图书馆 CIP 数据核字（2022）第 132786 号

职业教育反贫困研究：以澳大利亚原住民为例
ZHIYE JIAOYU FANPINKUN YANJIU: YI AODALIYA YUANZHUMIN WEILI

著　　者：陈　琪

责任编辑：刘兴华　　　　　　　责任校对：陈永娟
封面设计：中联华文　　　　　　责任印制：曹　净

出版发行：光明日报出版社
地　　址：北京市西城区永安路 106 号，100050
电　　话：010-63169890（咨询），010-63131930（邮购）
传　　真：010-63131930
网　　址：http://book.gmw.cn
E－mail：gmrbcbs@gmw.cn
法律顾问：北京市兰台律师事务所龚柳方律师

印　　刷：三河市华东印刷有限公司
装　　订：三河市华东印刷有限公司
本书如有破损、缺页、装订错误，请与本社联系调换，电话：010-63131930

开　　本：170mm×240mm
字　　数：222 千字　　　　　　印　　张：14.5
版　　次：2022 年 8 月第 1 版　　印　　次：2022 年 8 月第 1 次印刷
书　　号：ISBN 978-7-5194-6720-3

定　　价：89.00 元

目　录
CONTENTS

绪　论

天下民生疾苦无外乎贫困。贫困自古就有，是伴随人类社会发生和发展的复杂社会现象，是全球各个国家和地区普遍面临的挑战，它对人类生活质量的提高、个人价值的实现、社会文明的传承以及经济的发展构成了极大的威胁。学者阿马蒂亚·森（Amartya Sen）在其著作《贫困与饥荒：论权利与剥夺》中指出："并非所有关于贫困的事情都是如此简单明了……最重要的，贫困产生的原因是很难回答的，贫困的直接原因往往比较清楚，无须做太多分析，但其最终原因是模糊不清的，是一个还远远没有定论的问题。"① 从联合国的千年发展目标到可持续发展目标，消除贫困是人类发展的首要目标，贫困治理也成为国际社会的全球性问题。

一、研究缘起

贫困作为现代社会的"癌症"，它的存在危害着现代社会的发展，也考验着社会制度的正义性和优越性，成为国际社会首要解决的棘手问题。在反贫困的行动中，职业教育被联合国、世界银行等国际组织视为解决贫困问题的重要政策工具和手段，具有基础性和主导性的作用。因此，基于职业教育的视角研究反贫困议题，具有重要的理论价值和实践意义。

---

① 阿马蒂亚·森.贫困与饥荒：论权利和剥夺［M］.王宇，王文玉，译.北京：商务印书馆，2001，序言.

（一）贫困是世界各国面临的共同难题

贫困是困扰世界不同国家和地区经济发展的首要问题。2015年，联合国发布的《千年发展目标2015年报告》（*Millennium Development Goals Report 2015*）指出："全球生活在极端贫困中的人数下降超过一半，从1990年的19亿下降至2015年的8.36亿，其中大多数减贫进展是在2000年后取得的。"[①]尽管如此，全球仍有很多人生活在人类发展水平线之下，极端贫困问题依然非常严峻。据悉，撒哈拉沙漠以南的非洲有41%的群体处于赤贫状态，南亚贫穷比率为15.1%，拉丁美洲和加勒比海地区贫穷比率为5.4%，东亚和太平洋地区贫穷比率达到了3.5%。[②]对发达国家而言，他们也同样面临着贫困和社会排斥带来的巨大挑战。根据国际劳工组织（International Labour Organization）发布的《2016世界就业和社会前景——工作转型以结束贫困》（*World Employment and Social Outlook* 2016：*Transforming Jobs to End Poverty*）报告，发达国家贫困人口数量不断增长，在2012年已经超过3亿人[③]，其中"有36%的儿童生活在贫困线以下，其家庭收入低于所在国家家庭收入中位数的60%"[④]。如根据约瑟夫朗特里基金会（Joseph Rowntree Foundation）的一项报告，英国2014—2015年有22%的人口生活状态贫困，其中适龄成年劳动力占到了21%，为800万人，儿童占到了30%，约为400万人，长期贫困者为7%，共460万人等。同时，该基金会发布的报告《2017年英国贫困状况》（*UK Poverty* 2017）发现，在过去4年内英国贫困率逐渐上升，改变了自20世纪90年代中期以来不断下降的趋势。[⑤]贫困作为影响世界经济发展的"毒瘤"，正如南非首位黑人总统纳尔逊·曼德拉（Nelson Mandela）所言："大规模的贫困

[①] United Nations. The millennium development goals report 2015 [R]. New York：United，Nations，2015.

[②] Word Bank. Poverty and shared prosperity 2016：taking on inequality [R]. Washington：Word Bank，2016.

[③] International Labour Organization. World employment and social outlook2016：transforming jobs to end poverty [R]. Geneva：International Labour Organization，2016.

[④] United Nations Development Programme. Human development report 2016：human development for everyone [R]. New York：United Nations Development Programme，2016.

[⑤] UK Government warned over sharp rise in child and pensioner poverty [EB/OL]. Tasnim News Agency，2017−12−04.

和令人憎恨的不平等是我们这个时代——一个世界在科学、技术和工业以及财富积累上取得激动人心的进步的时代——的可怕的苦难，它们同奴隶制和种族隔离一样是社会的毒瘤。"① 据统计，世界上最贫困的50%人口仅获得全球财富增长总量的1%，相反，全球46%的财富集中在最富有的1%人手中。② 可以看出，社会资源和财富严重分布不均，大多数掌握在富人手里，随着贫富差距的加大，贫困导致的犯罪和暴力事件屡禁不止，这必然对社会的和谐稳定发展造成巨大威胁。此外，贫富差距也促使贫困人口面对工作和未来生活的态度更加消极，不思进取，甚至产生仇恨富人的扭曲心理，出现报复社会的各种不良危险行为。因此，促进发展，消除贫困成为人类社会发展的共同使命。

（二）职业教育是解决贫困问题的重要政策工具

为了促进全人类的共同发展，1990年联合国教科文组织召开了首届世界全民教育大会，提出了"全民教育"（Education for All）的理念，其中职业教育和培训被认为是"全民教育"中提升人力资本的一种重要教育类型。2000年，联合国教科文组织世界教育论坛通过了《达喀尔行动纲领》（*The Dakar Framework for Action*），明确提出各类弱势群体必须通过培养相关技能来规避一些风险。2001年，联合国教科文组织发布了《关于技术和职业教育的建议书（修订版）》（*Revised Recommendation concerning Technical and Vocation Education*），在第二条明确指出：应将技术和职业教育视为"有助于减轻贫困"的一种有效方法。③ 可以看出，"扶贫先治愚，扶贫先扶技"，在全世界对抗贫困的行动中，职业教育为人们提供了阻断贫困代际传递的知识和技能，是促进贫困人口可持续发展和摆脱贫困的重要手段，具有根本性、基础性和先

① United Nations Development Programme. Human Development Report 2005：Human Development for Everyone［R］. New York，2005.

② United Nations Development Programme. Human Development Report 2016：Human Development for Everyone［R］. New York，2016.

③ United National Education，Scientific And Cultural Organization. Revised recommendation concerning technical and vocational education［EB/OL］.［2019-03-02］http：//portal. unesco. org/en/ev. php-URL_ID=13145&URL_DO=DO_TOPIC&UR L_SECTION=201. html.

导性的特征。职业教育和培训是面向经济主战场的专门性教育，对受教育者进行相应的职业能力培养和训练，从而使其快速适应职业岗位和满足社会经济发展的需要，是职业教育的重要价值。[①]正如联合国教科文组织颁布的题为《青年与技能：拉近教育与就业的距离》（*Youth and Work：Putting Education to Work*）的全民教育全球监测报告指出，"能力通路"是生活在贫困状态的青年人获得技能培训的一种强有力的工具，他们可以通过正规的普及教育及其延伸，如职业技术教育，获得基本技能、可迁移技能和技术与职业技能，即错过了正规学校教育的人，能够获得基本技能培训的二次机会，从学徒制和农业技术培训等工作本位的技能培训中受益[②]，过上体面的生活。

（三）澳大利亚原住民反贫困政策与实践受到国际关注

澳大利亚非常重视人力资本建设，强调知识和技能是技术创新和国家经济持续繁荣的关键要素与驱动器，并将赋予每个公民知识和技能认为是实现国家公平与正义的根本。澳大利亚在职业教育和培训方面取得了举世瞩目的成绩，创造了一条由政府主导、行业和企业积极参与、以 TAFE（Technical and Further Education）学院为主体的职业教育发展路径，形成了基于国家框架的职业教育和培训体系，建立了资格框架、培训包和质量框架的国家培训框架，呈现出机构多样、办学主体多样、课程广泛、学制长短不一和各类教育灵活沟通等特点。[③]澳大利亚贫困人口包括原住民、残疾人、失业者、非英语背景的移民者、低技能者、妇女、儿童和居住在偏远地区的人等。原住民作为澳大利亚贫困发生率最高的群体，为了提高原住民的人力资本和减轻其贫困，澳大利亚政府在坚持多元文化主义的背景下，颁布了多项体现社会公平的职业教育政策，例如，《原住民就业政策》（*Indigenous Employment Policy*）、《公平 2001：新千年实现职业教育与培训的机会和公平策略》（*Equity 2001：Strategies to Achieve Access and Equity in Vocational Education and Training New*

[①] 许锋华.精准扶贫：民族地区职业教育发展的新定位［J］.高等教育研究，2016（11）：64-69.

[②] 联合国教科文组织.2012年全民教育全球监测报告 青年与技能：拉近教育和就业的距离（摘要版）［M］.北京：教育科学出版社，2012：24.

[③] 石伟平.比较职业教育［M］.北京：高等教育出版社，2012：86.

Millennium）等，制定了多项针对原住民就业的培训项目，不断完善职业教育和培训制度，且注重规范职业教育的公平发展，以确保关照到原住民的差异发展和教育需求。澳大利亚在对原住民人力资本的开发上积累了丰富的经验，强调以技能为着力点的人才培养目标，坚持以提高原住民的质量作为反贫困的出发点，成为世界职业教育反贫困的典范。

二、研究意义

在国际比较视野下，我国对澳大利亚原住民职业教育反贫困问题的研究还存在不足。职业教育反贫困既是理论问题，更是实践问题。对此，本研究对贫困理论、职业教育反贫困价值及功能、澳大利亚原住民职业教育反贫困实践等问题的研究，具有重要的理论意义和实践意义。

（一）理论意义

贫困是一个错综复杂的社会现象，具有历史性、多维性和动态性等特征。伴随着贫困问题的出现，贫困理论研究也逐渐进入人们的视野，鉴于贫困问题的多样性和复杂性，学者基于经济学、人口学、社会学、政治学、生态学和人类学等学科，从不同视角对致贫原因进行了解释和剖析，为我们更加全面认识贫困的本质提供了理论基础。当前，我国学者对职业教育反贫困进行了丰富的研究，其中很多研究成果基于人力资本理论、可行性能力缺失等视角，提出了职业教育为何以及何以能减轻贫困的立论依据。理论为实践提供可参照的科学依据，在上述理论基础的指导下，职业教育被认为是为贫困人口提供与就业相关的特定领域的职业技能，极大地凸显了职业教育的"扶志""扶技"价值。尽管这在一定程度上很好地实现了职业教育的工具价值和本体功能，但是忽视了导致贫困和妨碍脱贫的其他能力要素，进而在职业教育反贫困的政策设计、培训内容设置、培训项目实施过程中，难以进行有效的根治，结果反而稀释了职业教育反贫困的价值。基于这样的考量，本研究依据阿马蒂亚·森和玛莎·纳斯鲍姆（Martha Nussbaum）的能力理论对贫困原因的解释，从自由发展和社会正义的视角全面、综合地审视贫困问题，以期在理论上改变职业教育只是"扶技"的传统反贫困观点，进一步丰富和拓展职业教育反贫困的理论研究，为解释职业教育反贫困的价值和路径提供理论依据。

（二）实践意义

贫困作为当今国际社会普遍面临的社会经济难题，如何通过职业教育帮助贫困人口提高脱贫的内生能力，构建包容性的社会成为国际社会不懈追求的目标。根据联合国近10年的数据统计，澳大利亚作为南半球的发达国家，人类发展指数一直稳居全球第二名，其在国民受教育年限、预期寿命、生活质量等领域的发展水平都走在世界前列。然而，原住民作为澳大利亚的贫困群体，其人类发展指数通常低于主流群体。为了缩小原住民和主流群体的差距，促进民族矛盾和解，澳大利亚大力发展职业教育，为解决原住民贫困问题进行了诸多探索并积累了丰富经验。本研究基于对澳大利亚发展历史和政治、经济、文化的综合分析，从纵向和横向的角度，全面地考察原住民贫困的现状，剖析其贫困的原因，在此基础上对原住民职业教育反贫困的具体实践进行系统的分析，以深入了解澳大利亚原住民职业教育在反贫困进程中取得的经验，并客观认识其存在的不足。

三、文献综述

贫困是国际社会共同存在的基本问题，国内外学者给予了广泛关注，并基于教育和职业教育的视角对反贫困展开了诸多研究。原住民作为世界贫困发生率最高的群体，他们的生存状况和脱贫问题成为学界关注的重点之一。学界取得了一系列研究成果。当前，国内外学者关于职业教育反贫困和原住民脱贫议题的相关研究主要表现在以下内容。

（一）国内相关研究成果

世界经济发展的实践表明，要促进贫困劳动力获得发展，单纯依靠物质帮扶和物质资本的积累是不可能实现的，而职业教育和培训则是贫困人口获得发展的重要智力手段。鉴于职业教育在提升人力资本中的巨大作用，国内学者更多从职业教育的功能角度，阐释了职业教育为何能提升人力资本以及如何反贫困。

当前，很多学者在研究中都一致认为职业教育有助于促进人力资本发展。李强等人基于2000—2013年省级面板数据，指出职业教育有助于促进我国的人力资本发展，对我国实体经济的影响为负，在人力资本更为丰裕的地区，其实体经济发展更快。[①] 李强谊等人采用回归分析的方法对近25年来"中国健康与营养调查数据"的计算发现，职业教育和普通教育在促进收入增长方面具有同等的效果，而职业教育在缩小收入差距方面的成效更明显。[②] 刘万霞针对当前教育投资不平等的现象，依据索罗的经济增长模型，得出人力资本投资结构中职业教育投资占整个教育投资的比例越大，经济增长率越高。[③] 基于人力资本对个人收入增加和国家经济发展的重要性，也有学者对于贫困地区人力资本发展的问题进行了探讨，如吴晓蓉等人构建了贫困地区教育与人力资源需求结构关系的分析指标体系，提出教育与人力资源需求结构耦合度高，其社会、经济发展程度亦高，因此教育或者职业教育扶贫既要关注教育与就业之间的深度关联，更要关注教育在区域发展中的参与度、贡献值。[④]

我国学者对职业教育反贫困问题的关注由来已久，在20世纪八九十年代，就有学者提出职业教育在国家减贫事业中的重要性。尤其是2013年11月习近平总书记提出"精准扶贫"的重要思想以来，关于精准扶贫的议题更是成为学者研究的热点，对职业教育如何服务精准脱贫等重难点问题进行了很多有益的探讨。一是转变职业教育反贫困方式。职业教育在过程中要改变其落后的教育方式，在"精"上下功夫、寻出路。贾海刚提出从智力扶贫、技能扶

---

① 李强，魏巍. 人力资本积累与实体经济的关联：学术型抑或技能型［J］. 广西财经学院学报，2018（2）：87–88.

② 李强谊，钟水映，曾伏娥. 职业教育与普通教育：哪种更能减贫？［J］. 教育与经济，2019（4）：19–27.

③ 刘万霞. 人力资本投资结构与地区经济增长：对职业教育发展的启示［J］. 中国人口资源与环境，2014（3）：235–238.

④ 吴晓蓉，王莉，王谦. 贫困地区教育与人力资源需求结构耦合度研究：以贵州省为例［J］. 教师教育学报，2017（6）：66–79.

贫、产业扶贫以及志气扶贫方面转变职业教育扶贫方式。[①] 还有学者指出农村职业教育要采用"弹性自主、灵活多样"教学方式，在固定教室、田间地头、实训室等多个地点开展教学，同时结合专家送教上门、网络化教学和视频教学。[②] 在国外职业教育反贫困方式的研究中，有学者提出澳大利亚在针对原住民的职业教育和培训中，强调通过提供专门的原住民职业教育机构、开展远程教学、聘用合格教师、鼓励原住民家长参与，以及将原住民社区发展与职业教育联系起来等手段提高原住民就业能力。[③] 二是加强实用技能培训。开展技术技能培训，增强贫困人口的内生动力，是职业教育反贫困的应有之义。在已有的研究文献中，作者大多从劳动力转移输出和就地就业两个视角，探讨如何提供技能培训。例如，邓廷云等人认为职业院校应开展如保安、厨师、月嫂等转移劳动力就业的短期培训，同时也要结合地方现代农业发展的需求培养从事农业生产的贫困劳动力。[④] 英国在反贫困的过程中，高度重视贫困人口的能力建设，颁布了《就业和培训法》等相关法律，设立专门促进贫困人口就业的咨询和服务机构，提供了多种适用劳动力市场变化的技能培训项目，鼓励贫困人口通过就业摆脱贫困。[⑤] 三是不断调整课程结构。课程设置是决定贫困人口职业教育和培训质量的关键。有研究者提出"应着力构建层次衔接、知识技能分布协调的课程结构体系，通过工作过程系统化、实践导向课程体系建设，为职业教育个人收益的提高奠定基础"[⑥]。职业教育反贫困也是国际组织历来关注的重点，其通常根据服务地区和群体的需求，提供不同的培训内容。如国际劳工组织依据贫困地区产业结构和经济发展的需要，为当地贫困

---

① 贾海刚.职业教育服务精准扶贫的路径探索 [J].职教论坛，2016（25）：70-74.

② 康智彬，刘青."精准扶贫"与发展定向农村职业教育：基于湖南武陵山片区的思考 [J].教育发展研究，2016（7）：79-84.

③ 王建梁，梅丽芳.澳大利亚发展原住民职业教育的主要措施及其成效初探 [J].民族高等教育研究，2013（3）：12-17.

④ 邓廷云，唐志明.连片特困地区非学历职业教育精准扶贫问题探析：以滇桂黔石漠化地区为例 [J].职业技术教育，2016（22）：62-66.

⑤ 王志章，黄明珠.英国反贫困的实践路径及经验启示 [J].广西社会科学，2017（9）：188-193.

⑥ 李鹏，朱成晨，朱德全.职业教育精准扶贫：作用机理与实践反思 [J].教育与经济，2017（6）：76-83.

人口提供转移培训、农业培训等培训内容。① 四是精准治理，保障职业教育反贫困效能。朱德全教授等人指出要建立动态的职业教育反贫困监督评价机制，同时引进第三方评估。② 在职业教育精准扶贫评价成效中，还应从微观上考量评价指标，选择有效的评价工具。陆汉文教授等人提出建立政府、培训机构、贫困劳动力和劳务市场四方联动的评价体系。③ 斯里兰卡也非常注重对职业教育反贫困项目的监测与评价，通常，国家协调委员会基于"结果导向型"的方法，从项目执行过程的关键节点、反贫困的标杆和既得利益三个要素，客观科学地评价反贫困项目的成效。④

（二）国外相关研究成果

现有国外研究成果主要从职业教育的性质和功能出发，分析了职业教育在反贫困中的重要作用，论述了职业教育提高原住民、失业者、残疾人、妇女和老年人等贫困群体劳动技能的具体对策。

降低失业率在国际上被公认为是提高贫困人口生活水平的重要途径，而职业教育和培训则是贫困劳动力获得就业技能和进入劳动力市场的一把"钥匙"。很多研究者提出职业教育是贫困人口的"救助站"，如欧盟委员会指出教育和培训通过为年轻人提供正规和非正规的职业培训，使其有多样的职业选择。⑤ 联合国教科文组织国际职业教育和培训中心在2013年发布的研究报告《回顾全球职业技术和培训趋势：对理论和实践的反思》中，从人类能力和社会正义的框架结构方面，对职业教育的性质和功能进行了界定，认为职业教育和培训作为教育的重要类型之一，对于人力资本提升和社会的可持续发展具有重要的作用和意义，有助于提高弱势群体的能力，维护社会的公平。⑥

① 康智彬，胡媚，谭素美.比较视野中教育扶贫的国际经验与中国路径选择［J］.比较教育研究，2019（4）：37–44.

② 朱德全，吴虎，朱成晨.职业教育精准扶贫的逻辑框架：基于农民工城镇化的视角［J］.西南大学学报（社会科学版），2018（1）：70–79.

③ 陆汉文，杨永伟.劳动力转移培训项目贫困影响评估：一个初步框架［J］.中国农业大学学报（社会科学版），2016（5）：129–136.

④ 张振.斯里兰卡职业教育扶贫的顶层设计与实施框架［J］.比较教育研究，2019（4）：45–51.

⑤ European Commission. A memorandum on lifelong learning［R］. Luxembourg, 2000.

⑥ Unesco–Unevoc. Revisiting global trends in TVET: reflections on theory and practice［R］. Bonn, 2013.

世界银行在对原住民的研究中指出，全世界约有 2.5 亿原住民，占到了世界总人口的 5%，他们大多是社会弱势和边缘群体，在教育、就业、医疗保健、社会参与、权利获得等方面落后于主流群体。[①] 也有诸多研究认为，即使在很多发达国家，原住民的健康状况也令人担忧，他们大多面临着多种疾病，死亡率较高。[②] 如有学者从国际比较的视角，对澳大利亚、加拿大、美国、新西兰、墨西哥等国家和地区的原住民贫困问题进行了探讨，分析了世界各地原住民的不利状况、自决中心地位和原住民对发展的认识等。[③] 原住民塑造了澳大利亚重要的物质和文化财富，但是原住民贫困是困扰澳大利亚发展的社会问题之一。戴维森（Davidson）和杰尼特（Jennett）指出，原住民社会地位低下体现在平均寿命短、住房条件差、基础设施缺乏、教育水平低、失业率和犯罪率高。[④] 原住民的贫困主要表现在物质贫困、文化和服务匮乏造成的贫困。[⑤] 原住民在教育方面受到了较为严重的剥夺，如学者格蕾（Gray）和施瓦布（Schwab）在对原住民 10 年级教育参与和教育成就发展趋势的研究中，发现原住民在受教育权利和教育资格获得等方面一直处于不利地位。[⑥]

关于澳大利亚原住民职业教育和就业实践举措的研究中，史蒂夫·布拉德利（Steve Bradley）等人通过对比分析澳大利亚原住民学生和非原住民学生的学业成绩提出，应该较早采取干预对策，改进原住民地区的学校教育资源，提高办学质量和原住民学生基本的听、说、读、写技能。[⑦] 澳大利亚绝大多数地区人口稀少，而且很多原住民居住在偏远的地区，地理分布特点决定了

[①] GILLETTE H H，Harry A P. Indigenous peoples，poverty，and development [R]. Work Bank，2014.

[②] GUNDERSEN C. Measuring the extent，depth，and severity of food insecurity：an application to American Indians in the USA [J]. Journal of Population Economics，2008（1）：191–215.

[③] EVERSOLE R，MCNEISH J，CIMADAMORE A. Indigenous peoples and poverty：an international perspective [M]. Zed Books，2006：25.

[④] DAVUDSON B J. Addressing disadvantage：a greater awareness of the causes of indigenous Australian' disadvantage [R]. Canberra，1994.

[⑤] JONATHAN L. Poverty and mental health in aboriginal Australia [J]. Psychiatric Bulletin，1999（6）：364–366.

[⑥] GRARY M，HUNTER B，SCHWAB R. Trends in indigenous educational participation and attainment，1986—96 [J]. Australian Journal of Education，2000（2）：101.

[⑦] STEVE B，MIRKO D，COLIN G，GARETH L. The magnitude of educational disadvantage of indigenous minority groups in Australia [J]. Journal of Population Economics，2007（2）：547–569.

很难采用常规的方法对原住民开展正规的、面对面的职业教育，发展远程职业教育则可以解决这一问题。凯莉（Kylie）在研究中指出，澳大利亚政府建立了开放培训与教育网络，针对每一个原住民学习者提供多种个性化的教学，满足不同层次学习者的各种学习需求。[①]

对现有研究的梳理表明，关于贫困和反贫困的思考是国际社会共同关注的议题，职业教育作为促进贫困人口摆脱贫困的有效方式和主要手段的认识已经成为全球共识。诸多成果通过实证研究，论证了职业教育与人力资本提升、经济发展的关系，认为职业教育能够有效促进人力资本增长，同时也是促进技术进步、就业和区域经济发展的重要驱动因素。这些研究发现为确立职业教育反贫困的手段提供了现实依据。原住民作为少数族裔群体，他们的生存状况受到了国内外学者的广泛关注，国内外学者一致认为原住民是全球贫困发生率最高的弱势群体。国内外学者对澳大利亚原住民职业教育以及原住民职业教育反贫困研究的维度存在差异，国外研究主要通过调查研究法，对原住民贫困、职业教育政策、原住民职业教育和就业进行了探讨，较为全面地展示了职业教育如何促进原住民脱贫。国内现有研究成果主要通过文本分析法和历史研究法，对澳大利亚原住民职业教育的诸多政策进行了梳理，分析了原住民职业教育政策的具体内容和成效，鲜有将原住民贫困和职业教育联系起来，系统对澳大利亚原住民职业教育反贫困的一系列实践进行全面分析的，这为本研究留下了较大的探索空间。

四、概念界定

研究职业教育反贫困和澳大利亚原住民贫困问题，首先要对贫困、反贫困、职业教育和原住民的概念进行分析和讨论，并在此基础上进一步对原住民职业教育反贫困的概念进行界定与探讨。

---

① KYLIE T. Supporting students in a flexible learning environment: can it be managed better? ［EB/OL］.［2019-04-17］. http://www.avetra.org.au/abstracts_and_papers/kt_abstract2.pdf.

（一）贫困

众多国内外专家和国际组织机构从经济学、社会学和政治学等视角对贫困的概念进行了界定，明确了不同时期贫困的内涵和评价指标，对拓展贫困问题本质的认识有着非常重要的意义。

1. 经济视角的"缺乏说"

早期学者将贫困定义为物质匮乏，这是传统定义中贫困的最显著特征。20世纪初，英国著名学者勃海姆·朗特里（Benjamin Rowntree）在著作《贫困：城镇生活的研究》（*Poverty：A Study of Town Life*）中，按照生活标准的最低需求和个人需求的最低层次，对英国约克市的贫困问题进行了研究。他根据一周食品预算最低为15先令，再加上一定的住房、燃料、服装和其他杂物的开销，测算出一个六口之家一周的最低消费水平线应该为26先令，即为生存的最低贫困线。[①] 基于此，他得出："如果一个家庭的总收入不足以支付仅仅维持家庭成员生存需要的最低生活必需品开支，这个家庭就基本上陷入了贫困。"[②] 朗特里最先明确提出了贫困的定义，将经济收入作为衡量贫困的标准，代表了达到可接受的生活水平所必需的最低收入，具有一定的开创性意义。自此，物质匮乏说的贫困概念受到了很多学者的支持，他们并在此基础上扩展了人们经济社会生活资源匮乏的领域。如奥本海默（Oppenheim）指出贫困"是指物质上、社会上和情感上的匮乏，它意味着物质、保暖和衣着方面的开支要少于平均水平"[③]。世界银行在1980年的《世界发展报告》中指出，"当某些人或某些家庭没有足够的资源去获得社会公认、一般都能享受到的食物、生活条件、舒适和参加某些社会活动的机会，就是处于贫困状态"[④]。我国学者王小林认为贫困即"个人或家庭没有足够的收入满足其基本需要"[⑤]。

2. 发展视角的"能力说"

随着社会经济的发展，人们发现仅仅从物质匮乏或收入低下的维度定义

---

① 王小林. 贫困标准及全球贫困状况［J］. 经济研究参考，2015（55）：41–50.

② 樊怀玉. 贫困论：贫困与反贫困的理论与实践［M］. 北京：民族出版社，2002：43.

③ OPPENHEIM C. Poverty: the facts［M］. London：Bath Press，1993：13.

④ 叶普万. 贫困概念及其类型研究述评［J］. 经济学动态，2006（7）：67–69+119.

⑤ 王小林. 贫困概念的演进［R］. 北京：中国国际扶贫中心研究报告，2012（6）.

贫困，不足以了解真实的贫困状况。鉴于此，学者基于人类发展的视角重新审视什么是贫困，将能力视为反映和测量贫困的一个重要因素。诺贝尔经济学奖得主阿马蒂亚·森强调，个人福祉是以能力为保障的，能力剥夺的影响比收入低下的影响更严重和长远。作为一个社会人，他应该具备一定的基本功能，即获得足够的营养、基本的住房和医疗、受教育机会等。如果个人或一个家庭缺少这些功能或者其中的一项功能，则会面临住房紧张、营养不良、教育水平低下等问题，就意味着处于贫困状态。这些功能不仅是贫困产生的原因，本身也是贫困的表现，具有消除贫困的工具性价值。阿马蒂亚·森没有完全否认收入贫困的定义，而是在满足人类可持续性发展的内在需求上，基于能力的角度深化了对贫困背后深层次原因和本质的认识。他的观点受到了国际社会和组织的高度认可，1990年世界银行发布了以"贫困"为主题的《世界发展报告》，并将贫困定义为"缺少达到最低生活水准的能力"[①]。

3. 社会视角的"排斥说"

贫困作为一种复杂和动态的社会现象，它的产生和存在与人们所生活的社会环境密切相关，即贫困是贫困人口缺少社会资本，导致其遭遇社会排斥的结果。学者彼特·汤森（Peter Townsend）认为当个人、家庭和群体缺乏各种食物、参与活动机会、拥有至少得到社会广泛认可的生活条件和必需品时，他们便处于贫困之中，表明他们实际上已被排斥在惯常的生活方式、习俗和活动之外。[②] 大卫·柏尔纳（David Byrne）认为"排斥是导致贫困的直接原因之一，是社会作为整体而犯的过错"[③]。我国学者黄洪则强调，社会排斥进一步扩大了弱势群体与主流社会交往的距离，使其脱贫更加无望，贫困状况也不断恶化。[④] 因此，从社会排斥的角度看，贫困人口由于缺乏能力和资源优势，在有限的社会机会争夺方面处于弱势地位，被其所处的社区或者主流群体排斥在主流经济、政治和文化活动之外，他们无法被赋予和获得与其他群体同

---

① 世界银行.1990年世界发展报告［M］.北京：中国财政经济出版社，1990：19.

② TOWNSEND P. Poverty in the United Kingdom. A survey of household resources and standards of living［M］. Harmondsworth：Penguin Books，1979：31.

③ 韩克庆，唐钧.贫困概念的界定及评估的思路［J］.江苏社会科学，2018（2）：24-30.

④ 黄洪."无穷"的盼望：香港贫困问题探析［M］.香港：中华书局（香港）出版有限公司，2015：60.

等的基本权利、资源和机会，他们的边缘地位被不断强化。可以看出，社会排斥视角的贫困观突破了收入贫困和物质匮乏的概念，扩展到个人更广泛的生活领域，并特别注重参与和社会的联系。

4. 政治视角的"权利说"

阿马蒂亚·森同时以权利关系为核心线索，立足权利剥夺的视角，提出了权利贫困。他指出无论是在经济繁荣时期还是在经济衰退时期，粮食是否出现实证性的供给下降，饥荒都有可能发生，饥荒是指一些人未能得到足够的食物，而非现实世界中没有足够的食物。[①] 所以，贫困人口出现饥荒的原因并不是粮食供给减少，而是贫困人口在粮食交换中具有所有权和使用权。学者洪朝辉指出经济贫困在本质上是社会权利贫困的表现和折射，一批特定的群体和个体无法享有社会和法律认可的足够数量、符合质量的住房、医疗、教育、就业、职业晋升、荣誉和被赡养等权利，而且，由于他们应该享有的社会权利被削弱或侵犯，他们陷入相对或绝对的经济贫困。[②] 政治视角的"权利说"也受到了国际组织的广泛关注，2000年世界银行在《与贫困作斗争》（*World Development Report Attracting Poverty*）的报告中指出，"贫困不仅仅指收入低微和人力发展不足，它还包括人对外部冲击的脆弱性，包括缺少发言权、权利和被社会排斥在外"[③]。

可以看出，人们对贫困的认知和理解是一个不断积累与深化的过程。贫困的概念不是一成不变的，随着社会经济文明的进步，学者对贫困现象的认识不断加深，对贫困概念、表征和成因的解读也越来越深入和丰富。综合上述不同时期学者对贫困的解释，本研究将贫困的概念定义为：贫困是与个人生存、发展和尊严密切相关的各方面资源、机会等处于不利境况的一种动态的情形，即贫困不仅是物质层面的穷，缺少吃穿住行等维持基本生存的资源，更表现为享有教育和医疗服务、参与社会政治经济活动的权利被剥夺，缺少参与权和话语权，知识和技能水平低，缺乏进入社会的基本能力，被排斥在

---

① 阿马蒂亚·森. 贫困与饥荒［M］. 王宇，王文玉，译. 北京：商务印书馆，2001：189，197，198.

② 洪朝辉. 论中国城市社会权利的贫困［J］. 江苏社会科学，2003（2）：116-125.

③ 世界银行. 2000/2001世界发展报告［M］. 北京：中国财政经济出版社，2001：28.

主流群体外。

（二）反贫困

反贫困是伴随着贫困的发生而生的，但是"反贫困"的概念或者它作为一个学术术语，出现的时间则比较晚。最早提出"反贫困"（anti-poverty）这一说法的是著名经济学家冈纳·缪尔达尔（Gunnar Myrdal）。1970年，他在著作《世界贫困的挑战——世界反贫困大纲》的标题中明晰地使用了"反贫困"一词。从反贫困的实施过程来看，通常而言对反贫困的表述主要有三种：一是缓解或减轻贫困（alleviate poverty），强调减轻贫困的表现样态或严重程度，而不是把"穷人"转变为"非穷人"；二是摆脱贫困（lift people out of poverty，eliminate poverty，eradicate poverty，end poverty，escape poverty），是真正意义上的减贫，强调减少贫困人口数量，使贫困人口转变为非贫困人口，也被称为"消除贫困"，这是反贫困的终极目标；三是防止贫困（prevent poverty），强调通过减小脆弱性，使人们避免陷入贫困。[①] 基于此，本研究认为，反贫困是指人类为了提高个体生存和发展能力、消除社会排斥和歧视、促进社会经济发展而开展的与贫困做斗争的行动过程，它表示人类从愚昧走向文明。

（三）职业教育

职业教育是为不同年龄段的受教育者提供与从事工作密切相关的知识和技能的专业教育，旨在为生产、管理和服务培养"职业人"。本研究中的职业教育是一个较为宽泛的概念，它在形式上包括学校职业教育和其他机构提供的多种形式的职业技能培训；在教育对象上既包括学龄阶段的人，也包括成年人；在教学内容上涵盖了理论知识教育、技能教育、职业素养和职业精神等多维度的教育。职业教育反贫困是反贫困的下位概念，是指为贫困人口提供种类多样的知识与技能，让贫困家庭子女和成年劳动力掌握一技之长，提高他们的脱贫能力，使其能够顺利长期稳定就业，达到"教育（培训）一人，就业一个，脱贫一家"的目的，最终实现家庭和个人摆脱贫困，促进贫困地

---

① KING K，PALMER R. Skills development and poverty reduction：a state of the art review ［R］. European Training Foundation，2007.

区社会经济和文化的发展。原住民职业教育反贫困包括了两层含义，一方面从反贫困的参与者来说，原住民自己是反贫困行动的主体，同时也是反贫困成果的主要享有者和受益者；另一方面从反贫困的手段来说，职业教育是原住民反贫困的重要抓手，通过职业教育和培训能够有效赋予原住民脱贫的知识与技能，增强原住民的人力资本，提升他们综合发展的能力。

（四）澳大利亚原住民

原住民作为世界上特有古老传统文化的创造者、实践者、守护者和继承者，为人类文化发展的多样性做出了巨大贡献。

1. 澳大利亚原住民的中英文表达

据统计，当前原住民分布在全球90多个国家和地区，诸如新西兰的毛利人（Maori），美国的印第安人（Indian）、因纽特人（Eskimo），加拿大的印第安人、因纽特人（Inuit）和梅提斯人（Metis）等。在以英语为第一语言的国家，相关的英文表达主要有 indigenous、aboriginal、native 等。"原著民"一词是欧洲侵略者基于自身角度杜撰的术语，他们用拉丁语"aborigines"表示原始居民的意思，也使用另外一个拉丁语"indigenous"意指土生土长的。[①]在澳大利亚政府颁布的官方文件中，原住民的英文表达主要有三种，分别为 Indigenous Australians、Australian Aboriginal and/or Torres Strait Islander 和 First Australians，翻译为"澳大利亚原住民""澳大利亚土著人和／或托雷斯海峡岛民""澳大利亚第一民族／第一代澳大利亚人"，这三种表达可以交替使用，本研究统一使用"原住民"的称谓。

2. 澳大利亚原住民的概念

学界关于原住民的概念，尚未形成一个统一的普遍含义，正如法律史学家约翰·麦考科代尔（John McCorquodale）对澳大利亚定义原住民的过程所言："自从白人定居后，各州政府提出了不少于67种分类、描述或定义，来

---

① 张雯.澳大利亚土著文学的发轫和发展［J］.武汉理工大学学报（社会科学版），2018（3）：146–151.

确定谁是原住民。"①当前，已有的一些对原住民的解释主要见于国际组织的
文件当中。1986年，原住民问题工作组的报告员科博（Cobo）在题为《对原
住民歧视问题研究》的报告中，认为原住民是那些与被侵占和被殖民前就在
其领土上发展起来的社会有历史连续性的，自认为有别于在这些领土或部分
领土上占优势的社会其他部分，构成现行社会非主体部分，决意按照自己的
文化模式、社会组织和法律制度，保存、发展并向后代传承其祖传领土、民
族独特性，并凭此为基础而作为民族继续生存于世的原住民社群、民族和部
族。②1991年，《世界银行业务指南4.20》中对原住民做了如下描述：在社会
经济和文化发展中，原住民不同于其他社会主流群体，是处于不利境地的社
会脆弱群体。1998年，亚洲发展银行发布了关于原住民民族政策的文件，指
出难以对其形成一个一致明确的定义，原住民民族分布在亚太地区的不同国
家，每个原住民民族有其独特的文化、历史，现存境况也表现出极大的差异
性，原住民与社会主流群体的关系也各有不同。③

　　澳大利亚原住民是澳大利亚最早的外来人口，指在18世纪欧洲移民到来
之前在澳大利亚及其周围岛屿上的人及其后裔。④在此之前，土著人和托雷斯
海峡岛民已经分别在澳大利亚生活了长达5万年和3000年之久。⑤澳大利亚原
住民是两个不同的群体，其中托雷斯海峡岛民主要来自昆士兰州约克角（Cape
York）以北；另一部分则是居住在澳大利亚其他地区的原住民，他们都有许
多不同的语言、文化和信仰。尽管他们的民族起源和部落名称不同，但是都
遭受到了欧洲殖民者疯狂的侵略和剥夺，成为澳大利亚社会的最贫困群体。
因此，澳大利亚联邦政府在20世纪70年代取消"同化"政策，开展专门的援
助计划时，成立原住民事务工作组（Indigenous Affairs Group），协同和总理与

① Royal Commission Into Aboriginal Deaths In Custody. National report［R］. Commonwealth of Australia，1991.
② 周勇.少数人权利的法理：民族、宗教和语言上的少数人群体及其成员权利的国际司法保护［M］.北京：社会科学文献出版社，2002：8.
③ 廖敏文.《联合国土著民族权利宣言》研究［D］.北京：中央民族大学，2009：68.
④ Australian Toghther. Who are Indigenous Australians?［EB/OL］.［2019-07-02］. https：//australianstogether. org. au/discover/the-wound/who-are-indigenous-australians/.
⑤ TOM W. The future of Australia's indigenous population，2011-61［J］. Population Studies，2016（3）：311-326.

内阁部加强土著人和托雷斯海峡岛民的共同管理。[①] 对于谁是原住民，澳大利亚法律改革委员会（Australian Law Reform Commission）提出了3个认定标准，分别是"土著人和/或托雷斯海峡岛民的后裔、确定为土著人和/或托雷斯海峡岛民、被所居住的原住民社区接受和认可的人"[②]。如果符合这3个标准，则是原住民。

综合不同的概念，本研究认为，原住民是一个集合概念或一般概念，表示社会非主流群体，人口较少，他们在生产生活和实践中，形成了自己独特的生活方式、文化、宗教、信仰和民族语言，与土地具有密切的联系，在原住民内部又存在文化的多样性。另外，原住民是社会底层的边缘群体，遭遇过种族歧视和多种不公正的对待，是处境不利的少数族裔。

五、研究方法

（一）文献分析法

为了能够全面、准确地把握了解全球贫困和澳大利亚职业教育反贫困的现状，本研究从联合国、世界银行、国际劳工组织等国际组织的官方网站搜集其发布的贫困、世界人力资本发展、职业技能培训等相关报告；在澳大利亚政府官方网站，多个关于贫困、职业教育和原住民问题的研究机构，TAFE学院网站，Web of Science，Springer Link等各类英文数据库等进行交叉检索，搜集相关的政策文件、研究报告、年度报告、统计数据、学术著作和学术论文等英文文献数千篇；另外，通过中国知网论文检索平台和政府官方网站搜索国内关于澳大利亚职业教育、原住民贫困、原住民职业教育、我国扶贫政策等相关文献。在对文献进行分析和梳理时，理顺不同文献所表达内容的关系，总结其中的规律，力求对澳大利亚原住民职业教育反贫困议题有一个全

---

① 鲍姆著，魏治臻译.澳大利亚土著民族的起源和欧洲人定居澳大利亚二百年［J］.民族译丛，1983（4）：69-73.

② Australian Law Reform Commission. kinship and identity［EB/OL］.［2019-05-25］. https：//www. alrc. gov. au/ publications/36-kin ship-and-identity/legal-definitions-aboriginality.

面深入的解析。

（二）历史研究法

本研究将"描述历史"与"解释历史"相结合，以时间为线索，对澳大利亚20世纪70年代以来原住民职业教育政策进行梳理，分析不同历史时期原住民职业教育发展的背景和原因，阐释不同阶段和时代背景下原住民职业教育政策的发展目标、主要内容、实施成效和存在的问题，在此基础上，总结原住民职业教育政策的特点和演进思路。

（三）案例研究法

澳大利亚地域广泛，原住民分布在不同的地区，为此，联邦政府和各州政府根据原住民居住地、年龄和文化程度等个人背景因素的差异性，实施了多项针对不同原住民群体的职业教育反贫困项目，不同项目又由不同的机构实施或者交叉实施，这都彰显了澳大利亚职业教育反贫困的地域性，做到了因地制宜，按需施策。为了深入了解不同反贫困项目的实施状况，本研究坚持宏观研究和微观研究相结合，运用先宏观概括，后微观深描的研究逻辑思路，通过案例研究法对原住民职业教育项目进行解读与分析。在第四章关于"职业培训和就业中心"项目的实践案例中，选取位于西澳大利亚州的"金伯利集团培训"提供商作为案例，对其运行机制进行深入分析，探索"金伯利集团培训"提供商如何为原住民提供职业培训和就业服务支持。同样在第四章社区主导发展的职业教育反贫困项目中，选取北领地的"波尔皮里教育培训信托"项目为研究个案，对原住民参与方式、反贫困机构合作、原住民学习方式和学习内容等进行探讨，分析其如何赋予原住民权利，学习内容和方式如何精准对接原住民的需求，以更加全面直观地展现澳大利亚原住民职业教育反贫困的改革实践和发展举措。

第一章

职业教育反贫困的理论基础与理性探讨

贫困为什么存在？是什么导致的？如何有效根治贫困？带着这些疑问，本章首先以能力理论为理论基础，对贫困产生的原因和脱贫的路径进行分析；其次基于职业教育的本质属性，论证了职业教育反贫困的作用机制，即为什么职业教育和其他反贫困手段相比，对贫困人口内生能力提升具有更强的适切性和有效性；最后在此基础上，分析了职业教育投资与贫困人口内生能力生成的逻辑关系，论证了职业教育反贫困的收益机制。

一、能力理论是职业教育反贫困的理论基础

贫困是一个非常复杂的社会问题，它的产生和维持具有多种原因，涉及自然资源多寡、经济发展水平、社会制度安排、国家政策、人的自身能力、思想观念和历史影响等。尽管不同贫困理论对致贫原因和脱贫路径进行了阐释，但无论是何种贫困表现形式，反贫困的切入点都应该从贫困的主体——贫困人口出发，正如经济学研究认为的，"贫困是一个以人为主体的概念，对贫困问题应以人为主体加以考察和研究。不可否认，贫困的原因是多方面的……但这一切最终都会沉淀到贫困的主体——'人'——身上"[①]。法国著名经济学家弗朗索瓦·佩鲁（Francois Perroux）在著作《新发展观》中指出，如果发展不将人的因素考虑进来，那么发展是毫无意义的，也不可能解决全球所面临的贫困、饥饿等发展难题，为此，他提出"发展应该是整体的、内生

---

① 吴理财."贫困"的经济学分析及其分析的贫困［J］.经济评论，2001（4）：3-9.

的、综合的，且以人为中心的"①。佩鲁的新发展观对传统经济主义的"见物不见人"的发展理念进行了批判，强调发展是为了一切人的发展，人应该是发展的主体，而非客体。贫困人口不仅是贫困对象，他们自身也是致贫的影响因素，"在各种形式的资本中，人是最能动的"②。因此，将"贫困人口"作为研究贫困问题的突破点，从而建立一条以人的可持续发展为切入点和落脚点的脱贫路径，使其依靠内生能力实现脱贫，阻断贫困的代际传递，这种脱贫的思路，是能力理论的基本观点，成为指导世界不同国家和地区消除贫困的理论基础。

（一）能力贫困是致贫的根本原因

能力理论又被称为"人类发展理论"（Human Development Approach）或"多元能力理论"（Capabilities Approach），这种理论范式始于一个非常简单的问题，即人在现实中能做什么？又能成为什么？他们可以得到哪些真实的机会？

1. 实质自由视角下可行能力的贫困观

阿马蒂亚·森反对将贫困看作纯粹的经济问题，认为贫困是一个复杂、多维的概念，需要考虑贫困人口的不同特点和环境。他在借鉴前人研究的基础上，从社会、伦理的角度，提出了"可行能力"（capability）剥夺的贫困观，否定了传统上关于"贫困是收入低下"的单一贫困论证的说法。

阿马蒂亚·森的能力理论没有完全提出一种有关正义的确定论述，主要从自由发展的视角对能力进行了分析。他基于人类自由的视角提出了新的发展观，认为发展就是扩大人们享有的真实自由的过程，自由不仅是发展的首要目的，也是促进发展的不可缺少的重要手段。阿马蒂亚·森关于能力方法中的核心概念"自由"是在"实质性"（subjective）意义上定义的。实质自由指人们基本的可行能力，包括免受诸如饥饿、可避免的疾病、营养不良、过

---

① 刘新刚. 当代中西新发展观理论特质比较研究［J］. 清华大学学报（哲学社会科学版）,2011（1）：53-59，158-159.

② 斯图亚特. R. 林恩. 发展经济学［M］. 王乃辉，倪凤佳，范静，译. 上海：格致出版社，上海人民出版社，2001：178.

早死亡之类的困苦，以及能够识字算术、享受政治参与等自由，^①其表示个体可以自主选择自己认为有价值的生活状态。阿马蒂亚·森特别分析了促进发展的五种工具性自由，他们互相促进、相互影响，分别是政治自由、经济条件、社会机会、透明性保证和防护性保障。^②其中，政治自由表示人们拥有参与和决策的权利；经济条件指个人享有拥有各种经济资源，并将其用于消费、生产和交换的机会；社会机会强调人们在教育、医疗保健方面所拥有的自由。因此，在阿马蒂亚·森看来，能力是指一种实质自由，表示个体可以凭借这些权利和自由实现各种可能的功能性活动组合。

　　阿马蒂亚·森将能力确定为评估生活品质的最佳比较指标，它代表人类生活的品质。尽管收入、财富、技术进步、现代化等是人们追求的目标，但他们属于工具性的范畴。发展的过程和结果不仅在于促进国民经济生产总值获得增长，更应该坚持以人为中心，解除对人们有理由珍视的自由的剥夺。阿马蒂亚·森的自由观强调了自由在过程与机会中的重要性，不自由可以通过如侵犯选举权或其他政治、公民权利的过程产生，也可以在使人们无法获得他们所希望达到个人最低需求的机会中产生。^③"社会的成功与否，主要应根据该社会成员所享有的实质性自由来评价"^④，而社会之所以不平等，贫困人口之所以贫困，关键在于其缺乏享受人类生活基本要素的关键能力，易导致他们预期寿命短、严重营养不良（特别是儿童营养不良）、长期遭受疾病困扰、社会活动参与率低、缺乏生产资源与机会以及其他方面的失败。

　　1990年，阿马蒂亚·森可行能力的观点被引入联合国开发计划署发布的《人类发展报告》中。此外，1996年的《人类发展报告》中明确指出："贫困不仅仅表现为贫困人口收入低下，更为关键的是其基本生存和发展能力的不足。"^⑤2003年版《人类发展报告》提出："脱贫在于通过教育、卫生健康保

---

① 阿马蒂亚·森.以自由看待发展［M］.任赜，于真，译.北京：中国人民大学出版社，2013：30.
② 阿马蒂亚·森.以自由看待发展［M］.任赜，于真，译.北京：中国人民大学出版社，2013：31.
③ 阿马蒂亚·森.以自由看待发展［M］.任赜，于真，译.北京：中国人民大学出版社，2013：12.
④ 阿马蒂亚·森.以自由看待发展［M］.任赜，于真，译.北京：中国人民大学出版社，2013：13.
⑤ UNITED NATIONS DEVELOPMENT PROGRAMME. Human Development Report 1996［R］. New York, 1996.

障等途径提高贫困人口可行能力，改善社会发展环境。"① 可以看出，阿马蒂亚·森开辟了一个全新的视角，基于可行能力来评判一个人的实际生活状态，以此确定了识别贫困的标准。

2. 社会正义视角下核心能力的贫困观

美国人类发展理论的奠基人之一玛莎·C. 纳斯鲍姆（Martha C. Nussbaum）在阿马蒂亚·森相关研究的基础上，提出了一种最低限度的正义理论，在哲学领域丰富了能力理论，主要体现在她的著作《寻求有尊严的生活：正义的能力理论》中。纳斯鲍姆认为对能力理论的理解至少可以从两种视角进行，其一是阿马蒂亚·森的相关论述，其二是作者构建的一种社会正义视角的能力理论。纳斯鲍姆的能力理论源于对亚里士多德有关正义理论的修正与更新，亚里士多德将人类对于生活品质的追求视为拥有并且对人类能力的一种恰当运用，包括如何从人的潜力中培育能力，以及更好地运用这些能力。

纳斯鲍姆认为政府为了确保人类有能力获得尊严，并且在最低水平意义上过上丰富的生活，则必须保证人类在最低限度水平上应拥有十种核心能力，即生命、身体健康、身体健全、感觉想象和思考、情感、实践理性、归属、其他物种、娱乐、对外在环境的控制。② 纳斯鲍姆的十种核心能力，不仅关注每个人的生存环境和生存条件，还非常重视个人的发展能力及其是否能够过上一种有尊严的生活。她认为，社会正义应该使人性尊严得到尊重，这就要求人类在十种领域内都发展出最低限度以上的能力，因为他们不仅在工具意义上提升了个人的生活质量，而且参与构建了一种值得生活的人生。在这十种核心能力中，纳斯鲍姆指出实践理性和归属具有架构性（architectonic）的特征，只要其他能力呈现出一种符合人性尊严的形式，他们就能够扩展至其他能力之中。③

纳斯鲍姆区分了能力的概念，将其分为混合能力、基本能力、内在能力。

---

① United Nations Development Programme. Human Development Report 2003［R］. New York，2003.

② 玛莎·C. 纳斯鲍姆. 寻求有尊严的生活：正义的能力理论［M］. 田雷，译. 北京：中国人民大学出版社，2016：24–25.

③ 玛莎·C. 纳斯鲍姆. 寻求有尊严的生活：正义的能力理论［M］. 田雷，译. 北京：中国人民大学出版社，2016：27–28.

混合能力（combined capabilities）换言之就是阿马蒂亚·森提出的"实质性自由"，"它们不只是栖息在个人体内的能力，还是由个人能力和政治、社会以及经济环境在结合后所创造的自由或机会"，即内在能力与自由实践能力的社会、经济和经济条件的总和。内在能力（internal capabilities）是混合能力的一个重要组成部分，它表示一个人的特质，如身体健全与健康状况、智商情商、品性特点、内在学识、感知和运动的技巧，具有流变性和动态性的特征。内在能力不是自然禀赋，是后天训练和发展出来的特质与能力，在大多数情况下，他们的发展都受到社会、经济、家庭和政治环境的影响。在纳斯鲍姆看来，基本能力（basic capabilities）是人类最初存在的能力，是内在能力和混合能力的基础，表示个人先天固有的内在潜能，它让后期的发展和训练成为可能。① 内在能力和混合能力有着高度的相似性，但是对他们的区分对应着体面社会的两种有所交叠但仍可区分开来的任务，混合能力的概念更显示为一种综合性的状态，包含着内在与外在的双重因素。"一个社会可以卓有成效地实现内在能力的培育，但同时堵塞了民众基于内在能力进行活动的机会通道。"② 纳斯鲍姆举例强调社会为大众提供教育，使民众具备了参与政治事务和发表言论的内在能力，但在现实中通过压制言论来否定民众所享有的自由表达权利。她的理论方法在价值问题上坚持多元论，认为人类所拥有的至为重要的核心能力不仅在数量上有所不同，在质上也存在差别，因此，培育能力的基本前提就是要理解每一种能力的特定性质。纳斯鲍姆的核心能力观强调了一种有尊严和真正有意义的"好生活"，关注根深蒂固的社会不公正和不平等，尤其是歧视或边缘化所导致的能力失败。也就是说，这十种核心能力是构成人类有尊严生活的重要因素，只有确保人类发展超出最低限度的能力，他们的尊严才能够得到有效的保障。

　　阿马蒂亚·森和纳斯鲍姆基于能力的贫困识别方法，成为综合评估一个国家人们生活品质的基础，是评判一个人是否有尊严地生活着的重要标准。

---

① 玛莎·C. 纳斯鲍姆. 寻求有尊严的生活：正义的能力理论［M］. 田雷，译. 北京：中国人民大学出版社，2016：15-16.

② 玛莎·C. 纳斯鲍姆. 寻求有尊严的生活：正义的能力理论［M］. 田雷，译. 北京：中国人民大学出版社，2016：16.

因此，阿马蒂亚·森和纳斯鲍姆的能力理论超越了传统对贫困的认识，扭转了学界对贫困即"收入贫困"观点的单一认识，强调关注致贫原因的差异性和多样性，突出说明了多维能力剥夺在影响贫困人口生存、发展和资源获取中的重要性，明确了能力低下是导致贫困的根本因素，为人们清楚认识贫困根源提供了理论工具。结合他们对能力概念的解释与分析，本研究认为能力是指人们追求和指向积极结果的一种资本或本领，而能力贫困则强调个体或群体追求积极结果的资本或本领的不足。阿马蒂亚·森和纳斯鲍姆的能力理论还提出了一些一致的问题，当前社会发展是谋求谁的发展？以什么作为发展的衡量指标？发展的最终目的是什么？是追求 GDP，还是人的可持续发展？他们否定效用主义的发展模式，关注的是一个人实际能做什么，以及拥有的真实机会。能力理论强调人类发展是以人为本的发展，"将发展的主题从追求物质富裕转移到提升人类福祉，从追求收入最大化转移到拓展人的可行性能力，从优化增长转移到扩大人的自由。它关注的是人们生活上的富足，而不仅仅是经济上的富裕"[①]。能力理论提出了一套全面的发展观，这套理论方法的内容比基本需求方法、人力资本方法、人类福利方法更广泛。能力理论不仅明确了致贫的根本原因，同时构建了促进贫困人口发展的理论框架（如图1所示），认为发展是促进贫困人口的发展，其本质是增强贫困人口的能

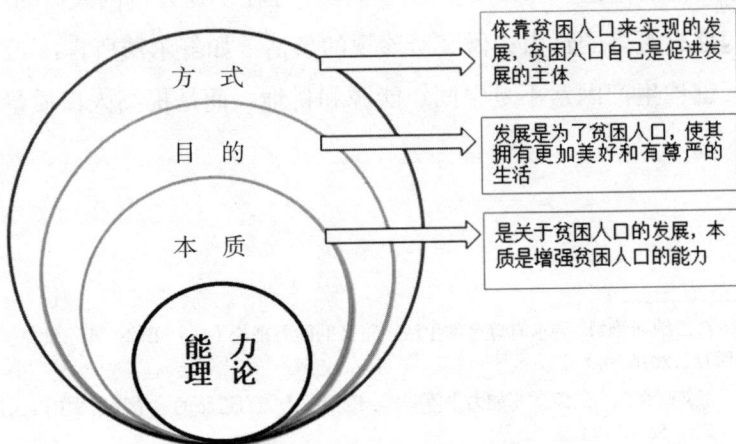

图 1　能力理论的理论框架

---

① 联合国开发计划署.2016年人类发展报告：人类发展为人人［R］.联合国开发计划署，2016.

力；贫困人口的发展是依靠贫困人口自身来实现的发展，每个贫困人口都应该参与到对其生活产生影响的全过程，他们自己是反贫困的重要主体；贫困人口发展的目的，是确保他们拥有更加美好和有尊严的生活。

（二）提升能力是脱贫的理性选择

以资源为基础的理论学派坚持国家在进行资源分配时，应遵循平等或者尽可能平等的原则，那么一个国家所拥有的资源（财富和收入）越多，他就做得越好。[①]1979年，阿马蒂亚·森做了题为《什么的平等》的报告，批评了罗尔斯用基本益品（primary goods）衡量个人优势的观点，并提出了"基本能力"的概念，指出正义研究应当从关注个人拥有的资源转向个人的能力。[②]纳斯鲍姆强调，收入和财富并不能完全反映一个人可以做些什么，又能够成为什么，想要达到同一水平的运作，他们对资源的实际需求，以及将资源转化为运作的能力存在差异。例如，就健康身体的运作来说，儿童比成年人更需要蛋白质，怀孕或哺乳期的妇女比没有怀孕的妇女需要更多的营养，那么，合理的公共政策不应该向所有人提供平等的营养资源，而是将更多的资源分配给有需要的儿童、孕妇，所以，合理的政策目标不是扩散金钱，金钱只是一种工具，关键在于赋予他们运作的能力。[③]根据能力理论对贫困发生机制和能力重要性的论述，那么反贫困的根本路径在于提升贫困人口的可行能力，确保他们拥有更多的自由去做其所珍视的事情。如舒尔茨所言："改进穷人的福利的关键性生产因素不是空间、能源和耕地，而是提高人口质量，提高知识水平"[④]。

① 玛莎·C.纳斯鲍姆.寻求有尊严的生活：正义的能力理论［M］.田雷，译.北京：中国人民大学出版社，2016：40.

② 任俊.正义研究能力进路主张能力平等吗？：澄清关于能力进路的一个误解［J］.天津社会科学，2018（5）：58–62+93.

③ 玛莎·C.纳斯鲍姆.寻求有尊严的生活：正义的能力理论［M］.田雷，译.北京：中国人民大学出版社，2016：41.

④ 西奥多.W.舒尔茨.对人进行投资：人口质量经济学［M］.吴珠华，译.北京：商务印书馆，2017：2.

1. 提升能力是贫困人口内生发展的本质

"内生发展"（endogenous development）最早见于瑞典的达格·哈马舍尔德财团向联合国经济问题特别会议提出的题为《可选择的发展》的报告中。从"内生"这个词来看，它最初是指生物有机体发育的内部自组织过程。通常，一个生命体可以根据他自身的结构自主完成发育和成长的全过程，外部的因素只能起到推动作用，不能决定生命有机体自身的发展。[①] 关于内生发展的概念，学界还没有形成一个统一的定义，加罗福利（Garofoli）认为内生发展表示一种转换社会经济系统的能力，以及应对外界挑战的能力；宫本弦一强调内生发展是以本地的技术、文化为基础，强调本地人生活、福利、文化和人权的发展。[②] "内生发展"概念一经提出，被广泛应用到经济等各种领域，尽管学界对内生发展的解释不尽相同，但是大家都一致认同内生发展是以人为中心的发展，其目的不仅仅是经济增长，还包括人的基本物质和精神需求的满足，以及地区生态环境和文化传统的维护；从实现途径上，将当地人视为地方经济发展的主体，旨在提高当地人自主发展的能力。[③]

1990年，联合国开发计划署在《人类发展的概念与衡量》的报告中提出了"以人为本"的发展理念，在开篇指出："人是一个国家的真正财富。发展的基本目标就是要创造一种环境，使人类在这种环境中能安享长寿、健康和创造性的生活。"人作为社会发展的承担者、推动者和受益者，是创造社会物质财富和产品的主体，人的活动促使社会向前发展。[④] 人的现代化理论的主要代表人物英格尔斯（Ingles）指出，人是社会发展的基本要素，人的现代化是实现国家现代化的一个不可或缺的因素，其不是现代化过程结束后的副产品，而是经济增长和现代化制度赖以依存的先决条件。[⑤] 因此，人的内生发展也

---

① 钱宁. 文化建设与西部民族地区的内源发展［J］. 云南大学学报（社会科学版），2004（1）：38-46，95.

② 张环宙，黄超超，周永广. 内生式发展模式研究综述［J］. 浙江大学学报（人文社会科学版），2007（2）：61-68.

③ 李祥，刘莉. 民族地区教育发展内生型路径初探［J］. 四川师范大学学报（社会科学版），2018（5）：118-126.

④ 刘运传. 论社会发展与人的发展［J］. 华中师范大学学报（人文社会科学版），1999（5）：63-68.

⑤ 任平，陈忠. 当代发展观念的演变及发展趋势［J］. 教学与研究，1997（6）：43-49.

着重强调人的质量和素质，它表现为一种隐藏在劳动者身上的健康状况、知识程度、技术水平和其他综合能力，是促进个体发展和经济增长的一种资本类型，是社会驱动发展、技术创新的基础。实践证明，二战后一些经济受损的国家，如日本、德国等迅速恢复、重建，在短时间内经济有了起色，关键在于他们加大了对劳动者人力资本的投资，重视在人的内生性发展上下功夫，以此通过技术进步和创新促进经济增长。

贫困作为世界性议题，实现贫困人口的内生发展，确保他们可持续脱贫和防止返贫，成为全球反贫困行动关注的焦点问题。反贫困是一种促进人和贫困地区发展的行动，这种发展必定是处于贫困状态中的贫困群体自己的一种行动（努力、创举等）。内生发展的反贫困是基于贫困人口、为了贫困人口和依靠贫困人口开展的脱贫行动，是一种凸显贫困人口"所思、所愿、所能"的理念，主张将贫困人口的发展建立在他们的地方性知识、自主性和创造性上，强调开发贫困人口的潜能，培养他们的自主精神。也就是说，内生发展视角下的能力提升，一方面强调脱贫要以人为本，将贫困人口自己作为反贫困的主体，而非被动接受扶贫资源配置的客体，这是内生发展理念实现的路径；另一方面以贫困人口及其生活地区的本土知识、技术和文化为重要的反贫困资源，是一种挖掘他们潜能、资源并将之利用的过程。内生发展观反对对外在反贫困力量帮扶的依赖，过度依附于外界的帮助会削弱贫困人口的内生动力和意志力。可以看出，提高脱贫能力是贫困人口摆脱依赖、建构发展主体和实现内生发展的必然选择。

2. 提升能力是贫困人口可持续发展的关键

自从20世纪初朗特里提出收入是衡量贫困标准的论断后，世界不同国家和地区以及国际组织采取多种措施积极致力于解决人类的贫困问题，创造了"救济式""开发式"等扶贫模式，一方面强调通过兜底的方式给予贫困人口物质帮扶，将扶贫物资直接发送给贫困人口，其无须履行任何义务；另一方面着重大力发展工业，促进物质资本积累，以通过区域经济的快速发展来惠及贫困地区，带动贫困人口就业，让贫困人口也以间接的方式共享经济增长带来的经济收益和成果。消除贫困有赖于经济增长，其是减少收入贫困的强大动力，但是，并不完全依赖于经济的增长，它对贫困的影响还取决于增长的地区和部门的构成情况、社会初始的不平等。[①]可以看出，物质帮扶和经济优先发展的"涓滴效应"反贫困理念，缺少对致贫原因的多维认识和理解，反贫困手段较多聚焦于物质资本的投入和基础设施建设，没有以贫困人口的需求作为反贫困的立足点，将脱贫主要寄于外部力量的支持。同时，该理念脱离了少数民族地区贫困人口的文化脉络，发展的结果导致文化特色被破坏和消失，贫困人口自我身份认同感产生危机，丧失自我文化创造力和对生活的自信心。[②]实践证明，20世纪中期的反贫困理念和对策只是暂时缓解了贫困，贫困人口仍难以独立应对生活中的脆弱性和风险。

　　"在全世界消除一切形式和表现的贫困"是联合国2030年可持续发展议程中的首要目标，该议程为人类可持续发展提供了一个全球性框架。在各个国家和地区反贫困的过程中，消除贫困不仅是可持续发展的基本前提，更是实现可持续发展必不可少的目标，成为国际社会反贫困的普遍共识。人的可持续发展目标具有多维性，不仅重视人们物质生活水平的提高，而且非常强调人类社会的全面系统发展与福祉。[③]根据阿马蒂亚·森的观点，人类发展不仅是致力于解决贫困人口经济收入低下的表象贫困问题，更在于促进贫困人口获得充分发展的自由，并将其作为社会发展成效的评价标准。人的发展应该是一种可持续的发展。因此，消除贫困以实现人类社会和文明进步，首要前提在于增强贫困人口抵抗贫困和可持续发展的能力。通常，贫困人口综合能力低下，即使通过多种方式脱离贫困，但是面对未来失业、自然灾害等不可抵抗的风险时，仍有部分贫困人口可能会再次返贫或出现短暂性贫困，而当外部资金、技术、政策等要素的"输血"被撤出后，贫困人口需依靠其自主能力抵御可能面临的各种脆弱和风险。因此，可持续性脱贫从本质上来说，是以能力提升作为反贫困的根本内容和目标。能力是依附在贫困人口身上的知识和技能，能够为他们带来可持续发展的资源与机会，是提高其生活质量

---

① 叶普万.贫困问题的国际阐释［J］.延安大学学报（社会科学版），2003（1）：68-72.

② 钱宁.文化教育与少数民族社区的内源发展［C］.民族文化与全球化学术研讨会论文集，2003：215-222.

③ 王光辉，刘怡君，王红兵.过去30年世界可持续发展目标的演替［J］.中国科学院院刊，2015（5）：586-592.

和缩小与主流群体差距的关键，反映了劳动力质量的高低与价值的大小。提升能力，就是扩大贫困人口自由的过程，使其能够对生活做出自己认为有价值的选择，获得参与政治、社会事务的机会和权利。因此，只有坚持能力本位的反贫困观，解决贫困人口能力低下的问题，才能够确保所有的反贫困措施长久地发挥作用，从根本上消除贫困。

3. 提升能力是促进社会公平正义的抓手

社会正义是一个美好社会的追求目标，然而，当前世界秩序内仍然存在着不公正与不平等现象，尤其全球范围内很多少数族裔群体面临着各种歧视与边缘化的能力失败，使得他们的权利不同程度上受到了侵害。阿马蒂亚·森强调，自由表示人类拥有的双向的自由，去做或不去做的自由，这是福利本身所固有的，个人可以自由追求他认为重要的任何目标或价值。[①]因此，一个人能力的大小，意味着他是否具有选择的机会，如阿马蒂亚·森举例，一个正在挨饿的人和正在节食的人，面对这一功能性活动，他们在营养问题上有着相同的运作。若从效用主义的角度来考量，他们吃的都比较少，于是可以判断出他们都面临着饥饿和营养不良，这种判断会使人们认为他们的生活方式是一样的，从而影响政府的公共政策和决策。但实际而言，他们并不具有相同的能力，因为节食的人节食是其自主选择的结果，其也可以选择不节食，而挨饿的人没得选择，只能被动地接受和面对营养不良的问题。效用主义者认为福利的概念只关系到幸福或欲望的满足，阿马蒂亚·森基于能力的福利观否定了这种狭隘的福利观点，根据一个人的价值观及其人生观定义福利[②]，从而产生了一种更加科学合理、以可持续发展为标准的生活品质的衡量方法。

纳斯鲍姆的正义观，非常强调人们尊严的重要性。"人们有尊严地生活，必定要求对这十种基本权益的保护。"[③]一种领域的能力能否进入核心能力的清

---

① 玛莎·C. 纳斯鲍姆. 寻求有尊严的生活：正义的能力理论［M］. 田雷，译. 北京：中国人民大学出版社，2016：136.

② 玛莎·C. 纳斯鲍姆. 寻求有尊严的生活：正义的能力理论［M］. 田雷，译. 北京：中国人民大学出版社，2016：136.

③ 玛莎·C. 纳斯鲍姆. 寻求有尊严的生活：正义的能力理论［M］. 田雷，译. 北京：中国人民大学出版社，2016：55.

单，取决于该能力是否能够维护人们的尊严。例如，下国际象棋的能力并没有在十种核心能力范围内，因为是否掌握下象棋的能力和人的尊严关系不大，而受教育是重要的核心能力之一，原因在于它对于人生活品质的提高和人享有的尊严密切相关。因此，判断一个社会是否存在公平和正义，关键在于看一个人是否过上了与拥有平等尊严相适应的生活？也就是人们是否获得了核心能力。纳斯鲍姆借鉴康德"人是目的而非手段"的思想，强调正义的能力理论把每一个人当作目的，并非手段，认为"培育全体公民的这十种能力，是社会正义的一项必要条件"[①]。也就是说，如果个体的这十种核心能力没有得到有效保证，那么就没有向人们提供一种人性尊严所要求的生活，其尊严被侵犯，他们生活的社会也就不正义。

贫困人口作为社会的边缘和弱势群体，贫困的存在对贫困人口个人及其家庭的安全感、满足感和幸福感造成了巨大的威胁，严重影响着社会的公平与正义。基于阿马蒂亚·森和纳斯鲍姆对公平正义的解释，可以发现，提高贫困人口的能力有助于使其获得内生发展的自由，有尊严地活着，过上有意义的生活，提高社会的公平正义性。

（三）内生能力是脱贫的关键要素

贫困人口摆脱贫困的关键取决于其所获得的能力，掌握的能力越丰富，层次越高，表示他们拥有更多战胜贫困的资本。贫困人口的脱贫能力是一种其依靠内在动力和主观能动性形成的内生能力，内生能力越强，贫困人口对外部的依赖性就越低。

1. 内生能力的内涵

1991年，联合国非洲经济委员会政府间科学和技术发展专家委员会举办的"非洲区域科学和技术的内生能力建设"（Endogenous Capacity Building in Science and Technology in the African Region）会议中提出了"内生能力"（endogenous capacity），认为内生能力表示"人的知识、技能、治理能力和政治参与"，"由当地人根据当地文化、传统和技术等资源，主动地推动本地区

---

① 玛莎·C. 纳斯鲍姆. 寻求有尊严的生活：正义的能力理论［M］. 田雷，译. 北京：中国人民大学出版社，2016：29.

社会经济的发展"。联合国区域发展中心（United Nations Centre for Regional Development）认为："内生能力建设是发展中国家依靠其自身的智慧、资源、政策、机制、社会制度和自主治理，提高解决问题的能力。"总体而言，内生能力是指人们内在所具备的谋求发展和改变生活现状的一种综合能力。贫困是可逆的，通过外在力量的帮扶可以在短时间内使贫困人口摆脱贫困，但仅仅依靠外力很大程度上会弱化贫困人口和贫困地区的活力。[①] 因此，增强贫困人口的内生能力，不仅是国际社会反贫困战略的内在要求，更是贫困人口自主脱贫致富的本质需求，是全球促进人类发展的核心要义。

首先，内生能力是一种自主自愿的脱贫能力。经济的增长并不完全等于社会的发展，而发展问题也不能仅通过投入外部资金来解决，因此，建设一个丰裕社会的关键在于培养人们的发展意识和自力更生的能力。[②] 培育贫困人口的内生能力，就是激发他们自主发展和决策的动力，使其自发产生脱贫的愿望，甘愿通过所学的知识和技能自力更生和艰苦奋斗，树立自立自强的发展意识，依靠自己的力量在反贫困过程中下功夫、花心思和谋发展，最终消除贫困，实现社会阶层的向上流动，走出贫困恶性循环的困境。

其次，内生能力是一种自我发展的脱贫能力。从反贫困的逻辑起点和终极落脚点来看，贫困人口应是脱贫效用的检验者和受益者，也应是反贫困的重要主体，因为自身利益者的身份和地位使得他们的主体效用更高，而政府只是协助解决贫困问题强有力的外在推动力量。内生能力的培育从本质上说，在于增强贫困人口的主体性意识，确保他们成为决定自我发展命运的主宰者和决策者，有效解决贫困人口在贫困治理中主体性地位丧失或参与不足的问题。自我发展能力的高低，决定了贫困人口利用自然和改造自然的程度，因此，提高他们的内生能力，有助于促进贫困人口的内生性脱贫，实现贫困地区的内生性发展。

最后，内生能力是一种可持续发展的脱贫能力。以内生能力为目标的反贫困强调贫困人口的自主性、创新性和能动性，将贫困人口置于反贫困的中心，强调通过自下而上的方式进行资源供给配置，满足贫困人口的脱贫需求。

---

① 徐勇.激发脱贫攻坚的内生动力［N］.人民日报，2016-01-11（007）.

② 虞嘉琦.传统的再创造：面向内生发展的民族教育［J］.当代教育与文化，2018（2）：73-78.

这种方式更容易被贫困人口接受，更能调动贫困人口脱贫的积极性，可以使其内生出主动减贫的持续动力，以获得真正的自由和发展。我国和世界其他国家的减贫实践证明，贫困人口内生能力的培育是巩固脱贫成果的可持续方案，有助于从根本上提高反贫困质量和成效，实现贫困人口的可持续发展，促进贫困地区的彻底脱贫和长期稳定发展。

2. 内生能力的结构框架

纳斯鲍姆认为能力具有不可通约性，所有能力都是独特和唯一的，需要通过独特的方式得到保障和保护，然而在现实生活中某些情况并不能确保人们获得和发展出最低限水平的十种能力，能力间的冲突易造成悲剧性选择（tragic choice）。基于此，纳斯鲍姆强调应该培育人类容易获得接近最低限水平的能力，即便不能立刻让他们跨越这一水平。她同时指出，有一些能力应该具有优先地位，尤其是选择那些具有孵化性的能力。阿马蒂亚·森将人的发展能力分为三大类，分别是健康长寿的能力；获得文化、技术技能和参与社会的能力；不断提高个人生活的能力。高技能劳动力总量的多寡，将直接决定国家经济发展水平和国际竞争力。为了建立技能化国家，提高劳动力质量，很多国家在职业教育发展的过程中，制定了能力框架（competency framework），如澳大利亚技能框架包括核心技能（核心能力）、就业技能（就业能力）和专业技能（专业能力），这三种技能互相联系，共同决定着个人在劳动力市场中的表现，其中专业技能由培训包解决，核心技能由核心技能框架解决，就业技能由就业技能框架解决。[①]本研究在结合阿马蒂亚·森和纳斯鲍姆的多重能力贫困观点，以及澳大利亚技能框架的基础上，构建了促进贫困人口发展的内生脱贫能力框架。（如图2所示）

---

① 李运萍. 澳大利亚就业技能新框架的创新与核心要素：基于新框架第一阶段报告的分析［J］. 职业技术教育，2014（7）：84-88.

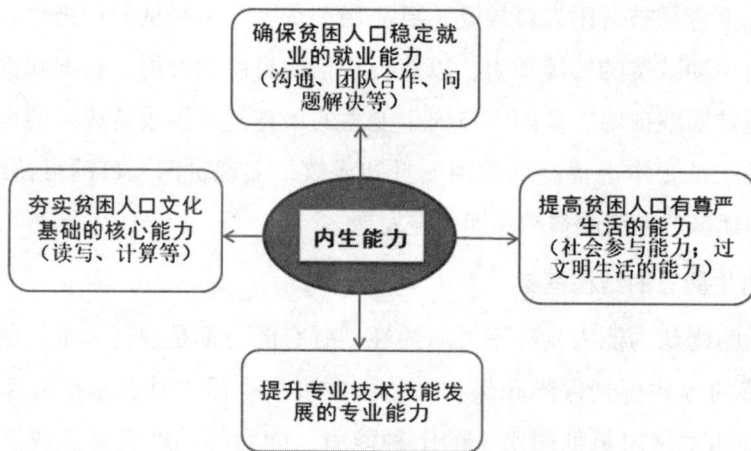

图 2   内生能力结构框架图

"能力不是相互孤立的原子,而是一组彼此互动和渗透的机会。"① 在反贫困的过程中,贫困人口四种内生能力并非线性的排列组合,他们互相作用和影响,共同构成贫困人口内生能力的结构框架。此外,这四种内生能力具有孵化性的作用,有助于促进贫困人口其他能力的发展。例如,获得就业能力,有助于增加贫困人口就业机会,获得体面工作和经济收益,提升个人价值;社会参与能力,能够使其参与各类政治经济活动,提升管理、批判性思考等能力,获得归属感和融入感。

(1)确保贫困人口稳定就业的就业能力

就业是一个与贫困紧密相连的全球性议题,它是反贫困行动最终极的追求目标之一。一个人的就业通常受到多种因素,一是个人因素,如知识储存、劳动技能水平、就业技能和就业观念等;二是产业结构转型升级,劳动力市场供给需求变化;三是就业政策、就业歧视的影响等。尽管个人就业受到不同因素的制约,但是最主要且能够被劳动者控制的则是个人的知识和技能水平,这对就业困难的贫困人口来说亦是如此。教育资历会影响人们在劳动力市场上的机会、收入、健康和家庭生活质量。因此,如果劳动者具备了一定的生产性知识和熟练的技能,那么在劳动力市场中则容易处于优势地位。也就是说,人力资本水平越高,就业能力就越强。相反,很多贫困人口由于文

---

① 玛莎·C.纳斯鲍姆.寻求有尊严的生活:正义的能力理论[M].田雷,译.北京:中国人民大学出版社,2016:69.

化程度低，技能普遍单一且就业能力弱，学习新知识和新技能的能力较差，"打工没技术、创业没思路、务农没出路"[①]，他们往往在激烈的就业市场毫无竞争力。此外，随着经济产业结构的调整和转型升级，劳动力市场对劳动力数量和质量的要求也会发生改变，无论是现代农业还是第三产业，都更加强调自动化、信息化、智能化的生产加工和服务方式，这对很多没有接触过现代技术的贫困人口，尤其是年龄较大的劳动力来说，简直是"天方夜谭"。所以，如何提升贫困人口的就业能力，是破解贫困问题的关键。

就业能力（employability）的概念最早由英国经济学家威廉·贝弗里奇（William Beveridge）1909年在著作《失业：工业的问题》中提出，他认为就业能力表征为一种"可雇用性"，是指个体获得和保持工作的能力。它不仅包括狭义的获得某份工作的能力，还表示持续就业、获得良好职业生涯发展的能力。[②] 国际劳工组织一直以来非常关注全球就业和劳动力发展问题，认为就业能力是个体获得和保持工作、促进职业进步以及应对工作生活中各种变化的能力。[③] 澳大利亚政府指出，随着职业流动性的加大，所有人都需要掌握一系列技能和具备良好的品质，以为就业和将来继续学习做准备，并构建了一个就业技能框架（Employment Skills Framework，简称 ESF）。ESF 涵盖了一名优秀劳动者应具备的所有促进职业发展的要素，一方面是有助于提升就业能力的个人品质（personal attributes），如忠诚、信任、热情、幽默感、抗压能力、适应力、平衡工作和家庭生活的态度等；另一方面是关键技能（key skills），包括沟通能力、团队合作、问题解决、创新和进取心、计划和组织能力、自我管理、学习能力和技术共8项，每一项又由具体的技能要素构成。[④] 学者奈杜（Naidu）等人认为就业能力是确保人们获得就业和可持续职业生涯发展的一种技能，包括工作准备、工作习惯、人际交往技能和学习、思维和

① 吴虹. 浅析精准扶贫与发展教育［J］. 粮食问题研究，2017（1）：36—39.

② SARANG S B, SUNIL S D. Higher education and employability—a review［J］. SSRN Electronic Journal, 2013：45—54.

③ 王霆，曾湘泉. 高校毕业生结构性失业原因及对策研究［J］. 教育与经济，2009（1）：1—4.

④ Department Of Education, Victoria. Employability skills for the future, 2002.［EB/OL］.［2019—06—26］. http://www. dest. gov. au/sectors/training_skills/publications_res ources/profiles/employability_skills_for_ the_future. htm.

适应能力技能等。^①本研究认为，无论是哪种定义，其中的就业能力从本质上来说都是一种帮助人们获得初次就业、保持就业和重新就业所需的能力，对贫困人口可持续性就业至关重要。

（2）夯实贫困人口文化基础的核心能力

核心能力又被称为通用能力、基础能力、关键能力和必要能力，它是技术技能系统中起到核心作用的可迁移能力，是除专业技术知识和技术技能之外的能力，表示劳动者运用多种知识和技能的综合能力。早在1979年，英国最先提出了核心能力的概念，强调年轻人要获得职业发展，核心能力是一种最基本和必需的能力。英国政府1998年在《迈向成功的资格》报告中明确指出，核心能力是一个人职业生涯发展的关键能力，有助于帮助劳动者从学校过渡到职场，并在工作中获得稳定的发展和超越他人。1992年，澳大利亚梅耶委员会（Mayer Committee）将其定义为一种可以帮助劳动者参与新兴工作和组织、在工作情景中综合运用知识和技能的至关重要的能力。^②

核心能力综合表现为劳动者发展的基础技能，如计算、阅读、书写和口头交流等能够夯实其文化基础的技能。在以知识为基础的现代经济社会，核心技能是开展一切工作的必备条件，是劳动者参与就业、提高生产力以及构建包容性社会的前提，对个人发展和经济增长具有积极的作用。2007年，经济合作与发展组织（Organisation for Economic Cooperation and Development，简写为OECD）发起了国际成年人能力测评项目（Program for International Assessment of Adult Competences），制订和开展了成年人技能调查（Survey of Adult Skills）计划，这项调查在40多个国家进行，旨在衡量个人参与和经济发展所需的关键认知和工作场所技能，主要评估了成年人在三种关键信息处理技能方面的熟练程度：一是读写能力（literacy），包括写字、语句理解、情景文本分析能力；二是计算能力（numeracy）；三是在信息技术环境中的问题解决能力（problem solving in technology-rich environments），表现为通过设定

① NAIDU R，STANWICK J，FRAZER K. Glossary of VET［R］. National Centre for Vocational Education Research，2013.

② 岑艺璇 . 国外新职业主义教育的理论与实践研究：以核心技能形成的职业教育机制为中心［D］. 长春：东北师范大学，2015：86.

适当的目标以及通过计算机解决个人、工作等问题的能力。[①] 根据 OECD 的调查结果，全球有五分之一16~65岁的成年劳动者读写、计算技能水平低，其中，澳大利亚有300万成年劳动者处于低技能水平，一小部分群体计算技能良好而读写技能较差，超过100万的群体读写技能高于平均值而计算技能差，读写和计算技能同时低的劳动者达到了170万名。这些低技能者中有很大一部分来自社会的弱势群体，包括原住民、妇女等，他们技能水平的高低与其家庭背景、父母教育程度具有密切的联系。[②] 可以看出，劳动者基础技能的欠缺，已经严重影响他们在现代经济中的参与率。

（3）提升专业技术技能发展的专业能力

当前，贫困已经成为年轻人获得教育和技能的重要障碍，在全球123个低收入国家和中低收入国家中，大约有2亿名15~24岁青少年甚至没有完成小学教育，即五分之一的青少年没有小学毕业。[③] 他们较早地离开学校进入劳动力市场，由于缺乏基本的专业技术技能，不得不从事低薪和不稳定的工作，而没有保障的工作又极易使他们陷入失业或待业。国际劳工组织2017年发布的《2017年全球青年就业趋势报告——通向更好工作未来的路径》（*Global Employment Trends for Youth 2017*：*Paths to a Better Working Future*）指出，2016年全球青年失业率为13.0%，2017年则小幅升至13.1%。更令人担忧的是，很多青少年虽然有工作但是仍然生活在极端或中等贫困中，其中在很多新兴经济体和发展中国家，共有1.68亿名青年劳动力处于中度或极度贫困状态，即每日生活开销不到3.1美元。目前，每5名年轻人中就有两名以上面临失业或贫穷。从全球范围来看，四分之三的青年劳动者从事非正规工作，而在发展中国家，20名中就有一人从事非正规工作。[④] 因此，很多贫困人口就业不充分或者失业率高，缺少专业技术技能已经成为阻碍他们稳定就业的关

① Organisation For Economic Co-Operation And Development. Survey of adult skills（PIAAC）.［EB/OL］.［2019-08-23］. http：//www. oecd. org/skills/pia ac/.

② Organisation For Economic Co-Operation And Development. Building skills for all in Australia：policy insights from the survey of adult skills［R］. Paris，2017.

③ 联合国教科文组织 .2012年全民教育全球监测报告 青年与技能：拉近教育和就业的距离（摘要）［M］.北京：教育科学出版社，2012：5.

④ International Labour Organization. Global employment trends for youth 2017：paths to a better working future［R］. Geneva，2017.

键因素。

专业能力是劳动者为完成和胜任某个职业领域的某项工作，将所学的知识、技能和态度在特定的职业活动或情景中进行整合形成的能力，通常以资格表示个人专业能力的高低。这种能力不具有通用性的特点，无法在不同领域和工种之间发挥作用与价值。专业能力具体体现为人们为了高质量完成某一工作，通过学习所获得的专业知识和专业技能。职业技能培训是帮助贫困人口转移就业或就近就地就业脱贫的重要举措，能够通过提高贫困人口的专业技能，实现以培训促就业，以就业带动脱贫。

（4）提高贫困人口过上有尊严的生活的其他能力

确保贫困人口过上有尊严的生活，应提高他们的社会参与能力，使其能够与主流群体一样参与社会政治经济活动；同时提升他们享有健康文明生活的能力，助力其精神脱贫。

其一，社会参与的能力。阿马蒂亚·森的可行能力贫困观不仅表示出个体在健康、智力等方面的功能性差异，还包括功能性不足衍生出来的低社会参与能力，即获取资源的机会少、社会交往能力弱、政治参与能力低等。权利缺失致使贫困人口社会参与能力低，阿马蒂亚·森通过对埃塞俄比亚、孟加拉国、萨赫勒等国家与地区饥荒问题的调查研究，认为一个人避免饥饿的能力依赖于他所拥有东西的交换权利，而交换权利还取决于他在社会经济等级结构中的地位，以及在经济中的生产方式。[①]权利意味着资源、机会与选择，相较于社会主流群体，贫困人口可用于支配和交换的东西少，导致他们根本无法与比其强的群体去抗衡，因此在社会资源分配和占有方面一直处于弱势和边缘地位，从而社会参与能力低。贫困人口权利的缺失和能力的低下，在一定程度上又加剧了他们的贫困程度，使其遭遇严重的社会排斥。排斥作为一种由不平等的权利关系导致的动态的、多领域延伸的过程，弱势群体在经济、政治、社会和文化方面被隔离在主流社会之外，加剧了社会的不平等和阶层的固化，从而使其边缘化地位被强化，自尊心和自信心受到打击。

任何人都不应被排斥在某种社会关系之外，社会排斥本身不仅是能力贫

---

① 阿马蒂亚·森.贫困与饥荒：论权利与剥夺［M］.王宇，王文玉，译.北京：商务印书馆，2001：9–10.

困的一部分，同时也是各种能力不足的原因之一。亚里士多德指出："每个人的生活注定应该是一种社会生活。"①因此，消除社会排斥形式的能力剥夺，关键在于赋予贫困人口权利，确保贫困人口能够正常顺利地进行社会参与，在社会的各个方面诸如政治、就业、医疗、住房、教育、卫生、文化和社会服务等所有领域，都具有平等的权利和机会。加强贫困人口的社会参与，提高其社会参与能力，一方面是确保贫困人口获得参与权和话语权的体现。澳大利亚学者普莱斯（Price）和迈利乌斯（Mylius）在著作《社会分析和社区参与》中指出："参与是指预期受益人参与规划、设计并执行和维护发展项目，这意味着他们的积极性和主动性被调动起来，在管理资源的过程中做出影响他们自己生活的决定。"②确保贫困人口进行有效的社会参与，从本质上而言就是使其在集体或影响自我发展的活动中具有了表达诉求、建议和批评的权利，可以在公共场所进行平等的工作和社会活动，并享有同等的社会服务和待遇。另一方面，确保贫困人口的社会参与也是贫困治理的内在需要。美国康奈尔大学诺曼·乌赫弗（Norman Uchver）教授提出了"参与式发展"的扶贫理念，认为参与式发展的对象应该以实现发展目标为目的，还应作为受益方参与监测和评价。③参与式扶贫将贫困人口作为反贫困项目运行和评估监测的主体，他们参与到反贫困资源配置和项目开发实施的全过程，不仅是终极受益者，更是过程中的执行者和决策者，有助于贫困人口内生能力的提高和发展。

确保贫困人口能够参与社会政治经济活动，一方面应赋予贫困人口权利，另一方面取决于他们社会参与能力的高低，因为这决定了其社会参与的广度和深度。有研究指出，社会参与包括四项先决条件，其中，参与人的基本技能是需要具备的最基本首要条件。④此外，阿马蒂亚·森也提出，能力是保证机会平等的前提条件，如果没有能力，机会的平等只能是纸上谈兵，即"真

① 阿马蒂亚·森，王燕燕. 论社会排斥［J］. 经济社会体制比较，2005（3）：1-7.

② PRICE S，MYLIUS B. Social analysis and community participation［M］. Appraisal, Evaluation and Sectoral Studies Branch, Australian International Development Assistance Bureau, 1991: 6.

③ 郭劲光，俎邵静. 参与式模式下贫困农民内生发展能力培育研究［J］. 华侨大学学报（哲学社会科学版），2018（4）：117-127.

④ ROBERT V. Social participation: a key element for development and governance［R］. UN Public Administration Programme, 2009.

正的机会平等必须通过能力的平等"来实现。[1] 因此，提高贫困人口的社会参与能力，如政治文化能力、权益表达能力、决策和管理能力等，成为消除能力贫困和减少社会排斥的必然追求。

其二，过文明生活的能力。贫困作为一个社会问题，也是一种文化现象，它的存在与人们生活的社会环境和所形成的文化密切相关。1959年，人类学家奥斯卡·刘易斯（Oscar Lewis）通过对墨西哥5个贫困家庭和社区的实际调查，出版了著作《五个家庭：墨西哥贫困文化案例研究》，发现生活在贫困环境中的人具有相似的家庭结构、人际关系和价值观念，并将贫困人口固有的这种行为总结为"贫困文化"（culture of poverty）。他指出贫困文化是"一种特定的概念模型的标签，是在既定的历史和社会中，贫困人口所形成和共有的一种有别于主流文化的生活方式，表现为贫困人口长期形成的习惯、行为方式、风俗、心理定式、生活态度和价值观等非物质形式，它通过贫困群体内部之间的交往而得到不断加强，代代相传和持久不变，并且被制度化，进而维持着贫困人口的生活。贫困人口长期生活在贫困文化的环境中，即使获得了物质支持，但是其内心依赖、自卑和绝望的心理仍然难以改变，容易对家庭、人生持有宿命论等消极态度"[2]。贫困文化作为一种社会存在，是一个巨大的社会文化效应场，尤其是其中的文化传统具有强大的辐射、遗传力和惯性[3]，易于在代际间传递，使贫困人口难以实现对自身的超越。如刘易斯所言："贫困文化是穷人的保护机制，这种机制往往会永久性存在，尤其是在贫困文化环境中生活的儿童，他们在六七岁时就逐渐接受周围父辈一代落后的观念和文化价值观，导致他们的世界观、志向和性格都会受到影响，以及发生变化，即使遇到改变自我生存和发展的机会，他们也会消极对待或放弃，久而久之产生绝望感。"[4]

贫困文化作为一种亚文化（subculture），它是影响贫困人口正常生活和发展的重要阻力之一。首先，贫困人口生活在自我保护的一种文化领域内，脱

---

① 洪朝辉. 论中国城市社会权利的贫困［J］. 江苏社会科学，2003（2）：116–125.

② LEWIS O. The culture of poverty［J］. Scientific American，1966（4）：19–25.

③ 王铁林. 论认识主体与文化环境的相关效应［J］. 社会科学战线，1991（2）：82–87.

④ LEWIS O. The culture of poverty［M］. New York：Basic Books，1969：199.

离了社会主流文化和生活。他们发现其自身无法依靠社会主流的方式去获得成功，久而久之便放弃追随社会主流群体的生活方式，形成了不求进取的价值观念。其次，从社区环境来看，贫困人口生活的地方环境差，和主流群体居住的人文环境相比，贫困人口形成了强烈的边缘感、无助感、不归属感和依赖性。再次，从家庭关系的角度来看，受贫困文化影响严重的家庭结构松散，家庭成员不够凝聚，家庭暴力、自杀和抛妻弃女的现象时有发生。最后，从贫困人口个人心态来说，生活在贫民窟的人通常知识贫乏、眼界狭窄，只关心眼前的利益和个人事情；生活无计划，有及时行乐、自暴自弃的倾向。[①] 可以看出，他们形成的价值观决定了其过什么样的生活，如高度文明和高质量的现代生活，还是一种积极、文明和体现个体价值观的生活，以及通过什么样的方式过上自己所希望过上的生活，依靠别人的救助还是自己的劳动和创造。这种消极落后的价值观，不仅严重制约了贫困人口参与社会的互动能力，而且也使政府反贫困工作的实效性大打折扣。

文化心理学认为，人作为一种文化存在，其心理和文化密不可分，人在社会实践活动中会遵从个人的认知、需求或意志来改造世界，同时也会运用心理来认识和体验世界。[②] 价值观念是支配人的行为的主导力量，贫困人口摆脱贫困，不仅代表财富的增长，更代表其自身的发展，首要前提在于消除隐藏在他们身上消极的思想观念，具体表现为改变贫困人口落后的生活方式和习惯，转变其人生态度，以彻底摒弃与主流文化不符的行为方式。从能力建设上而言，即在内生发展观下，加强贫困人口的精神能力建设，引导他们树立积极向上的人生观和价值观，丰富他们的精神生活，增强其自主改变命运的信心和勇气，提高他们的脱贫内生动力和可持续发展能力。

二、职业教育反贫困是职业教育本质的体现

能力理论从一开始就关注教育的重要性，它和人性尊严、平等和机会密切相关。职业教育是和贫困人口距离最近、最能直接提升其就业能力和收入

---

① 李强.中国扶贫之路［M］.昆明：云南人民出版社，1997：12-14.

② 李炳全.文化心理学［M］.上海：上海教育出版社，2007：192.

水平的教育类型。确保贫困人口和贫困家庭摆脱贫困，关键在于让适龄劳动力稳定就业，获得体面的工作和较高的经济收入，实现长久脱贫；核心在于让其拥有一技之长，掌握就业技能；本质在于通过职业教育优化人力资本的投资结构，提高贫困人口的综合发展能力，实现"扶贫"与"扶智""扶志"，这无疑是促进贫困人口永久性脱贫的最有效途径。本节着重从职业教育的本质属性出发，从学理的角度探讨为什么职业教育可以促进贫困人口的能力提升，助力社会反贫困。

（一）职业教育反贫困的适切性

不同于普通教育，职业教育是最能够关注到社会各个阶层、群体的教育类型，无论处于什么情形与具有何种教育背景，但凡有劳动能力的贫困人口均可通过职业教育找到适合自己的位置。职业教育因其特有的本质属性，对提高贫困人口人力资本和消除贫困，具有更强的适切性。

1. 职业教育的人人性

教育作为帮助贫困人口提高生存与发展能力的重要抓手，是被国际社会鼓励和首推的重要反贫困方式。无论是普通教育还是职业教育，都是面向人人的，教育的本质不排除任何一个人，旨在挖掘和激发每个人的潜能，帮助每个个体更加健康地成长。相比较而言，职业教育是一种全民教育或人人教育，面向所有社会群体，对受教育者的背景不设限，准入要求比较低，具有包容性、全纳性、社会性和开放性等特点，社会上的任何人都可以通过职业教育获得满足自我发展需要的知识和技能。[①]1999年，第二届国际技术与职业教育会议提出了"全民职业教育"（TVE for all）的口号，特别将"技术与职业教育"（TVE）改为"技术和职业教育与培训"（TVET），扩展了职业教育的内涵和外延，强调面向所有各类群体是职业教育的基本价值取向，接受职业教育是基本人权。[②]联合国教科文组织最新颁布的《职业技术教育与培

---

① 李延平. 论职业教育公平［J］. 教育研究，2009（11）：16–19.

② UNESCO. Second international congress on technical and vocational education［C］//Proceedings of the second international congress on technical and vocational education，Seoul：second international congress on techical and vocational education，1999.

训战略（2016–2021年）》（*Strategy for Technical and Vocational Education and Training（TVET）2016–2021*），再次重申了职业教育在促进公平、减少贫困和消除不平等方面的重要性，强调要排除教育者的种族、年龄、性别、身体健康状况和社会地位等影响因素，确保所有人都可以获得终身学习的机会与渠道，确保他们享有一个可持续发展的未来。[①] 我国颁布的多项文件也要求大力发展职业教育和广泛开展公益性职业技能培训，支持偏远落后地区、少数民族地区贫困人口的发展，提升职业教育服务贫困人口脱贫的能力，促进教育强民、技能富民和就业安民。

根据生命周期理论，个体在生命发展的不同阶段受到的影响具有向下一阶段传递的特性，即生命周期具有内在关联性。受教育程度是维持代际间社会经济地位和层次传递的一个核心机制。父母的受教育程度和社会职业地位在一定程度上对子女教育、发展具有较大的影响，如果父母的教育水平和社会地位低，那么这种文化资本和社会资本也会通过代际传递影响子女的未来发展。贫困家庭的子女通常出生在贫困原生家庭，一出生就面临和延续着父辈的贫困生活状态，家庭的贫困剥夺了他们获得更多社会资本、文化资本的可能性，使其社会资本和资源占有量不足，最直接的结果体现为他们因为文化成绩落后而无法接受普通高等教育。职业教育作为一种全民教育，它的社会功能和价值，使其几乎满足了不同行业和工作岗位人们时时学习、处处学习与终身学习的需要，搭建了终身教育和社会发展之间的轨道与桥梁[②]，在保障所有社会群体受教育权方面享有独特的优越性。贫困人口自身改变个人处境的能力有限，职业教育作为终身教育的组成部分，它的人人性本质属性，对贫困人口具有更强的适切性，为其提供了再接受教育的机会，成为促进贫困人口可持续发展的重要途径。

2.职业教育的灵活多样性

贫困人口长时间在其生活环境的影响下，形成了稳定、独特的价值观和生活方式，缺乏对自身发展的长远思考和规划，相反，更加看重和追求能够

---

① UNESCO. Strategy for technical and vocational education and training（TVET）2016–2021［R］. Paris：UNESCO，2016.

② 赵婀娜，贾娜. 从"一技在手"向"学技终身"转变［N］. 人民日报，2012–05–25（018）.

保障其生活的眼前直接利益，宁愿从事单一的低报酬体力劳动，也不愿意接受或比较排斥再教育。从成本与收益角度而言，贫困人口若要接受职业教育，则需投入经济、时间和机会等成本。通常，但凡投资都意味着有一定的风险，投入某种成本的同时，有可能会失去原本某些已经稳定既有的利益。例如，如果贫困人口参加职业培训，一方面被投入的成本会制造出其他的机会，如知识技能增长，获得更体面的工作；另一方面若受教育的成效不显著，实际收益小于机会成本，那原本用于挣钱的机会被占用和浪费，则会降低贫困人口参与职业培训的积极性和主动性。鉴于成本投入的不确定性和不稳定性，成本与收益之间是否对等或者呈正相关，都成为贫困人口是否参与职业培训的影响因素。

职业教育能够成为反贫困的重要手段，不仅在于它的平民性特性，还取决于其灵活多样的培训方式能够最大化地与贫困人口的实际需求相适切。职业教育作为一种投入时间短、见效快的人力资本投资方式，它办学方式灵活多样，包括正规和非正规等多种教育形式；办学主体多元，如职业院校的不同层次的职业教育、企业开展的在职人员培训、政府部门组织的社会短期培训等，涉及学历教育和非学历教育，可以满足不同年龄贫困人口的入学需求。在教学方式上，职业教育强调工学结合、知行合一，注重教育与生产劳动、社会实践相结合，通过仿真的工作情景开展一对一的模拟教学或现场教学，突出做中学、做中教。培训内容能够根据贫困人口的能力水平、兴趣爱好和市场需求来设置，以为其提供专门、有针对性的专业技能培训。另外，职业教育的学分积累和转换制度，可以激励贫困人口不断提升个人的学历，获得更高层次的职业资格证书。总体而言，职业教育的灵活学习制度能够快速提升贫困人口的生产性知识和技能存量，起到立竿见影的反贫困效果。

3.职业教育的公共产品属性

教育公平是社会公平的重要组成部分，实现教育公平的重点在于促使公共教育服务均等化，特别是通过职业教育帮助贫困人口获得发展，这是政府公共治理义不容辞的责任和义务。公共产品的对立面为私人产品，二者共同构成了社会产品。1954年，美国经济学家萨缪尔森（Samuelson）在其发表的《公共支出的纯理论》一文中首次提出了公共产品的定义，他指出"每个人对这种产品的消费，并不能减少其他人对这个产品的消费"①。也就是说，公共产品一方面在供给上具有非排他性，一个人无论是否付费都可以享受公共产品而受益，他的使用不会将其他未付费的人排除在外，即付费与否不会影响对公共产品的享有；另一方面，公共产品在消费上具有非竞争性，一个人对公共产品的消费不会影响他人从中受益，即公共产品效用扩展到其他人身上的边际效用为零。②私人产品具有排他性和竞争性，同时兼具非排他性和非竞争性的公共产品被认为是纯公共产品，另外一类介于私人产品和纯公共产品为准公共产品。教育是一项具备公益性和普惠性的事业，根据萨缪尔森对公共产品的定义，教育也无疑属于公共产品，尤其是义务教育具有非排他性和非竞争性，任何人都可以共享教育资源，之间不存在利益上的竞争，是一种纯公共产品。那么，职业教育作为教育的一个重要组成部分，也必然具有公益性和普惠性的性质，属于公共产品。卢卡斯在人力资本溢出模型中指出了人力资本具有内在和外在两种溢出效应，而人力资本的提升主要得益于教育和职业培训，可见职业教育是一种具有很强的溢出效应的公共产品，它可以使国家、社会、企业和个体共同受益，是社会价值和个人价值的统一。因此，"职业教育是全体社会成员都需要的一项公共产品，是市场不能有效提供而由政府主导供给的一项公共服务"③。我国教育部原副部长鲁昕根据职业教育的实际情况，对我国职业教育的公共产品属性进行了分类：一是面向未成年人的基础职业教育，由政府承担，是纯公共产品。二是成年人准基础职业教育，是面向转移劳动力的教育培训，是准公共产品。三是高端技能职业教育，面向有专业技能提升需求的成年人，也是准公共产品。四是职业教育提供的满足提高生活品质需求的终身教育，为非公共服务。④李延平教授在著作《职

① SAMUELSON A P. The pure theory of public expenditure [J]. The Review of Economics and Statistics, 1954（4）：387–389.

② 陈福祥.公共性职业教育培训的有效供给：基于制度分析的视角 [D].重庆：西南大学，2011：56.

③ 本刊编辑部，于志晶，李新发.鲁昕：要强化职业教育公益性 [J].职业技术教育，2010（24）：25–29.

④ 本刊编辑部，于志晶，李新发.鲁昕：要强化职业教育公益性 [J].职业技术教育，2010（24）：25–29.

业教育公平问题研究》中依据职业教育开展的形式对其进行了分类，指出从消费上看，职业教育有时具有竞争性和非排他性，如职业教育受招生名额的限制，并通过收费的规定将一部分未缴费者排除在外；有时具有非竞争性但具有排他性，如职业教育培训机构（学徒制教育），只要学员缴纳学费就可以得到受教育的机会；有时兼具非竞争性和非排他性，如以广播、电视等形式进行的公共职业教育。[①] 很多发达国家和新兴工业化国家，都特别注重职业教育的公益性和公共性，将职业教育视为公共事业，尤其是美国、德国和澳大利亚等发达国家将职业教育纳入义务教育阶段内。总而言之，尽管有的国家职业教育还没有被纳入义务教育的领域，但是无论职业教育举办的主体是谁，以及是以何种形式开展的，职业教育的开展和实施的结果，表现出很强的正外部效应，都可以为不同的利益相关者带去公共利益，惠及全民。

　　职业教育作为公共产品，如果仅仅依赖市场供给则容易导致市场失灵，需要政府的介入，即决定了政府是促进职业教育服务均等化的主要责任主体。职业教育的公共产品属性，在一定程度上表明了接受职业教育的对象具有非竞争性或非排他性，享受者需要支付部分的费用。尽管职业教育有时不是纯公共产品，但作为一项公共性和普惠性的事业，它对贫困人口的意义和重要性不可估量。从个体收益角度来说，职业教育能够提高贫困人口的就业能力，改善其就业状况和提高经济收入，促进贫困人口享有个体价值的成就感、满足感和获得感；从国家和社会收益角度来说，职业教育有助于促进区域内社会经济发展，进一步缩小不同群体的收入差距，降低社会犯罪率，促进社会稳定与社会公平。因此，政府作为责任主体，遵循罗尔斯提出的公平正义和差异性原则，即至少在某一阶段，较大的资源可能要花费在智力较差的人身上。[②] 政府采取多种措施，如为贫困家庭子女免学费、提供助学资助，为贫困成年劳动力提供多种类型的普惠性技能培训，这些差异化的专项对策能够促使职业教育资源向贫困人口倾斜，更多地关注处境不利的贫困人口。

　　公共性的职业教育提供的产品是凝聚在人身上而形成的人力资本，是国家或者地区及其各级各类机构通过运用公共权力和公共资源，向贫困人口

---

①　李延平.职业教育公平问题研究［M］.北京：教育科学出版社，2009：151.

②　约翰.罗尔斯.正义论［M］.何怀宏，译.北京：中国社会科学出版社，1988：78.

提供的教育和培训，满足了相关群体的利益需要，彰显了社会公平正义的原则。① 职业教育的公共产品属性，确保贫困人口充分地享受到公平的教育服务和资源，维护了其基本受教育权，使得贫困人口具备了维持生存权和发展权所需的知识与技能，从而保证他们通过自己的努力和奋斗获得体面的工作，过上幸福、有尊严的生活。

（二）职业教育反贫困的有效性

职业教育作为关注"穷人经济学"的民生教育，有着较强的技术补偿优势和经济功能，在反贫困行动中具有"教育排头兵"的作用。② 发挥职业教育的功能和价值，能够促进贫困人口"增能"和"提志"，阻断贫困代际传递。

1. 职业教育的职业性提高人的就业能力

从世界范围来看，就业是民生之本，是保障人们生产与发展的一项基本安国政策，是促进社会和谐稳定的基础。就业是个人就业权的体现，意味着贫困人口可以获得经济来源和创造社会财富，成为很多国际组织重点提倡的减贫策略。国际劳工组织通过对全球103个国家的调查研究发现，"没有什么比就业对减少贫困更具有基础性的作用，如果没有体面的工作，根本不可能减少贫困，换句话说，体面工作是消除贫困的一个必要条件"③。学者卡尔纳尼（Karnani）在报告《通过就业减少贫困》（*Reducing Poverty through Employment*）中指出，授人以鱼不如授人以渔，认为"富有生产力的工作（productive jobs）能够为贫困人口创造稳定就业机会，提供合理报酬，这是促进贫困人口脱贫的最有效方式。就业不仅是贫困人口收入来源的关键渠道，而且有助于增加多维度的福祉，包括技能、能力、健康和自我尊重等"。2006年，联合国贸易和发展会议（United Nations Conference on Trade and Development）发布了《2006年欠发达国家报告》（*The Least Developed*

---

① 陈福祥. 公共性职业教育培训的有效供给：基于制度分析的视角［D］. 重庆：西南大学，2011：59.

② 李鹏，朱成晨，朱德全. 职业教育精准扶贫：作用机理与实践反思［J］. 教育与经济，2017（6）：76–83.

③ Interantional Labour Organization. World employment social outlook：transforming jobs to end poverty 2016［R］. Geneva：Interantional Labour Organization，2016.

Countries Report 2006），提出发达国家减少贫困的重要抓手是提高劳动者的生产能力（productive capacities），同时，扩大生产性就业机会。[①]

马克思指出："要改变一般人的本性，使它获得一定劳动部门的技能和技巧，成为专门的劳动力，就要有一定的教育和训练，而这就得花费或多或少的商品等价物，劳动力的教育会随着劳动力性质的复杂程度而不同。"[②]在社会生产和生活中，当生产性知识和实践技能越来越成为一种必需品时，职业则必然与教育产生联系，而职业教育更是与职业密切相关。[③]《国际教育标准分类法2011》（*International Standard Classification of Education* 2011）指出，职业教育是学习者为了获取某职业或行业特定知识、技能或能力的教育。[④]可以看出，职业教育是一种培养"职业人"的教育，具有明显的职业性，它面向特定职业，是提升职业技能的专门系统教育，旨在让受教育者掌握某一职业的知识和技能，为劳动者长期就业和顺利转岗打下坚实的基础。[⑤]职业教育的职业性特征，反过来倒逼职业院校根据国家产业经济结构的调整变化，对课程设置、教学方式、人才培养目标和模式进行改革与创新，以确保人才在进入劳动力市场后能够立刻创造经济效益。职业教育在强调人文教育的同时，着重突出工作过程和实践技能，关注职业技能和就业能力的培养。其中，就业能力的培养主要体现为实践能力、学习能力、应聘能力、团队合作能力和适应能力等多种能力的培养，他们共同帮助贫困人口顺利由校园过渡到工作岗位。如我国国务院2014年印发的《关于加快发展现代职业教育的决定》指出："职业教育的发展，能直接提高人们的就业能力，从而降低结构性失业和摩擦性失业，提高就业率。"因此，职业教育作为促进贫困人口稳定就业的根本之策，可以确保贫困人口从自然人转变为生产者和创造者，促使他们更好

[①] United Nations Conference on Traed and Development. The least developed countries report 2006, part two: developing productive capacities [R]. Geneva United Nations Conference on Traed and Development, 2006.

[②] 马克思，恩格斯. 马克思恩格斯全集：第23卷 [M]. 北京：人民出版社，1972：195.

[③] 李延平. 职业教育公平问题研究 [M]. 北京：教育科学出版社，2009：102.

[④] Unesdos. International standard classification of education, 2011 [EB/OL]. [2018-07-08]. http://doc.iiep.unesco.org/cgi-bin/wwwi32.exe/ [in=epidoc1.in] /?t2000=032339/.

[⑤] 徐国庆. 工作体系视野中的职业教育本质 [J]. 职业技术教育，2007（1）：5-11.

地融入社会，创造社会财富，实现真脱贫、脱真贫。

2. 职业教育的就业性提高人的就业质量

生产劳动分为初级劳动和复杂劳动，并对应相应的薪资报酬，初级技能劳动者只能从事简单的、机械化程度较低的劳动，这类岗位对人的需求和要求都不高，其产品附加值较低，相反劳动体力消耗大，且工资低。通常，贫困人口为了增加家庭经济收入，只能在延长工作时间的基础上，增加劳动强度，力争获取更多的收入，而这势必会使其身体健康受到影响和损害，导致他们在体力劳动中更加没有优势。[①]此外，相较于具有稳定工作的劳动者而言，贫困人口较少享受失业保险、工伤保险等社会福利，甚至人身生命安全、薪资待遇也难以得到有效保障。这些现实问题，都使贫困人口成为"有工作的穷人"（working poor），他们虽然有工作，但报酬低，经济收入依然在贫困线之下。例如，根据美国《2017年有工作的穷人概览》（*A Profile of the Working Poor* 2017）的调查报告，2017年美国约有3970万人（占总人口的12.3%）生活在贫困线以下，在劳动力市场上至少工作了27周的"有工作的穷人"达到了690万。该研究发现，教育水平是影响美国"有工作穷人"经济收入的根本因素，受教育年限长的人通常比受教育年限短的人更容易获得高薪工作，2017年具有高中以下学历"有工作穷人"的贫困率最高，为13.7%，学士及以上的贫困率只有1.5%。[②]国际劳工组织强调促进贫困人口体面就业，不仅应实现就业，还需保证就业的质量，即提供可接受的、安全的、体现人格尊严的就业岗位。就个人而言，体面劳动得到的收入能够与劳动者即他对社会的预期相匹配，也就是收入能够维持基本所需之外，还能有一定的余额以满足个人的发展；就一个国家而言，体面劳动的就业得到的收入最起码超过一个国家规定的维持劳动者及家人的最大的收入。[③]因此，就业质量是影响贫困人口劳动收入和生活水平高低的重要因素，更是促使他们摆脱贫困的关键。

---

① 尹飞霄. 人力资本与农村贫困研究：理论与实证［D］. 南昌：江西财经大学，2013：64-66.

② U. S. Bureau of labor statistics. A profile of the working poor, 2017［EB/OL］.［2017-12-18］https://www.bls.gov/opub/reports/working-poor/2017/home.htm.

③ 吕红，李盛基，金喜在. 中国体面劳动：水平测量、评价及影响因素分析［M］. 北京：科学出版社，2017：3.

　　一般来说，劳动者的就业质量与技能水平具有正相关关系，二者匹配程度越高，经济收入则越高。复杂的生产劳动要求劳动者具备一定的知识和技能，以能够更加准确地认识劳动对象、劳动工作和劳动环境。大部分有劳动能力的贫困人口掌握初级、低层次的劳动技能，是社会生产的简单劳动力，形成了初级的人力资源。巴德汉（Bardhan）、尤迪（Udry）指出，人们受教育水平和健康的改善是发展过程中的关键问题，通常，受过良好教育和身体健康的劳动者的生产力水平往往更高，而生产力的改善可以在劳动力市场中得到回报，即直接地反映在生产力水平和工资待遇的提高上。[①] 因此，通过职业教育提高贫困人口的素质，从本质上而言，是促使人口资源化转变为人力资源化的过程，可以将其"打造"成现实生产力，从简单劳动力转化为复杂的劳动力，确保他们从事专业性更强的技术技能岗位，从而改善贫困人口的健康、生存和就业状况，为其提供在职业、地域和社会地位向上流动的条件与可能。此外，职业教育还影响贫困人口的就业选择。职业选择是一个人教育程度、技能水平和身体健康状况的综合反映，人力资本水平高的贫困人口往往在就业的选择空间上更大，就业质量更有保证，表现在职业稳定、收入体面、工作安全、劳动关系和谐、社会福利良好等方面，而这也实现了国际劳工组织提出的"体面工作"的目标。

3. 职业教育的生利性提高人的经济收入

　　1918年，陶行知发表《生利主义之职业教育》，指出"衣食主义既多弊窦，生活主义又太宽泛，二者皆不适用于职业教育，然则果应以何者为正当之主义乎？曰，职业作用之所在，即职业教育主义之所在。职业以生利为作用，故职业教育应以生利为主义。生利有二种：一曰生有利之物，如农产谷，工制器是，二曰生有利之事，如商通有无，医生治病是。前者以物利群，后者以事利群。生产虽有事物之不同，然其有利于群则一。故凡生利之人，皆谓之职业界中人；不能生利之人，皆不得谓之职业界中人。凡养成生利人物之教育，皆得谓之职业教育；凡不能养成生利人物之教育，皆不得谓之职业

---

① 巴德汉，尤迪. 发展微观经济学［M］. 陶然，等译. 北京：北京大学出版社，2002：125.

教育"[①]。生利性强调生产或工作技术技能能够为劳动者带来较好的实际效率、利益和利润等，简而言之，有助于促进劳动者获得一定的经济收入。

人是生产的主体，是首要的生产力，而且是生产力诸多要素中起主导作用和能动作用的因素。通过职业教育对贫困人口进行投资，最明显和最直接的效益在于提高个人劳动生产率和经济收入水平。如舒尔茨所言，人们实际增长的收入不是额外的其他收入，而是"一种向人类投资的收益"[②]。很多研究都表明，一个人所接受的教育年限或者技能培训，与其所获得的收入呈正相关。对社会和国家而言，相比较物质资本投入的脱贫方式来说，人力资本投资的收益率要显著高于物质资本，随着贫困人口劳动生产率的增加，所在地区的社会经济水平也会上升。如有研究指出，在发展中国家每人投资1美元以提升教育和技能水平，那么经济增长的收益回报率则为10~15美元。[③]也有研究者指出，学历对经济收入的增加具有正向效应，获得学位证、职业资格证的职业教育学生的工资报酬显著高于学历较低的人，具有明显的"羊皮效应"，该贡献率的区间在7%~24%。[④]例如，美国社区学院对个人经济性资本的收益增加相当可观，其中男性和女性平均收益估计值分别达13%和22%。[⑤]

4. 职业教育的教育性促进人的精神发展

贫困人口形成的贫困文化，使他们信奉和坚守某种应对贫困的"规则"。贫困人口匮乏的精神生活和贫困心理，严重影响了他们参与脱贫的能动性，导致他们的脱贫能力不断被削弱。因此，职业教育反贫困强调"扶技"与"扶志"相结合，既"治贫"又"治愚"，使贫困文化转变为激励贫困人口发展的积极正向文化，同时，与主流文化相融合，使贫困人口由"生物人"内化为

---

① 胡永新.职业学校校园文化的特征及地位新论［J］.职教论坛，2011（34）：62-65.

② 徐筑燕.发展经济学［M］.北京：科学出版社，2017：100.

③ LAURA B. Enhancing youth employability：what？why？how？Guide to core work skills［R］. Geneva：Skills and Employability Department International Labour Organization，2013.

④ MARCOTTE D E，BAILEY T，BORKOSKI C，et al. The returns of a community college education：evidence from the national education longitudinal survey［J］. Educational Evaluation and Policy Analysis，2005（2）：157-175.

⑤ 李鹏，朱成晨，朱德全.职业教育精准扶贫：作用机理与实践反思［J］.教育与经济，2017（6）：76-83.

"社会人"，适应社会发展常态存在的规则和标准。

职业教育作为现代教育体系的重要类型和组成部分，不仅具有提供职业技能培训的特定功能，而且其教育性决定了其具有促进人的精神发展的作用。"人的成长基于德行的养成、知识的学习、技能的锻炼、能力的提升等，是从自然人向社会人的转变，教育在这个进程中要起到培养人们各方面素质的作用。"[①]职业教育的教育性功能，能够关注贫困人口在反贫困中的心理需求、精神需求、主观感受和体验，注重他们现代人格的养成和人文素养的提高，帮助他们获得高质量的生活。一方面，职业教育通过提供基本人文知识和素养的教育，引导贫困人口遵守法律法规，帮助其摒弃与主流社会不符的思想和观念，养成文明、积极向上的生活习惯和方式，减少家庭暴力和犯罪率，以正确的价值观主动地认识和感知世界。正如一项研究表明，随着学生受教育年限的增长，他们减少吸烟的概率会增加3个百分点，减少饮酒的概率会增加1.8个百分点。[②]职业蕴含着丰富的教育性元素，如知识、技术、技艺、工作任务及行动、价值、道德、精神等，构成了一个综合的整体，通过职业的工作活动，不仅可以使从事职业活动的人的职业技能得以提升，而且能够使人的智力和道德得以生长，是技术技能教育和文化修养的统一。[③]因此，在职业技能培训的过程中，也可以培育贫困人口独立的人格特质和奋斗精神，使其在实际生产劳动的过程中体验劳动世界的生动性和真实性，激发他们的主动性、创造性和内生动力，帮助其树立消除贫困的信念感，丰富其精神世界[④]，提高他们的自我价值认知能力。另一方面，在学校职业教育中，关注贫困家庭学生的人文素养教育，在教学和管理中融入情感态度和价值观教育，渗透自强自立、合作负责、诚信的人文素养，使其树立正确的职业道德观，增强他们的志气和信心；通过心理疏导和学习辅导解决其心理和学业困难问题，夯实智力帮扶的基础，不让贫困学生感觉到被差别对待、歧视及排斥。

---

① 廖策权. 教育性和职业性是定位职业教育本质的应然视角 [J]. 教育与职业，2017（3）：100-103.

② CUTLER D M, LLERAS M A. Understanding differences in health behaviors by education [J]. Journal of health economics, 2010（1）：1-28.

③ 俞启定，和震. 职业教育本质论 [J]. 中国职业技术教育，2009（27）：5-10.

④ 张宇. 新型城镇化进程中失地农民教育补偿研究 [D]. 天津：天津大学，2015：100.

（三）职业教育反贫困的内在合理性

职业教育投资与贫困人口内生能力生成之间存在着内在的联系，具有正相关关系，形成了一定的传导机制。也就是说，随着贫困人口接受职业教育，依附在其身上的知识和技能会增加，他们生存与发展的综合能力也相应得到提升，并转化为货币化收益和非货币化收益。

1. 贫困人口就业能力生成的传导机制和货币化收益

人是社会生产要素的第一要素。马克思曾指出，劳动者是社会生产力发展的最活跃因素，劳动者从事生产劳动，必须有一定的劳动能力，并接受教育和训练。[①] 劳动能力是人进行生产活动的能力，通常是经过专门训练而形成的某种专门职业性能力，它内隐于劳动者自身，是可以帮助完成某项工作的一种稳定综合素质。具有劳动能力的人力资源作为一种经济资源，实际上表现为人所有的运用和推动生产资料进行物质生产的能力，体现为知识和技能，其可以用于生产产品和提供服务。这些劳动能力是人类所独有的，储存于人体之中，依附在劳动者身上。[②] 劳动能力的成效直接体现为劳动者的经济收入，而个人收入的获得和国家经济的增长，归根结底主要取决于一个国家人力资本存量的多寡。贝克尔（Becker）和明塞尔（Mincer）等人的研究表明，教育通过各种渠道影响个人的贫困状况，教育投资能够使穷人摆脱贫困，从经济效益而言，教育的直接影响是通过增加个人收入或工资而产生的。[③]

"贫困人口是生产者，我们不应该向贫困者施舍，而是从中购买他们的生产力。"[④] 职业教育作为反贫困的一种有效的人力资本投资方式，贫困人口以职业教育作为投入的产出表现为贫困人口个人就业能力的提升，就业能力表示贫困人口在市场竞争中获得就业与职业发展的能力，具体为关键能力和专业能力，这是贫困人口通过职业教育获得就业能力的传导机制（如图3所示）。从本质上而言，劳动者的就业能力是其人力资本能力的经济化和市场化的体

---

① 马克思，恩格斯. 马克思恩格斯全集：第23卷［M］. 北京：人民出版社，1972：233.

② 李通屏，等. 人口经济学［M］. 北京：清华大学出版社，2014：220.

③ MINCER J. Investment in human capital and personal income distribution［J］. Journal of Political Economy，1958（4）：281-302.

④ ANEEL K. Reducing poverty through employment［M］. New York；Palgrave Macmilln，2011：73.

现[①]，是一种经济能力。因此，从成本收益货币化的角度来说，职业教育是一项对贫困人口及其生活地区产生经济利益的活动，更是一种基本性、最有价值的生产性投资，有助于提高贫困人口的劳动生产率，使其在经济活动中创造更大的经济价值。通过图3的传导机制可以看出，职业教育对贫困人口经济资本积累与扩大起着决定作用，赋予贫困人口生产性知识和技能，能够增强他们谋生与发展的就业能力，就业能力在贫困人口参与经济活动的过程中，转换为他们获得维持生命和生活运转的经济能力，从而使贫困人口具备了改善个人和家庭生活状况的经济资本，最终表现为贫困人口个人的货币化经济收益。在竞争激烈的市场中，工资与劳动的边际生产率相等，因此生产率越高，回报越高，贫困与家庭收入水平呈负相关，所以高工资一定程度上意味着低贫困。[②] 可以看出，这种以货币作为衡量标准的收益是反贫困的货币化收益，也是对贫困人口人力资本投资的内在效应。

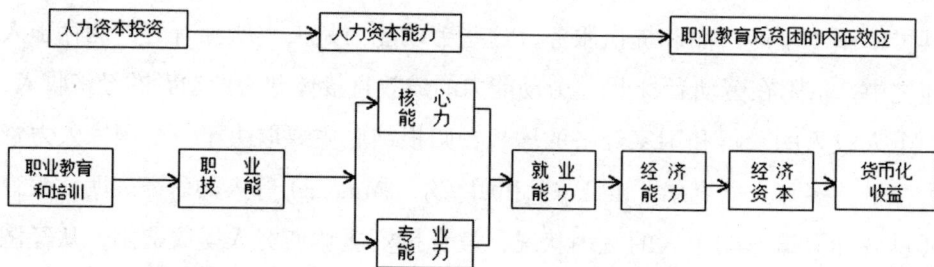

图3　贫困人口就业能力生成的传导机制和货币化收益

2. 贫困人口非就业能力生成的传导机制和非货币化收益

职业教育对贫困人口投资的结果，不仅是凝聚在贫困人口身上可以直接谋取经济收入的就业能力，还包括贫困人口的社会参与能力和过上文明幸福生活的能力，表现为他们具备了参与政治活动和表达个人诉求、享有健康生活方式的诸多能力。后者的能力体现为隐藏在贫困人口身上的价值观念、情感和态度、思想道德、权利意识、行为规范和心理认知等，如积极主动参与

---

① 陈浩 . 人力资本与农村劳动力非农就业问题研究［D］. 南京：南京农业大学，2007：35.

② MASOOD S A, NASIR I, MUHAMMAD W. The impact of human capital on urban poverty：the case of sargodha city［J］. Journal of Sustainable Development，2011（1）：143–150.

脱贫活动、减少暴力和犯罪、强烈的发展意识等（如图4所示）。这些因素尽管较为难以衡量，但是其一旦形成将依附在贫困人口身上，越来越明显地作用于贫困人口受教育后的很长时期，与其不可分离，甚至贯穿于贫困人口生命的始终。贫困人口通过职业教育获得的非就业能力，在结果上转换和内显为他们脱贫的自信心、满足感与幸福感，这是职业教育可赋予贫困人口的缄默资本，即指无法直接测量、不能直接看得见的个人非货币化收益。

人力资本投资具有重要的外溢效应，如舒尔茨（Schultz）指出，人力资本投资的受益者范围很广，除投资者本人外，其他家庭或者整个社会也都会从中得到某些收益。[①]卢卡斯认为人力资本收益会从一个人身上扩散到另一个身上，从旧产品到新产品，从家庭的旧成员传递到新成员，由个人的人力资本提升扩展至群体性的人力资本提升。[②]贫困人口获得的积极向上的价值观，通过生产劳动和家庭活动而凸显出来，具有一定的外显性，另外，由于参与社会活动的能力和开展健康生活的知识、技能是非排他性、非竞争性的，贫困人口在与本地区其他群体社会交往的过程中会使其周围的人从中受益，而且在家庭教育中能够将这种价值观传授和转移给下一代，改变维持贫困人口生存的贫困文化生态体系，使其适应社会发展常态存在的规则和标准，以阻断贫困文化的代际传递。

可以看出，教育对反贫困的间接成效是以个体所获得的非金钱利益来衡量的，也就是教育非货币化收益。教育对受教育者的影响不仅体现在具体的经济收益上，还对受教育者自身、周围的人和环境乃至社会产生非经济收益，如个人健康、代际转移、行为规范、社会风气[③]、文化传承、人口结构等。也就是说，贫困人口个体的人力资本积累不仅能够使其个人受益，而且会以直接或间接的方式使周围的人和社会从中受益，形成社会的非货币化收益。

---

① 西奥多·W.舒尔茨.论人力资本投资［M］.吴珠华，等译.北京：北京经济学院出版社，1990：9-10.
② 左大培，杨春学.经济增长理论模型的内生化历程［M］.北京：中国科技出版社，2007：209.
③ 费文会.教育非货币化收益研究的起源及发展［J］.教育学术月刊，2016（3）：17-21.

```
┌──────────┐      ┌──────────┐        ┌────────────────────┐
│ 人力资本投资 │─────▶│ 人力资本能力 │───────▶│ 职业教育反贫困的外溢效应 │
└──────────┘      └──────────┘        └────────────────────┘

                ┌──────────┐
          ┌────▶│ 社会参与 │
          │     │  能力   │
┌────────┐│     └──────────┘    ┌────────────────┐   ┌──────┐   ┌──────┐
│ 职业教育 │├──────────────────▶│ 隐藏在贫困人口身上的 │   │ 缄  默 │   │ 非货币化 │
│ 和培训  ││                   │ 价值观、情感态度、心理 │──▶│ 资  本 │──▶│ 收益   │
└────────┘│     ┌──────────┐    │ 认知、行为规范等    │   └──────┘   └──────┘
          └────▶│ 过文明生 │───▶└────────────────┘
                │  活能力  │
                └──────────┘
```

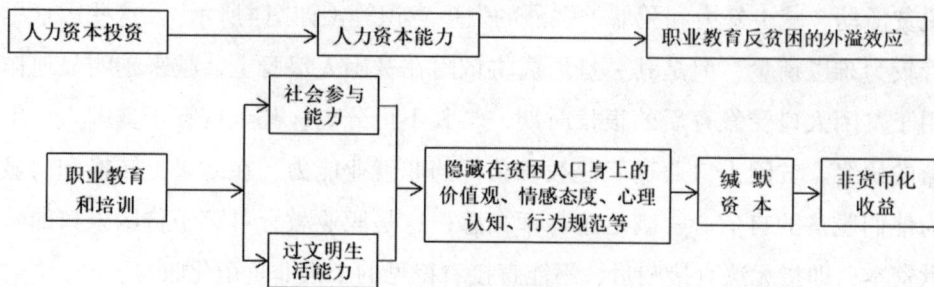

图4 贫困人口非就业能力生成的传导机制和非货币化收益

三、职业教育反贫困的逻辑框架

不同贫困理论为我们提供了多维度认识贫困的理论依据，并相应解答了反贫困的路径。具有专业知识和技术技能的高素质的人，是获得经济收入和推动经济发展的真正获利者。要想让贫困人口脱离贫困，成为受益者，反贫困就必须从贫困人口自身的"症状"出发，把贫困人口作为反贫困的对象和主体，对其进行"把脉问诊"，把贫困人口从"慵懒"的被动接受者转化成积极主动的生产者，消除长期以来等待国家"送馅饼"的"享受式帮扶"方式，依托"治贫先治愚、治愚先扶技"的脱贫理念，树立"技能立身、脱贫自豪"的价值观，增强贫困人口"自生能力"，实现由传统的"输血式"扶贫向"造血式"扶贫转变，这是能力理论为我们提供的治理贫困问题的理论指导，是从"根"上消除贫困、防止"返贫"现象出现的"良方"。

本研究认为，能力低下是导致贫困的根本因素，反贫困则在于提升贫困人口的综合内生能力。职业教育反贫困作为一种积极干预贫困的过程和手段，是所有脱贫中最能实现利益最大化的有效方式，具有可操作、易实施、见效快和效果显著的特点。职业教育干预和补偿的直接收益就是提升贫困人口的生产性能力，并在受教育的过程中，给予贫困人口心理和人文关怀支持，加强价值观引导，建立积极向上的价值观和生活方式，使其依靠自我"造血"摆脱贫困，进而实现反贫困的间接收益，达到对贫困文化的干预。这种外显性和内隐性的获得可以转换为贫困人口的经济能力和非经济能力，意味着建立了职业教育与贫困人口内生能力生成的传导机制,在结果上彰显为贫困人口的货币性收益和非货币性收益。因此,在能力贫困理论指导下,本研究职业教育反贫困的理论逻辑框架具体如图5所示。

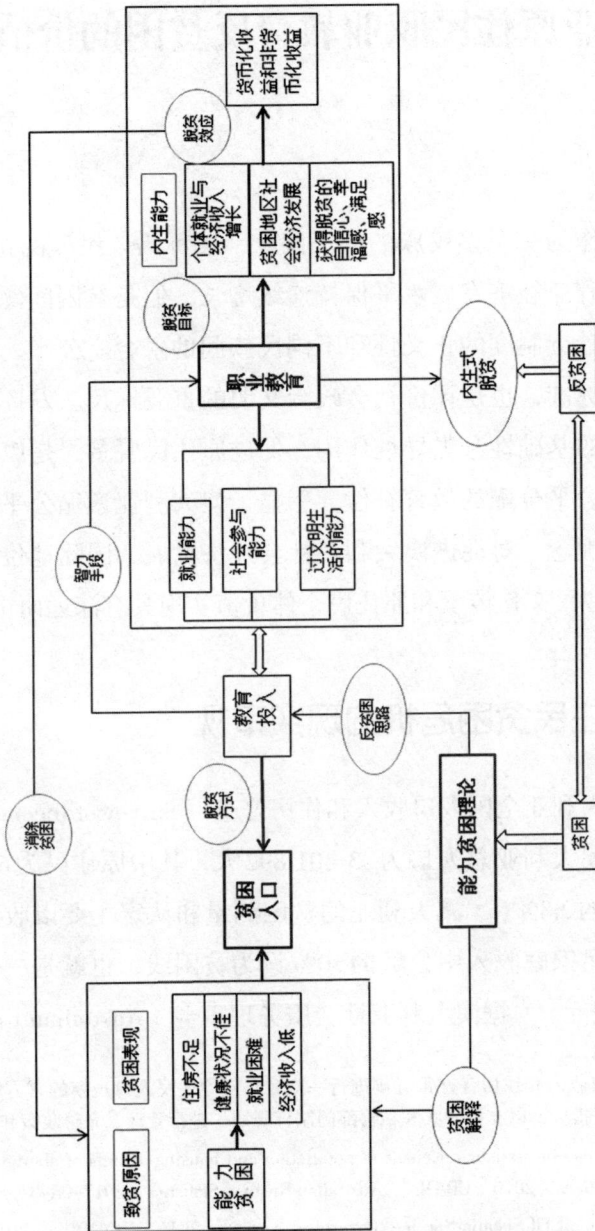

图 5 职业教育与贫困人口内生能力生成的理论解释框架

第二章

澳大利亚原住民职业教育反贫困的价值和意义

澳大利亚作为一个多民族的移民国家，被称为"民族的拼盘"。长期以来，尽管澳大利亚经济发展水平保持连续增长，但是贫困问题依然严峻，威胁着澳大利亚社会制度的正义性和不同民族间的融合。公平、正义是衡量现代社会的有力标准，也是评价社会政治文明的重要标尺。发挥原住民职业教育在反贫困中的基础性和先导性作用，促进原住民脱贫，是以能力平等为前提对资源进行公平分配的教育补偿，彰显了澳大利亚遵循公平、民主、平等和多元的治理理念，对促进澳大利亚社会经济发展、国际地位提升、各民族和谐共处、原住民文化传承和原住民个体价值实现具有深远而重大的意义。

一、原住民贫困危机的现实审视

2016年澳大利亚全国人口收入和住房普查[①]（Survey of Income and Housing）的数据显示，澳大利亚总人口为23 401 892人，其中原住民为649 171人，仅占全国总人口的2.8%。[②] 澳大利亚的贫困测量和认定主要以收入为标准，将可支配收入不足家庭收入中位数的50%设为贫困线，也就是一个成年人每周收入少于400澳元。[③] 据澳大利亚社会服务理事会（Australian Council of Social

---

[①] 澳大利亚人口收入和住房普查每五年进行一次，是对原住民人口规模的官方统计，其提供了广泛的社会经济指标，以支持公共和私营部门制订规划、进行管理、完善政策和评估。

[②] Australian Bureau of Statistics. Census of population and housing-counts of aboriginal and torres strait islander Australians，2016［EB/OL］. Australian Breau of Statistics，2017-08-31.

[③] Australian Council Of Socaila Service. Poverty in Australia 2016［EB/OL］.［2016-10-20］. https：//45hbzy11zfk22hzfapc5zhem-wpengine. netdna-ssl. com/wp-content/uploads/2016/10/Poverty-in-Australia-2016. pdf.

Service）发布的贫困报告，澳大利亚共有290万贫困人口，占总人数的13.3%，主要集中于原住民、残疾人、单亲家庭者、失业者、儿童和女性等，在众多的贫困人口当中，原住民是贫困状况最严重的群体。[①] 如不同时期的多项研究与调查也得出了同样的结果，学者罗斯（Ross）和怀特福德（Whiteford）通过整理分析1986年人口普查和收入分配数据得出，1986年有子女的原住民家庭中，43.2% 的家庭收入低于贫困线，而非原住民家庭这一比例仅为15.0%。[②] 2011年，澳大利亚住房、收入和劳动力动态（Household，Income and Labour Dynamics in Australia）调查发现，原住民比其他群体更容易深受贫困的困扰，19.3% 的原住民生活在贫困线以下，而其他群体只有12.4%。[③] 澳大利亚国立大学原住民经济政策研究中心2014年的一项研究指出，尽管澳大利亚的贫困在所有种族群体中都很明显，但原住民受到的不利影响更深远，依据所有贫困和不利条件的指标，原住民成为社会经济生活中最贫困的人口，是澳大利亚最弱势和边缘的群体。[④] 原住民严峻的贫困问题，已经成为困扰澳大利亚社会经济发展的重大难题，因此，助力原住民脱贫，是澳大利亚脱贫攻坚任务的重中之重。

（一）原住民贫困的多样性和复杂性

澳大利亚地广人稀，原住民的区域分布呈现出广泛分散与局部集中的特点。从州分布概况来看，原住民主要分布在新南威尔士州、昆士兰州、西澳大利亚州和北领地，分别占原住民总人数的33.3%、28.7%、11.7% 和0.08%，[⑤] 其中后三个地区地处澳大利亚西部大陆和北部，地理生态环境恶劣，是贫困集中地和高发区。如西澳大利亚州的社会服务委员会强调其是澳大利亚地理面积最大的州，州内贫困程度越来越高，并且"州内面临着复杂的贫困问

---

① Australian Council Of Socaila Service. Poverty in Australia2016［R］. New South Wales，2016.

② ROSS R，WHITEFORD P. Poverty in 1986: aboriginal families with children［J］. Australian Journal of Social Issues，1992（2）：92-111.

③ Australian Council Of Socaila Service. Poverty in Australia2014［R］. New South Wales，2014.

④ Hunter B. Taming the social capital hydra? indigenous poverty，social capital theory and measurement［R］. Centre for Aboriginal Economic Policy Research，Australian National University，2014.

⑤ 数据是根据澳大利亚官方数据统计局网站统计得出。

题"，特别在更加偏远的地区，高生活成本和原住民社区的贫困问题异常严峻；北领地社会服务委员会的研究指出，根据所有贫困的指标，北领地是贫困程度最高的地区；昆士兰州社会服务委员会指出，昆士兰州的贫困人口从20世纪80年代到90年代中期稳步上升，在此期间贫困率几乎翻了一倍，"令人非常担忧的是，和其他州和地区相比，昆士兰州的贫困率一直保持较高的水平"[①]。可以看出，原住民生活居住的地区大多地理位置偏远，交通闭塞，自然条件差，贫困程度高，是澳大利亚贫困的重灾区。

1. 原住民贫困的多维表现样态

相较于其他贫困群体，原住民面临的贫困风险更高，贫困表现样态更加多样化和复杂化，成为澳大利亚社会反贫困的重点关注对象。

（1）住房不足

1943年，美国心理学家马斯洛（Maslow）发表了论文《人类激励理论》，提出了满足人类需要的不同层级的需求，分别是生理需求、安全需求、社交需求、尊重需求和自我实现的需求。这五个需求依次从低到高，按照层次排列，如果某一低级的需求无法实现，那么更高层级的需求也不再那么需要，相反，如果某一层次的需求得到满足，就会向更高层次的需求发展。其中，生理需求是人类的最基本需求，如食物、水、健康、睡眠和安全等，它们是影响人类吃、穿、住的基础需求，如果有一项得不到满足，那么人们的生命将受到威胁。住房、食物和健康是维持人们生命和保持活力的首要推动力，而住房不足是不能满足原住民生存需求的一个主要因素。澳大利亚健康和福祉研究所（Australian Institute of Health and Welfare）的研究指出，2011年原住民家庭拥有住房的数量约为澳大利亚其他家庭的一半，36%的原住民家庭拥有住房，而其他家庭拥有住房的比例是68%。[②]住房短缺必然导致住房拥挤和无家可归者人数增多。如2011年偏远地区20%的原住民家庭在过度拥挤的条件下生活，非常偏远地区原住民家庭过度拥挤的比例达到了39%，而非

---

① Commonwealth Of Australia. A hand up not a hand out: reviewing the fight against poverty [R]. Canberra, 2004.

② Australian Institute Of Health And Welfare. Housing circumstances of indigenous Australians: tenure and overcrowding [R]. Canberra, 2014.

偏远地区的这一比例为10%~12%。① 例如，根据2016年澳大利亚人口普查发现，中部沙漠地区一个名为拉贾马努（Lajamanu）的社区，大约居住着600名原住民，是北领地人口比例最高的社区之一，该社区平均每户有4.5人，每户约有2.9个房间，相当于约4.5个人共同居住在2.9个房间内，然而在全国范围内，每个家庭平均有2.6个人居住在3.1个房间内。② 澳大利亚统计局将严重的过度拥挤，如需要4间或4间以上多余的房间才能容纳足够多的人，认定为是无家可归者，其中原住民成为澳大利亚无家可归者中最大的群体，其露宿街头或临时住在帐篷的人数约为其他群体的15倍。③ 此外，有研究指出，澳大利亚"无家可归者"机构（Homelessness Australia）在2012—2013年所服务的无家可归者约有五分之一是原住民，2014—2015年原住民占到了总人数的四分之一。④

（2）健康状况不容乐观

健康作为人们的第一财富，是个体获得就业和经济报酬的前提条件。原住民由于生活条件差，身体更容易遭受疾病的困扰。据统计，从1998年到2013年，原住民循环系统疾病的死亡率下降了41%，和非原住民的差距正在缩小，同时期内原住民的呼吸系统疾病死亡率也大幅度下降，下降比例为27%，但是原住民的癌症死亡率正在上升，而且和非原住民之间的差距正在扩大，如2006—2013年，原住民癌症死亡率上升了10%，相反，非原住民的死亡率下降了6%。⑤ 澳大利亚《全国原住民社会调查（2014—2015年）》（*National Aboriginal and Torres Strait Islander Social Survey* 2014–2015）发现，

① Australian Institute Of Health And Welfare. The health and welfare of Australia's Aboriginal and Torres Strait Islander peoples 2015 ［R］. Canberra，2015.

② The Guardian Weekly. We are begging for housing：the crisis in Indigenous communities ［EB/OL］.［2017-08-20］. https：//www. theguardian. com/australia-news/2017/aug/20/we-are-begging-for-housing-the-crisis-in-indigenous-communities.

③ The Guardian Weekly. We are begging for housing：the crisis in Indigenous communities ［EB/OL］.［2017-08-20］. https：//www. theguardian. com/australia-news/2017/aug/20/we-are-begging-for-housing-the-crisis-in-indigenous-communities.

④ Australian Institute Of Health And Welfare. Homelessness among indigenous Australians ［R］. Canberra，2014.

⑤ Department Of The Prime Minister And Cabinet. Closing the gap Prime Minister's report 2016 ［R］. Commonwealth of Australia，2016.

2014—2015年15岁及以上原住民患有残疾或处于长期限制性健康状况的人数是非原住民的1.7倍，严重残疾或被限制活动人数达到了非原住民的2.1倍，而且年轻原住民的残疾比例最高。① 另外，偏远地区的原住民在医疗保健方面面临着多重剥夺，他们往往因为交通不便、往返交通费用昂贵等而放弃或者推迟就诊、复查等，这反过来导致其健康状况更加恶化。② 身体残疾对原住民的就业产生了很大的不利影响，成为他们就业的主要障碍之一。根据统计，2014—2015年15~64岁原住民适龄劳动力的就业率是48.4%，身体健康的原住民就业率为54.9%；身体残疾的原住民就业率是39.7%，严重残疾的原住民就业率只有19.2%，其他残疾状况的原住民就业率是43.7%。③

（3）就业困难

就业难是原住民贫困的表现之一。一直以来，相比较主流群体而言，原住民在就业方面处于不利地位，主要表现在三个方面。首先，原住民劳动力市场参与率低。早在1975年亨德森贫困调查委员会（Henderson Commission of Inquiry into Poverty）对原住民就业问题的调查研究就已经指出，大量的原住民在就业过程中面临着多重困难，如居住地偏远而缺乏就业机会，缺少培训和工作经验等。④ 在2001年的人口普查中，年龄在15岁及以上的原住民中，有52%的原住民顺利进入了劳动力市场，包括获得主流就业、通过社区发展就业项目就业，非原住民劳动力参与率达到了63%，比原住民高了11%。⑤ 其次，原住民大多从事低技能的工作，就业质量低下。就业质量的高低不仅表现为获得一份怎样的谋生的工作，还表现为工作环境、福利待遇、工作是否稳定等。很多原住民由于受各种因素限制，工作环境差，就业流动性大，就业中

---

① Australian Bureau Of Statistics. Adult health ［EB/OL］. ［2019-09-12］. http：//www. abs. gov. au/ausstats/abs@. nsf/Lookup/by%20Subject/4714.0~2014-15~Main%20Features~Adult%20health~11, .

② Nationa Rural Health Alliance Inc. Poverty in rural & remote Australia ［R］. Australian Capital Territory, 2017.

③ Australian Bureau Of Statistics. Health risk factors ［EB/OL］. ［2019-09-12］. http：//www. abs. gov. au/ausstats/abs@. nsf/Lookup/4714.0main+features122014-15.

④ Henderson Commission Of Inquiry Into Poverty. Poverty in Australia：main report（RF Henderson Chair）［R］. Australian Government Publishing Service.1975.

⑤ Australian Human Rights Commission. A statistical overview of aboriginal and torres strait islander peoples in Australia ［EB/OL］. ［2019-12-20］. https：//www. humanrights. gov. au/publications/statisti cal-overview-aboriginal-and-torres-strait-islander-peoples-australia.

易遭遇歧视。同样来自2001年人口普查的数据统计发现，被雇用的原住民中有52%的劳动者从事全职工作，从事兼职工作的原住民为38%；从技能水平来看，29%的原住民没有职业资格证书，62%的原住民从事的是低技能工作，只有21%和15%的原住民分别在中等技能和高等技能的岗位就业。^①最后，原住民失业率高。较低的市场参与率和不稳定的工作环境，导致原住民失业率普遍高于主流群体。2001年人口普查发现原住民的失业率为20%，与1996年人口普查的结果相比，失业率只下降了3%，但仍是非原住民群体失业率的3倍。^②

（4）经济收入低

"就业是个人、家庭获得经济收入的重要保障，对社区的健康发展、人们社会情感的维系和生活水平的提高具有重要的影响，是减少大城市、农村以及偏远地区收入差距的重要因素。"^③澳大利亚研究贫困议题的主要机构——史密斯家族（Smith Family）指出，贫困的发生率和个体在劳动力市场中的表现存在着正相关关系，失业群体的贫困发生率最高，为57.5%，兼职工作人员的失业率为11.7%，相反，具有全职工作群体的贫困率只有4.6%。^④原住民在劳动力市场中较低的占有率，一定程度也影响了他们的经济收入。据原住民经济政策研究中心的统计，原住民的平均可支配收入仅为非原住民的70%，2011年原住民每周平均可支配收入为480澳元，比2006年的400澳元增长了22%，然而，同时期内非原住民的经济收入增长比为25.6%。该差距在农村和偏远地区更大，例如，在昆士兰州的约克角，原住民的平均可支配收入为每

① Australian Human Rights Commission. A statistical overview of aboriginal and torres strait islander peoples in Australia［EB/OL］.［2019-12-20］. https：//www. humanrights. gov. au/publications/statisti cal-ov erview-aboriginal-and-torres-strait-islander-peoples-australia.

② Australian Human Rights Commission. A statistical overview of aboriginal and torres strait islander peoples in Australia［EB/OL］.［2019-12-20］. https：//www. humanrights. gov. au/publications/statisti cal-ov erview-aboriginal-and-torres-strait-islander-peoples-australia.

③ Nation Rural Health Alliance. Income inequity experienced by the people of rural and remote Australia［R］. Australian Capital Territory，2014.

④ Ann H，Rachel L，Harry G. Financial disadvantage in Australia 1990-2000：the persistence of poverty in a decade of growth［R］. The Smith Family，2001.

周394澳元，仅为非原住民平均可支配收入的45%（869澳元）。[①]经济收入是影响购买力高低的主要因素，原住民较低的经济收入，决定了他们的消费支出主要是购买满足温饱的基本生存物品，而促进个体身心发展的教育、培训和娱乐等方面的消费力则不足，经济贫困自然也抑制了他们谋求发展的动力。

（5）社会参与度低

随着社会经济的发展，澳大利亚社会对贫困的理解和衡量范围已经超越了一个人的收入和资产，基本生活难以保障只是表层的贫困，社会排斥成为贫困的主要表现形式之一。社会排斥的概念包括了许多相互重叠的要素，这些要素可能将一个人排除在社会之外。墨尔本学院联合澳大利亚福利和就业机构——圣劳伦斯兄弟会（Brotherhood of St Laurence）发展了社会排斥监测（Social Exclusion Monitor）的工具，其分为物质资源、就业、个人安全、社会黏合、社区等7个生活领域，包括29个指标。该监测系统使用累计评分，指标越多或者分数越高，一个人被社会排斥的程度就越深。他们共同开展的一项调查显示，女性、移民者、老年人、残疾人、辍学者、离异单身者等社区中的不同群体经历着各种社会排斥，而被社会排斥的原住民占到了44%，其中有18%的原住民遭受到了非常严重的社会排斥。[②]社会排斥反映了个人进行社会参与的能力。[③]原住民遭遇严重的社会排斥，使他们在就业、教育、社会经济活动等参与中经常处于边缘地位。如在1985年的《米勒报告》（*Miller Report*）和2004年多克里（Dockery）、米尔索姆（Milsom）合作完成的报告《重新评估原住民劣势和原住民就业政策》（*Reassessing Indigenous Disadvantage and Indigenous Employment Policy*）中都阐述了原住民参与劳动力市场的历史，非常明确地提出澳大利亚自殖民化以来，原住民在就业方面遭遇了严重的排斥与歧视。

---

① NICHOLAS B. Indigenous population project 2011 census papers［R］. Centre for Aboriginal Economic Policy Research，2013.

② Brotherhood Of St Laurence. Who experience social exclusion?［EB/OL］.［2019-04-30］. https：//www. bsl. org. au/research/social-exclusion-monitor/who-experiences-social-exclusion/.

③ MCLACHLAN R，GILFILLAN G，GORDON J. Deep and persistent disadvantage in Australia［R］. Productivity Commission Staff Working Paper，2013.

2. 原住民贫困的特点

原住民贫困的多维表现样态在过程运作中造成贫困代际传递，在结果上对原住民的生活和发展造成了严重的不利影响。

（1）贫困代际传递

贫困人口往往表现出不同于主流群体的行为方式和价值选择，这种亚文化通常易使其陷入一种常态价值观的浸染中，久而久之通过代际传递形成封闭的循环。原住民的贫困之所以程度深和影响深远，关键在于贫困代际间传递，这是原住民贫困最突出的特征之一。一方面，澳大利亚很多原住民儿童从一出生就面临着贫困，受家庭文化资本和社会资本不足的影响，原住民学生的辍学率是非原住民学生的两倍，较高的离校率无疑不利于他们的未来职业生涯发展，从而不断加剧他们在劳动力市场中的劣势，进一步复制父辈们的贫困。另一方面，原住民与主流社会文明相背离的价值观被其后代沿袭和继承，也加快了贫困在代际间传递的速度。美国人类学家玛格丽特·米德（Margaret Mead）1970年在著作《文化与承诺：一项关于代沟问题的研究》中提出了著名的"三喻文化"，其中前喻文化指晚辈向长辈学习，也被称为"老年文化"。在前喻文化的社会中，年轻一代人在父辈经验的指导和严格控制下生活，沿袭父辈的传统生活和生产方式、文化和习俗信仰，他们不会对上一辈的思想观念和价值观提出挑战和进行改造。前喻文化作为文化传递的一种方式，年轻人在吸收传统优秀文化的同时，也将父辈落后的价值观、习俗、生活态度和行为习得，根植于自我的行动中，这遮蔽了年轻人的视野，使其丧失了追求科学真理和依靠自我价值提高的方式来获得幸福感的动力。[1] 原住民家庭成员教育成果差，劳动参与率低，福利依赖度高，使年轻的原住民个体及其家庭难以实现资本积累，进而他们也和父辈一样处于贫困状态，陷入贫困陷阱（poverty trap）。如有研究指出了原住民青年失业和贫困的风险，认为"失业率和贫困率越高，人类就越有可能在20年和30年后实现代际贫困"[2]。世界银行首席经济学家山塔雅安·德瓦拉贾（Shantayanan Devarajan）认

① 方清云. 贫困文化理论对文化扶贫的启示及对策建议［J］. 广西民族研究，2012（4）：158–162.

② Commonwealth Of Australia. A hand up not a hand out: reviewing the fight against poverty［R］. Canberra，2004.

为，"贫困陷阱不是经济上的贫困陷阱，对原住民文化来说是一个政治因素"，他指出："种族隔离是一个例子，原住民因在政治上被排除在外，仅仅是出于种族原因。"[1] 更糟糕的是，贫困陷阱造成了一系列虐待儿童和家庭破裂事件，并通过后代不断重演。[2]

（2）贫困影响程度深

由于多种历史和现实原因，澳大利亚原住民长期遭受不公正待遇，这对他们的身心健康和发展造成了深远的不利影响。一方面，自杀率高。贫困和代际间创伤给原住民带来了沉重的打击，导致易其对生活产生绝望感，出现自杀的不理智行为。如有研究指出原住民儿童自杀的情况正在逐渐恶化，从2012年11月到2016年3月，西澳大利亚州不同的原住民社区内相继有13名原住民青少年自杀，最小的只有10岁；另外，根据《澳大利亚医学杂志》2016年发表的一份报告，在原住民聚居的金伯利地区，原住民自杀率是全国原住民自杀的3倍，是非原住民自杀的7倍，从全国范围来看，原住民的自杀率是非原住民的2倍，其中5~17岁原住民儿童的自杀率是非原住民儿童的5倍。[3] 另一方面，犯罪率高。著名法学家贝卡利曾指出，人们犯罪的动机并不是他对犯罪存有欲望，而是所处的环境逼迫他们出现了犯罪行为。[4] 原住民长期受到主流社会的歧视与排斥，心理落差和失衡使他们对主流群体易滋生仇恨心理，加剧了与主流群体的民族矛盾。同时，原住民遭遇的心理创伤也使他们和家庭成员、周围群体易发生争端、冲突和暴力事件，使原住民的犯罪率普遍高于全国水平。例如，1997年到2001年新南威尔士州有2.5万名原住民成年人被控告有刑事犯罪行为，占到了新南威尔士州总人数的28.6%，仅在

---

① Iinter Press Service. Poverty rates strikingly high among indigenous populations［EB/OL］.［2018-08-24］. http：//www. ipsnews. net/2012/06/poverty-rates-strikingly-high-among-indigenous-populations.

② ONYA M. The indigenous Australian poverty trap［EB/OL］.［2019-07-18］. http：//www. onyamaga zine. com/australian-affairs/the-indigenous-australian-poverty-trap/.

③ The Guardian. Numbers tell devastating story in latest aboriginal youth suicide inquest［EB/OL］.［2019-02-07］. https：//www. theguardian. com/australia-news/2019/feb/07/numbers-tell-devastating-story-in-latest-aboriginal-youth-suicide-inquest.

④ 张静，张国蓉. 弱势群体犯罪心理分析及对策思考［J］. 法制与社会，2014（12）：252-253.

2001年就有近五分之一的原住民成年人犯有刑事罪。① 同样，青少年原住民校园欺凌、犯罪等不良行为频发，据统计在2005年到2006年间，每1000名青少年原住民中有44人接受少年司法监督，而相同人数中只有3名非青少年原住民接受司法监督。②

（二）能力低下是原住民贫困的主要原因

原住民贫困受多种因素的影响和制约，如国家政策、社会保障制度、偏远程度等，其中能力低下是原住民贫困的主要原因。

1. 基础知识欠缺

早在18世纪后半期，原住民的教育是在生产实践中进行的，所有的学习者都是在实践生产中通过模仿获得各种生活本领与技能，以及掌握和了解部落的风土习俗。③ 英国殖民者入侵澳大利亚之后，破坏了原住民传统的生活方式和生产秩序，也间接导致原住民的实践学习被迫中断或停止。在1901年澳大利亚各殖民地改为州成立澳大利亚联邦之后，原住民没有被纳入国家教育体系之内，他们无法接受规范的学校教育，尤其在偏远地区，许多原住民在幼儿期就缺少接受教育的机会，这导致原住民文盲率增加。澳大利亚政府长期将原住民排除在教育体系之外，使原住民与主流群体在教育结果上存在巨大的差距，加剧了原住民贫困和社会不平等的现实状况。

进入20世纪60年代后，澳大利亚政府从法律上肯定和认可了原住民的公民身份，并逐渐采取多种措施发展原住民教育。然而，相较于主流群体，原住民在澳大利亚教育系统中处于极其不利的地位。一方面，偏远地区原住民教育投入严重不足，教育资源和服务支持匮乏。例如，澳大利亚中部广袤的沙漠地区占到了国土面积的45%，共有5个司法管辖区（jurisdiction），大约有3.4万原住民生活于此，其中三分之二的居住点（settlement）人口不足50人，

---

① WEATHERBURN D，LIND B，HUA J. Contact with the New South Wales court and prison system：the influence of age，indigenous status and gender［R］. NSW Bureau of Crime Statistics and Research，2003.

② Australian Institute Of Health And Wealth & Australian Bureau Of Statistics. The health and welfare of Australia's aboriginal and torres strait islander peoples［R］. Canberra，2008.

③ 滕大春. 外国教育通史（第六卷）［M］. 济南：山东教育出版社，1994：583.

仅有一半的人接受过小学教育，不到四分之一的人只上到了10年级。^①此外，根据学者岗瑟（Guenther）等人对澳大利亚中部地区教育现状的调查，在北领地较大的12个社区内，只有1个社区有1所可以提供10年级教育的学校，不到四分之一的原住民可以到50公里内的高中就读，由于距离远，大多数学生必须寄宿在城镇。^②另一方面，原住民教育的劣势程度还体现为完成率不高和基础技能低。据统计，10%~20%的原住民学生在10年级前离开学校，根据2006年澳大利亚国家学校教育报告，原住民学生的阅读、写作和算术成绩远低于非原住民学生，12年级的保留率也低于其他学生。^③

原住民由于长期脱离正规的学校教育，教育基础薄弱，教育参与率低，在教育结果和成就方面自然落后于主流群体。1996年的人口普查结果发现，将近一半的原住民适龄劳动力没有接受过正规教育，只有2%的人拥有本科或以上学历，而非原住民的这一比例超过10%。^④澳大利亚原住民的生活居住地和他们在各个阶段的教育成果之间存在一定的联系，根据澳大利亚维多利亚大学米切尔研究所国际教育制度研究中心（Centre for International Research on Education Systems）发布的《2015年澳大利亚教育机会：谁成功，谁失败》（*Educational opportunity in Australia* 2015：*Who Succeeds and Who Misses Out*）报告，年轻人的发展分为早期教育、初中教育、高中教育和学校后教育四个阶段，生活在城市以外的学生一旦在教育轨道上偏离，就很难再追赶上来；和城市学生相比，生活在偏远和非常偏远地区的原住民教育机会缺乏，入学率低，上大学的可能性也很低，即使入学也存在辍学的可能；很多原住民社区都位于偏远地区，因此，这些地区教育资源投入的不足也严重威胁着原住民教育质量。

① KATU O. Indigenous vocation education and training：at a glance［R］. National Centre for Vocational Education Research，2005.

② GUENTHER et al. Growing the desert：regional and educational profiles of the Australian desert and its indigenous peoples［R］. National Centre for Vocational Education Research，2005.

③ Australian Government. First steps in closing the gap［EB/OL］.［2019-07-19］. https：//www. budget. gov. au/2008-09/content/ministerial_statements/html/indigenous-03. htm.

④ YENCKEN D，PORTER L A. Just and Sustainable Australia［M］. Melbourne：Australian Council of Service，2001：26.

2. 谋生的技术技能水平低

原住民由于基础知识薄弱，读写、计算和英语语言表达等基础技能低，居住地偏远，再加之受家庭环境等综合因素的影响，在一定程度上他们中学后教育成就低，继续接受更高层次教育的人数较少。[①]据统计，2004年只有30.8%的学生获得了职业资格Ⅰ级和Ⅱ级证书，对非原住民学生来说，尽管获得Ⅰ级和Ⅱ级资格证书的比率只有13.1%，但是有86.9%的学生获得了Ⅲ级及以上证书，2004年原住民学生Ⅲ级及以上职业教育的完成率只有54.7%，而非原住民学生的完成率为79.5%。[②]另外，澳大利亚查尔斯达尔文大学通过对6个原住民社区660名原住民的调查研究发现，北领地偏远地区超过85%的原住民成年人缺少足够的知识和技能来谋求一份满意的工作，而且想要提高技能的原住民也缺乏帮助。[③]近年来，随着澳大利亚劳动力市场重组和"新经济"行业的出现，澳大利亚很多入门级的工作岗位，也对劳动者的技能水平提出了高要求和标准，而完成12年级教育只是进入就业市场的最低基本条件，正如澳大利亚社会服务委员会所言，在过去10年，已经形成的"劳动力市场中，安全的全职工作越来越多地被分配给那些技能水平高的人……缺乏正规教育和职业培训的求职者则处于不利地位"[④]。

原住民在求学过程中都会经历三个重要的转变，分别是过渡到中学并完成12年级教育（或同等学历）、接受学校义务后教育和获得资格证书、接受完教育后直接就业。无论是哪种形式的过渡，都存在一定的难度。通常在过渡期，大多数年轻人至少有一段时间不就业或接受教育，长时间不学习或者脱离劳动力市场，必然会使他们在社会经济活动中面临劣势，甚至遭遇被排

---

① GUENTHER J, YONG M, BOYLE A. Growing the desert: regional and educational profiles of the Australian desert and its Indigenous peoples [R]. National Centre for Vocational Education Research, 2005.

② KATE L. Aboriginal women working in vocational training and education: a story from Central Australia[J]. Journal of Vocational Education and Training, 2006（4）: 423–440.

③ THE GUARDIAN. Nearly all indigenous adults in remote NT are not literate enough for workplace, study finds [EB/OL]. [2017–09–14]. https://www.theguardian.com/australia-news/2017/sep/14/most-indigenous-adults-in-remote-nt-are-not-literate-enough-for-workplace-study-finds.

④ Commonwealth Of Australia. A hand up not a hand out: reviewing the fight against poverty[R]. Canberra, 2004.

斥。^①据统计，有相当比例的原住民年轻人属于"无就业、教育或培训"（Not in Employment，Education or Training，简称 NEET）的"三无"群体，在2016年，42% 的 15~24 岁原住民青年是 NEET 群体，只有三分之一的原住民青年在积极找工作，2006 年 15~24 岁原住民青年属于 NEET 群体的比例为41.1%，出现这一变化的主要原因是当地15~19岁 NEET 群体数量增加。^②正如 OECD 的相关研究发现，澳大利亚只接受 10 年级或以下教育的年轻人比受过高等教育的人更有可能成为"三无"群体，且是他们的3倍。^③原住民技术技能水平低，更易在就业市场中成为边缘群体，如原住民委员会的一项研究指出，未完全就业或受教育的 15~19 岁原住民青少年的比例是非原住民的 3 倍；接近 70% 的 20~24 岁原住民没有完全接受教育或培训，而非原住民的这一比例只有30%。^④

教育的影响从一个人生命的初期就已经体现出来，缺乏技术技能更容易导致个体失业或就业不足，增加贫困的可能性。根据"任务澳大利亚"（Mission Australia）机构的评估，15~24 岁澳大利亚年轻人由于提前离开学校，技术技能水平低，没有成功地从学校过渡到工作岗位，其中有15% 的人每年都会出现间歇性或者根深蒂固的贫困。^⑤还有研究也得出了同样的结论，认为"教育在确定年轻人是否面临失业或贫困方面发挥着重要的作用，未能完成 12 年级学业或获得相应资格证书的人面临贫困的风险更大"^⑥。

3. 认知上的局限性

原住民的能力贫困还表现在他们认识上的不足，即"在某种程度上归

---

① Department Of The Prime Minister And Cabinet. Close the Gap［EB/OL］.［2019-08-20］. https：//closingthegap. pmc. gov. au/employment.

② Department Of The Prime Minister And Cabinet. Close the Gap［EB/OL］.［2019-08-20］. https：//closingthegap. pmc. gov. au/employment.

③ Department Of The Prime Minister And Cabinet. Close the Gap［EB/OL］.［2019-08-20］. https：//closingthegap. pmc. gov. au/employment.

④ Commonwealth Of Australia. A hand up not a hand out：reviewing the fight against poverty［R］. Canberra，2004.

⑤ Commonwealth Of Australia. A hand up not a hand out：reviewing the fight against poverty［R］. Canberra，2004.

⑥ Commonwealth Of Australia. A hand up not a hand out：reviewing the fight against poverty［R］. Canberra，2004.

因于原住民自身固有的文化和特点"①。德国学者费迪南·滕尼斯（Ferdinand Tönnies）1887年在著作《共同体与社会》中指出，"共同体"是通过某种积极的关系而形成的血缘共同体、地缘共同体和精神共同体，是统一地对内对外发挥作用的一种结合关系，是现实的和有机的生命组合。②1997年，美国学者马蒂西克（Mattessich）在前人研究的基础上，提出社区表示居住在地理上可以界定清楚的同一地区的一群人，他们彼此之间以及他们互相在生活之间，形成社会和心理的联系。③也就是说共同体不是某种形式上的机械结合，而是内外结合形成的有机的生态系统，是人、教育和环境之间彼此联系，社会内各子系统和要素之间的相互融合，而社区作为人们长期社会生活的共同体，包含了形成的稳定的社会文化基础和关系，包括地域空间、居住人群、文化习俗和行为规范等。④原住民通常聚居生活在原住民社区内，社区作为他们共同组成的单位，原住民在互动下形成了一种特定的贫困文化体系。这种文化作为一种社会存在，具有较强的辐射、惯性和遗传力，影响了原住民在社会活动中多个领域的发展。

　　首先，居住地的偏远使原住民与外界隔绝，缺少与主流群体的社会交往和互动。据统计，在64.92万的原住民总人口中共有81%的原住民居住在非偏远地区，但仍有18.4%的原住民居住在偏远地区，大约有1139个偏远的原住民社区；从非原住民总人口的数量来看，98.4%居住在非偏远地区，仅有1.4%的非原住民生活在偏远地区。⑤很多原住民长期生活在人烟稀少的偏远地区，他们极易被隔离孤立起来，心理上产生失落感和落魄感。如澳大利亚生产委员会（Productivity Commission）发布的《澳大利亚深刻和持久的劣势》（*Deep and Persistent Disadvantage in Australia*）研究报告表明，剥夺（deprivation）

① NORRIS R. Australian indigenous employment disadvantage: what, why and where to from here? [J]. Journal of Economic and Social Policy, 2001（2）：1–25.

② 费迪南. 滕尼斯. 共同体与社会：纯粹社会学的基本概念 [M]. 张巍卓，译. 北京：商务印书馆，2019：87.

③ 曾旭正. 台湾的社区营造 [M]. 台北：远足文化事业股份有限公司，2007：55.

④ 王建凯. 社区治理视角下社区教育共同体建设探析 [J]. 中国成人教育，2018（16）：138–141.

⑤ SKWIRK. The indigenous population [EB/OL]. [2018–07–16]. http: //www. skwirk. com/p–c_s–16_ u–123_t–335_ c–1156/the–indigenous–population/nsw/the–indigenous–population/changing–australian– communities/australia–s–unique–human–characteristics.

在大城市和农村地区出现的可能性最高，生活在偏远地区的贫困人口比较容易脱离社会政治经济活动，在这些地区，人们的经济排斥率普遍高于城市的居民，对他们来说，在紧急情况下筹集500澳元或一周内筹集2000澳元是一件非常困难的事情。① 所以，生活在偏远地区的原住民，不仅被剥夺了发展的能力和机会，更失去了发展的信心和动力。

其次，原住民长期生活在封闭的环境中，形成了固定的生活和思维方式，思想保守，观念陈旧落后。原住民对外部的主流文化和世界有着本能的排斥，生活方式仍然沿袭父辈们的传统，墨守成规，宁愿贫困也不愿意通过接受先进的技术技能来脱贫。澳大利亚学者多克里（Dockery）在报告《传统文化与澳大利亚原住民的福祉》（*Traditional Culture and the Wellbeing of Indigenous Australians*）中指出，对很多原住民适龄劳动力来说，尤其是原住民中老年人，他们从出生就一直生活在具有本民族文化特色的社区内，接受本民族文化的熏陶和浸染，具有较强的文化认同感，从心理上对新鲜事物有一种排斥感。② 可以看出，原住民在思想认识上更加信服本民族形成的一切文化，包括与现代社会发展不相适应的生活方式、价值观念、行为认知等。久而久之，在这种贫困文化的氛围和影响下，他们在情感态度上会无意和无力采取行动主动改变现存的生活状况。

再次，澳大利亚殖民政府的殖民政策、联邦政府实施的"白澳政策"和"同化政策"，对原住民身体和精神造成了巨大的创伤，导致很多原住民及其后代具有强烈的宿命论，意志力被消磨，形成了安于现状、好逸恶劳和悲观消极的价值观，过度依赖国家福利，并将其当作一种理所当然的事情，助长了原住民的惰性。由此可以看出，贫困文化的存在和影响，不仅加剧了原住民贫困的程度，延续了贫困的时间，而且削弱了他们进行物质资本积累和物质再生产的能力，在一定程度上使贫困人口脱贫意志不强，内生动力不足，极大稀释了脱贫成效。

---

① MCLACHLAN R, GILFILLAN G, GORDON J. Deep and persistent disadvantage in Australia [R]. Productivity Commission Staff Working Paper, Canberra.2013.

② DOCKERY A M. Traditional culture and the wellbeing of indigenous Australians [R]. Curtin University, Centre for Labour Market Research, 2011.

二、原住民职业教育反贫困的价值追求

澳大利亚将原住民职业教育作为反贫困的重要抓手，不仅根源于能力低下是原住民贫困的主要原因，还在于原住民的深度贫困特性决定了职业教育具有更强的适切性。原住民职业教育和反贫困，在理论逻辑上彰显了职业教育的本质属性，在实践逻辑上落实了职业教育作为脱贫"秘密武器"的工具性价值。职业教育对原住民的贫困进行早期干预和矫正补偿，其本质是促使职业教育资源再分配的正义性体现，能够有效阻断原住民贫困代际传递。

（一）促进职业教育资源公平分配

罗尔斯在《正义论》中指出："为了平等地对待所有人，提供真正的同等机会，社会必须更多地关注那些天赋较低和出生于不利的社会地位的人。"[①]因此，对弱势群体进行教育补偿，是实现社会正义的有效策略，成为促进社会进步和文明的重要特征。职业教育补偿是为了维护处境不利群体的基本教育权利，政府等组织坚持公平正义的原则，对职业教育资源的重新分配行为，能够将职业教育资源向处境不利群体倾斜，以弥补国家改革或发展带来的不良后果。[②]职业教育承担着实现教育公平与促进社会和谐稳定的责任。贫困人口通过接受职业教育获得个人价值的实现，是普通教育所不能替代和给予的，也是促进社会公平正义的重要体现。职业教育也不是一般意义的物质补偿，是以贫困人口生存和发展能力的保障为前提，以人力资本提升为最终目的，是帮助贫困群体获得发展机会的重要途径。

澳大利亚政府通过不断改革，提高原住民学生在义务教育阶段的完成率，并吸引原住民学生完成义务教育后继续接受更高层次的教育，确保他们获得保障就业能力的职业资格证书，但仍有很多原住民在义务教育结束后，因多种原因放弃学业选择进入社会。然而，初中学历难以帮助他们找到一份可以谋生的工作，久而久之，这些原住民则被迫处于失业或待业状态。较早离开学校与失业、犯罪之间存在着正相关关系，学业和事业失败更容易导致原住

---

① 约翰. 罗尔斯. 正义论 [M]. 何怀宏，译. 北京：中国社会科学出版社，2009：77.

② 张宇. 新型城镇化进程中失地农民的教育补偿研究 [D]. 天津：天津大学，2015：88.

民年轻人行为失范，消极颓废。① 此外，很多原住民依附于原有的生活和生产方式，维持一种不能为其个人带来升值的生活，而自身能力的欠缺，使他们难以自主实现身份和生产场域的转换，贫困状况最终不但没有好转，反而会随着失业时间的拉长而不断加剧。职业教育的人人性、灵活多样性和公共产品属性，决定了职业教育对原住民具有更强的适切性，可以帮助他们获得同等的教育机会和权利，快速掌握谋生的知识和技能。原住民职业教育反贫困的最终目的不仅是帮助原住民脱贫，更在于消除原住民在教育、就业中面临的不平等、不公正问题，通过教育补偿促进资源分配的公平与正义，这是原住民职业教育反贫困的价值追求。首先，从起点上而言，政府通过各项优惠政策可以使职业教育资源向原住民倾斜，提高原住民职业教育参与率。其次，从过程上而言，澳大利亚政府"通过提供与原住民文化相适应的职业教育和培训方案，提高原住民的技能和经验，凸显了职业教育的公平与正义性"②。从结果上来说，职业教育对原住民贫困的干预和补偿，目的是"确保原住民获得就业，增加原住民的发展机会，使原住民更加充分地参与到经济、社会和文化生活中来"③。因此，澳大利亚政府对原住民人力资本的耗散进行有针对性的补偿，不是简单的救助，是政府和社会义不容辞的责任，是关注原住民生命与价值的体现，是尊重差异和维护多样性的价值追求。从贫困治理的角度而言，职业教育补偿否定了单一物质和金钱投入的直接性救济帮扶手段，公共物品的平等只是表面的公平与正义，而原住民个体基本能力的平等才是实质平等，是评价社会公平正义的标尺。

（二）阻断原住民贫困代际传递

诸多有关贫困代际传递理论的研究指出，出生在贫困家庭的儿童在长大

① QUENTIN B, PAUL O. Rites of passage: aboriginal youth, crime and justice [M]. North Fremantle: Fremantle Ares Centre Press, 1996: 23.
② Australian National Training Authority. Partners in a learning culture: Australia's national aboriginal and torres strait islander strategy for vocational education & training 2000—2005 [R]. Brisbane, 2000.
③ Australian National Training Authority. Partners in a learning culture: Australia's national aboriginal and torres strait islander strategy for vocational education & training 2000—2005 [R]. Brisbane, 2000.

成人后陷入贫困的风险和比率，高于出生于非贫困家庭的儿童。① 很多原住民从生下来就在原生的贫困家庭长大，家庭有限的文化资源和社会资源使他们很难跳出已有的生活圈和社交圈，他们自然也会沿袭父辈们的价值观、人生观，最终复制父辈的贫困，并有可能将贫困继续沿袭给自己的下一代，使家庭成员一直陷入"贫困圈"的代际循环。1967年美国社会学家布劳（Blau）和邓肯（Duncan）出版了著作《美国职业结构》，他们通过科学计算，认为一个人的成功受到先赋性因素和后致性因素的双重影响，先赋性因素主要指父亲的职业和受教育水平，它是与个人出身家庭背景有关的要素，这只占到个人成功的20%，后致性因素则强调个人后天的努力至关重要，其中，教育水平是影响一个人发展潜力和成就的关键要素。② 这意味着，家庭背景不是决定个人发展程度或者是否陷入贫困的根本因素，个人的社会地位和成就的高低取决于后天的努力，教育在其中起着主导作用。因此，原住民可以通过教育和培训获得个人谋生与发展的技能，以通过个人后天的努力拓宽自己向上发展的道路，改善就业状况和摆脱贫困。职业教育对任何背景、不同年龄段的人开放，无论是原住民学生还是成年适龄劳动力，都可以通过学校职业教育与社会职业培训找到适合自己的位置。澳大利亚阶梯式的职业资格框架制度，保障了就业、培训以及学习和评估的连贯性，为包括原住民在内的学习者循序渐进地提升学历提供了渠道 ③，能够有效促进原住民就业。

　　澳大利亚各级政府实施了多项专门针对原住民职业教育和就业的倡议和计划，尤其保障原住民26周就业成果的措施，成为确保原住民在劳动力市场中长期稳定就业的关键。一项来自澳大利亚经济政策研究中心的实证研究发现，如果完成10年级或11年级教育，那么原住民就业会增加40%；如果完成12年级教育，则就业成功值会再继续增加13%；如果获得中学后职业资格，

---

① 张兵. 贫困代际传递理论发展轨迹及其趋向［J］. 理论学刊，2008（4）：46-49.
② 中国社会科学网. 布劳与邓肯的流动理论［EB/OL］.［2019-08-07］. http://www.cssn.cn/shx/shx_bjtj/201412/t20141204_1428550.shtml.
③ 余小娟，谢莉花. 澳大利亚资格框架的资格标准分析——以职业教育与培训领域为重点［J］. 职业技术教育，2017（22）：73-79.

就业成功值会增加13%~23%。[①] 也就是说，受过良好职业教育和取得职业资格证书的原住民，通过转移劳动力或就近就地就业，获得了改善家庭经济状况的经济资本。同时，他们与外界主流群体交流互动的过程，其认知也会随之发生积极改变，进而形成正确的人生观和脱贫观念，最终阻断贫困的代际传递。

三、原住民职业教育反贫困的意义探寻

"原住民作为全球最贫困和边缘的群体，是国际社会和组织机构关注的重点对象，如果我们忽视原住民群体的需要，我们就无法在全世界减贫事业中取得进步。"[②] 因此，赋予实现原住民个体价值的知识和技能，提升他们谋生和发展的综合能力，扩大他们选择和行动的机会与权利，增进他们的福祉成为国际社会面临的共同责任。澳大利亚通过职业教育促进原住民脱贫具有极其重要的意义，有助于增强国家治理的正义性、助推原住民社区的特色化发展和促进原住民个体社会阶层的向上流动。

（一）增强澳大利亚国家治理的正义性

澳大利亚政府通过职业教育消除原住民的贫困，是贯彻和落实国家多元、平等和包容的治理理念，是践行《联合国原住民权利宣言》的体现，能够促进原住民和主流社会的民族和解，提高原住民的社会参与度。

1. 贯彻和落实澳大利亚国家治理理念

原住民落后的教育成就和就业结果与其殖民历史和文化隔离有着紧密的联系。[③] 在欧洲人到来之前，澳大利亚只有原住民，考古表明，截至1778年他们已经在澳大利亚繁衍生息长达6万年之久，被认为是世界上最古老文化

---

① Commonwealth Of Australia. A hand up not a hand out: reviewing the fight against poverty［R］. Canberra, 2004.

② GILLETTE H H, Harry A P. Indigenous peoples, poverty, and development［R］. Work Bank, 2014.

③ Australian Association Of Social Workers. Indigenous education and employment［R］. Victoria, 2008.

的守护者。①1770年，英国航海家詹姆斯·库克（James Cook）在他第一次太平洋航行期间，发现了澳大利亚东海岸，将其命名为新南威尔士，并宣布这片土地归英国所有。1788年1月26日，亚瑟·菲利普（Arthur Phillip）上尉和1500名囚犯、船员、海军陆战队员和平民抵达悉尼湾，至此开始了欧洲人向澳大利亚的移民史。②19世纪30年代以后，移民或定居人口不断增多，逐渐超过了囚犯人口的数量。随着移民数量的增长，原住民失去了更多的土地和家庭成员，其传统生活方式也逐渐被破坏，越来越依赖殖民者为他们提供食物、水和住所，许多原住民生活在郊区、城镇和更偏远的地区，或者在殖民者家庭担任仆人。殖民化给原住民造成了毁灭性的打击和影响，正如传教士弗朗西斯·塔克菲尔德（Francis Tuckfield）所言："政府正在迅速处置自远古时代以来被原住民占用的土地。除此之外，得到政府的同意和批准后，移民者可以在这片广阔领土的任何地方建立属于自己的居住地，自由喂养羊群和牛群。原住民损失严重，却没有得到同等程度的补偿。他们受到的剥夺、虐待和痛苦都在与日递增。"殖民者杀戮行径的直接后果是原住民人口数量迅速下降，在最初的10年，原住民就减少了90%。③据估计，由于英国一个半世纪的极端暴力和入侵后的持续剥夺，至少有2万名原住民被屠杀。④

澳大利亚联邦政府自1901年成立伊始，就颁布了《移民控制法》（Immigration Restriction Act），确立"白澳政策"为基本国策，其成为澳大利亚由殖民地向联邦制国家转变中的建国指导思想。该政策的目的在于将非白色人种排除在外，建设一个没有有色人种和混血人种的澳大利亚。在白人眼中，原住民是"文明社会的最底层和低级动物的最高层"。因此，原住民自然被排除在主流群体之外，没有享受教育、土地、医疗和社会服务的权利。自1901年以来，白人与原住民女性结合所生育的混血儿童越来越多，与纯原住

---

① Australian Government. Indigenous Australia［EB/OL］.［2019-07-17］. http：//dfat. gov. au/about-australia/ land-its-people/Pages/indigenous-australia. aspx.

② Austrlia Together. Colonisation［EB/OL］.［2019-07-19］. http://www. suatraliastogether. org. au/ discover/australian-history/colonisation/.

③ HARRIS J. Hiding the bodies：the myth of the humane colonisation of Australia［J］. Journal of Aboriginal History，2003（27）：79-104.

④ REYNOLDS H. The other side of the frontier：aaaboriginal resistance to the European invasion of Australia［M］. Kensington：University of New South Wales Press LTD，2006：126.

民数量的下降形成了鲜明的对比，且混血原住民的增长率高于白人。此外，到了20世纪三四十年代，鉴于原住民的反歧视斗争运动、澳大利亚社会生产和二战中劳动力短缺的问题，澳大利亚政府在20世纪50年代被迫实行"同化政策"。该政策事实上并没有改变澳大利亚社会"白澳"的基础，只是在现实面前的一种变通和妥协，在给予原住民生存权的前提下，通过消灭他们的种族文化身份，以实现对原住民种族和文化的同质。[①]"同化政策"实行的结果之一是产生了"被偷走的一代"（Stolen Generation），即规定将混血原住民儿童或"半种姓"儿童从原住民家庭中带走，因为这些原住民儿童肤色较浅，比成年人更适合被送往白人社会，更易被白人社会同化。他们被送到孤儿院、教会或者白人家庭，被强制接受白人提供的教育、白人社会的价值观和思想，禁止说本民族语言，以尽快融入白人的上流社会。1995年，澳大利亚人权和平等机会委员会（Human Rights and Equal Opportunity Commission Report）对混血原住民儿童进行了全国调查，在1997年发布了《把他们带回家》（*Bring them Home*）的报告，指出1910—1970年有10%~33%的原住民儿童与家人失散，他们在养育院受到了残忍的待遇和严厉的惩罚，虐待、凌辱时常发生，且被当成无偿劳力使用，大多数儿童营养不良，文化水平很低。[②]这些原住民童年的惨痛经历为他们日后的成长留下了阴影，其抑郁、焦虑和自杀的发生率更高，很多伤害至今无法消除。

可以看出，殖民者和联邦政府实施的各种政策，使原住民遭遇了被屠杀和驱逐的悲惨命运，不仅使原住民人数急剧下降，而且原住民很多古老文化被毁灭。澳大利亚作为一个高度发达的国家，原住民贫困的存在，严重背离了社会的平等、公平和正义的价值观，破坏了不同民族和谐发展的完整性与可持续性。如何有效提升原住民的社会地位，肯定他们的社会贡献和价值，成为澳大利亚政府解决原住民贫困问题的重点。鉴于此，澳大利亚在借鉴加拿大多元文化主义政策的基础上，于1970年废除"同化政策"，开始实行"多元文化主义政策"，霍克（Hawke）政府在20世纪80年代将其定为基本国策。

① 罗文彦.从"被偷走的一代"看澳大利亚同化政策的失败[J].西华大学学报（哲学社会科学版），2010（12）：93-95.

② Austrlian Human Rights Commission. Bringing them home report[R].Sydney，1997.

多元文化主义政策的目的是倡导各民族平等，所有人都享有同等的机会和权利，能够参与社会政治决策和经济活动；承认差异和多样性，并互相尊重和理解各民族的文化、宗教和信仰。多元文化主义的奠基人之一阿·格拉斯比（Al Grassby）认为澳大利亚的多元文化是"民族之家"。[①] 在自由化的时代，"同化"不再是治理民族问题的方式，"包容""多元""全纳""融合"和"公平"则是促进原住民发展的最优路径。正如澳大利亚前总理保罗·基廷（Paul Keating）所强调的，澳大利亚对原住民提供机遇、关怀、尊严和希望的方式，是对我们社会目标和民族意志的根本考验，我们的民族意志就是我们能够告诉全世界，澳大利亚是一个高度民主的国家，我们是一个追求真正公平和具有诸多机遇的国家。[②] 因此，澳大利亚政府通过职业教育消除原住民的贫困，不仅是对原住民的补偿，更是贯彻国家多元文化的治理理念，对于促进原住民长远发展具有重要的意义。

2. 促进原住民和主流社会的民族和解

白人对原住民的社会排斥和歧视，使原住民难以有效融入主流社会开展正常的政治经济活动，加深了原住民与白人的民族矛盾。另外，政府的不作为态度也激起了原住民的仇恨心理，严重影响了不同民族的和谐与社会稳定。进入20世纪中期，美国和南非对待黑人的种族隔离制度受到了国际社会道德的谴责并引起了国际社会的愤慨，澳大利亚政府对待原住民的做法也开始受到国际社会的批评。因此，随着国际社会的谴责、国内原住民的争权运动进行以及国内正义人士的呼吁，澳大利亚政府在20世纪60年代逐渐开始正视原住民的问题，重新审视原住民在国家社会和政权中的地位，并推行了多项保护原住民权益的措施。尽管各项政策对原住民的发展起到了一定的作用，但原住民贫困问题依然很严峻。此外，面对历史的过错，政府拒绝向原住民道歉，尤其《把他们带回家》报告中建议政府对"被偷走的一代"做出补偿，当时霍华德（Howard）政府只是口头表达了"遗憾"，并没有做官方正式道歉，

---

① 汪诗明. 澳大利亚陆克文政府向原住民居民致歉的原因探析［J］. 徐州师范大学学报（哲学社会科学版），2009（1）：62-71.

② 保罗. 基廷. 牵手亚太：我的总理生涯［M］. 郎平，钱清，译. 北京：世界知识出版社，2001：248.

导致原住民与政府、主流群体之间的矛盾不仅没有化解，反而更加尖锐，加剧了不同民族之间关系的紧张感。

解决原住民的贫困问题，需要澳大利亚政府正视历史，尊重原住民传统文化和原住民的地位与价值，消除社会偏见与歧视。只有这样，才能从本质上促进主流社会与原住民的和解，实现原住民真正意义上的平等和获得可持续发展。2008年2月13日，在澳大利亚联邦政府成立100多年之后，陆克文政府向原住民做出了诚挚的道歉，反思过去政府对原住民的虐待和不公正行为，特别是"被偷走的一代"。陆克文总理在道歉讲话中说："我们为历届政府和议会给我们那些同胞造成深重苦难的法律和政策致歉，我们特别要对强迫原住民儿童与他们的家人和家乡分离致歉。对于那些被偷走的一代、他们的后代和家人所承受的痛苦、苦难，我们说对不起；对于他们的父母、兄弟姐妹和被拆散的家庭，我们说对不起；对于强加给这一自豪民族和自豪文化的屈辱和衰落，我们说对不起；我们澳大利亚议会敬请原住民接受这一歉意。作为国家和解的一部分，我们提出这一道歉。希望道歉能弥合给澳大利亚带来的巨大创伤。我们今天迈出第一步，承认过去，创造全体澳大利亚人的未来，使这种不公平将来不再发生。我们决心使所有澳大利亚人，无论是原住民还是非原住民，都旨在缩小我们之间在预期寿命、教育成绩和经济机会方面的差距，以构建一个相互尊重、共同努力和共同承担责任的未来。"[1]2013年2月，为了纪念道歉五周年，联邦政府众议院通过了《原住民承认条例2013》（*Aboriginal and Torres Strait Islander Peoples Recognition Act* 2013），承认"原住民是澳大利亚的第一居民"，并明确规定"承认与尊重原住民悠久的文化、语言和遗产"。

民族和解从根本上来说就是实现澳大利亚原住民和非原住民的和平共处与共同发展。澳大利亚联邦政府正视历史，主动承认错误，并承担起履行过错的责任，彰显了原住民问题在澳大利亚社会中的重要地位，对有效解决原住民贫困问题又往前迈进了一步，搭建了政府、主流群体和原住民之间相互尊重的桥梁，有助于唤醒主流社会的责任意识，促进本国的民族和解。为了

---

① Australian Government. Apology to Australia's indigenous peoples［EB/OL］.［2018-07-23］. https：// www. australia. gov. au/about-australia/our-country/our-people/apology-to-australias-indigenous-peoples.

履行和兑现对原住民的承诺，政府在道歉之后提出了"缩小差距"的反贫困战略，从原住民婴幼儿和儿童、教育、就业、经济发展、健康、社区安全和原住民文化发展6个方面，着力增强原住民的人力资本，提高原住民社区发展的活力。"缩小差距"战略使促进民族和解的行动和倡议在实践中得到了落实，尤其是"职业教育能够实现国家推进原住民和其他群体之间民族和解的愿望，这成为澳大利亚社会普遍认可的奋斗目标和追求"①，有助于改变原住民的弱势地位，为原住民争取真正意义上的地位和权利平等。

3. 践行《联合国原住民权利宣言》

19世纪末20世纪初，原住民问题引起了联合国的广泛关注，其专门成立了工作组研究如何改善原住民的生活。2007年9月13日，第61届联合国大会通过了一项关于原住民权利问题的决议，即《原住民权利宣言》(*Declaration on the Rights of Indigenous Peoples*)（以下简称《宣言》）。《宣言》共46条，阐明了原住民的基本权利，呼吁国际社会保障原住民的各项权利，其中第1~5条承认原住民拥有自主性和民族性，享有平等和自由；第6~10条表示原住民在生命、健康和安全方面的权利；第11~13条承认原住民文化、习俗和语言的权利；第14~17条涉及原住民教育、信息、劳动等方面的权利；第18~23条是关于土地、领土和资源领域的权利；第31~36条阐释了原住民如何行使自决权，如教育、文化、住房、就业、媒体、经济活动、社会福利、土地和资本等方面的事务；第37~46条规定了其他方面的权利。②《宣言》作为一份突破性文件，填补了国际人权领域对原住民权益保护的法律空白，建立了原住民生存、尊严和福祉最低标准的全球性框架，旨在重建原住民与各国政府之间的关系，强调加强原住民制度、文化、传统的保护和创新，使其具有按照自身需要和愿望选择发展道路的各项权利。

2007年，在联合国大会的决议投票表决中，澳大利亚霍华德政府拒绝签字，对《宣言》投了反对票，认为支持《宣言》意味着支持建立一个独立的

---

① Australian National Training Authority. Partners in a learning culture：Australia's national aboriginal and torres strait islander strategy for vocational education & training 2000—2005 ［R］. Brisbane，2000.

② Uniterd Nations. United nations declaration on the rights of indigenous peoples ［R］. New York，2007.

原住民国家。① 澳大利亚政府只有在法律层面上承认和维护原住民的权利，才能在实践中有效落实和赋予原住民权利，实现原住民与主流群体权利的平等和一致性。为了兑现政府在道歉中对原住民的承诺，2009年4月3日，澳大利亚政府发表声明正式宣布承认《宣言》，表明联邦政府对《宣言》中肯定原住民权利观点的认同，接受联合国开发署倡导的赋权减贫策略，开始在制度层面上做出调整，加强对原住民权益的保护。随着对《宣言》的承认和支持，澳大利亚政府着力解决原住民的劣势问题，以更加真诚的态度和互信的原则，与社会各界、原住民社区建立新型伙伴关系，携手保障原住民的权利和自由，推进缩小差距战略。2007年，澳大利亚政府理事会（Council of Australian Governments）同各级政府间建立伙伴合作关系，与原住民社区开展合作，以实现缩小原住民群体差距的目标，帮助他们摆脱贫困。澳大利亚的原住民反贫困政策，能够最大限度地通过教育权的实现，保障原住民的生存权和发展权，符合《宣言》提出的原则和精神，是继对原住民进行道歉之后，澳大利亚政府关注原住民权益，增强对原住民的扶持和保护原住民文化的又一历史性进步。

4. 提高原住民在国家政治经济活动中的参与度

澳大利亚联邦政府自成立以来只有200多年的历史，尽管如此，澳大利亚社会文明程度非常高，人类发展指数在全球综合排名中名列前茅。但是，原住民由于知识和技能水平低，社会参与能力欠缺，他们在政治、经济和文化等方面遭遇严重的社会排斥，久而久之逐渐被边缘化，剥夺了参与权、话语权和决策权。因此，减少社会排斥，改善原住民的经济和社会状况，关键在于建立一个包容的社会。诺贝尔和平奖得者南非前大主教德斯蒙德·图图（Desmond Tutu）曾说："差异并非在于分离和疏远，而不同恰恰是为了实现彼此的需要。"1995年在哥本哈根举行的"世界社会发展首脑会议"（World Summit for Social Development）提出了包容性社会（inclusive society）的概念，它表示"一个人人共享的社会，每个人都有权利和责任在其中发挥积极的作用，包容性社会必须得建立在公平、平等、自由、文化多样性和社会正义的

---

① 汪诗明. 论澳大利亚支持《土著人民权利宣言》的历史影响［J］. 学海，2010（4）：167–172.

基础上"①。澳大利亚社会融合委员会（Australian Social Inclusion Board）认为，包容性社会旨在让所有澳大利亚成员拥有学习（教育和培训）、工作（参加就业、无偿或志愿工作）、参与社会活动（与人交往、公民与文化等活动）和具有发言权的资源、机会和能力。②可以看出，包容性社会的本质是赋予个体参与权，表示任何人都应该获得社会资源，具有参加各项活动的权利和机会，不应将任何一个人排斥在社会制度之外。当前，学界关于社会参与没有一个统一的概念，综合认为，社会参与是不同年龄群体基于实现个人价值、关心国家社会事务和满足个体发展需要等原因，通过多种形式参与到社会经济活动、政治活动、文化活动、家庭活动和其他公共事务之中，以和外界形成良好的互动，扩大人际交往。针对原住民在社会活动参与中面临的不利境遇，本研究认为原住民的社会参与主要体现在三个方面：一是具有接受教育和培训以及其他社会公共服务的权利；二是在就业市场中，能够获得稳定的就业和薪资报酬，确保其基本权益得到充分的保护，免遭一切形式的歧视、偏见、暴力和排斥；三是在关乎原住民个体和原住民社区发展的所有事务中，原住民能够具有话语权和决策权，有权参与制定和确定影响他们教育、住房、就业等领域的政策和方案，拥有维护自己文化、传统和表达个人愿望的尊严与权利。

"拥有高水平基础技能的成年人更能体会到技能可以使他们在社会和政治生活中拥有发言权。"③提高原住民社会参与度，保障原住民群体的权益，是彰显澳大利亚构建包容性社会的最有力标志，而这一目标实现的前提在于消除原住民的贫困，通过"赋权"和"增能"使其具备社会参与的能力。正如开发计划署拉丁美洲和加勒比地区主任赫拉尔多·穆尼奥斯（Heraldo Muñoz）在谈到原住民贫困问题时说"如果我们不改善每个人的生活，特别是最受排

① Uniterd Nations. Creating an inclusive society: practical strategies to promote social integration ［R］. New York，2009.

② Australian Social Inclusion Board. Social inclusion in Australia；how Australia is faring ［EB/OL］.［2020-07-24］. http://www.socialinclusion.gov.au/resources/how-australia-is-faring.

③ OECD. Better skills，better jobs and better lives：a strategic approach to skills policies［R］. Paris，2012.

斥的人，我们将无法克服贫困和不平等，或实现我们的千年发展目标"①"国民经济的发展需要强大的人力资源做支撑，澳大利亚未来的发展取决于每一个公民所拥有的必要的知识、技能、理解力和价值观，以便在一个公平和开放的社会中过上富有成果的生活，而高质量的教育是实现包容性社会的核心和关键"②。原住民职业教育反贫困从本质上来说，是彰显国家公平与正义的体现，也是实现原住民社会参与的有效路径。澳大利亚国家职业教育研究中心（National Center for Vocational Education Research）2016年3月发布了题为《职业教育与培训能否帮助创造一个包容性社会》（*Can VET Help Create a More Inclusive Society*）项目的研究成果，提出教育和培训能够在促进社会成员参与到社会和经济生活中发挥关键的作用，是贫困弱势学生获得晋升的重要渠道。研究特别强调了职业教育在社会包容性中的作用，认为职业教育能够对学习者的就业、劳动力市场参与产生重要影响，有助于缩小他们与非弱势群体在社会地位和包容性方面的差距。③也有研究指出，随着原住民个人知识、技能和社会参与度的提高，到2031年如果原住民和其他群体在社会和经济成果之间的差距得以缩小，那么原住民和所有的澳大利亚公民将得到巨大的回报，从直接的经济指标来看，国民经济至少增加243亿澳元，如果按照就业和投资的乘数来计算，国民经济增长值会更高④；从间接经济利益来看，在5年时间内被监禁的原住民将减少大约7000人，节省资金16亿澳元，而且他们的健康状况也会得到改善，有助于降低卫生系统的成本，并极大提高原住民的主观幸福感等。⑤原住民蕴含着丰富的人力资源，如果通过职业教育和培训将其转化为人力资源，那么无论对于原住民自身，还是原住民家庭、社区以及澳大

① Inter Press Service. Poverty rates strikingly high among indigenous populations［EB/OL］.［2019–07–23］. http：//www. ipsnews. net/2012/06/poverty–rates–strikingly–high–among–indigenous–populations/.

② Ministerial Council On Education，Employment，Trainging And Youth Affairs. The Adelaide declaration on national goals for schooling in the 21st century［R］. Victoria，1999.

③ National Centre For Vocational Education Research. Can VET help create a more inclusive society?［R］. Adelaide，2016.

④ Deloitte Access Economics. The economic benefits of closing the gap in indigenous employment outcomes，report for reconciliation Australia［R］. Deloitte Access Economics Pty Ltd，2014.

⑤ GARY M，HUNTER B，BIDDLE N. The economic and social benefits of increasing indigenous employment［R］. Centre for Aboriginal Economic Policy Research，2014.

利亚整个社会，这份资源都必将是一份宝贵的财富，能够助推澳大利亚社会经济的发展，综合国力水平和国家形象的提升。

（二）助推原住民社区的特色化发展

澳大利亚原住民文化是世界上最古老的文化，至少可以追溯到65000年之前[①]，在很多考古遗址中，我们可以清晰了解原住民的生活方式、宗教信仰，以及他们如何与自然相处和适应自然环境等。原住民文化一方面表现为原住民形成了传统的生活方式。土地是原住民的一切和精神核心，这种关系和"国家"的精神对原住民来说至关重要。原住民在自己的土地上形成了稳定的生活方式和传统习惯，包括日常打猎、祭祀、举行宗教仪式和婚礼庆典等。另一方面，原住民创造和发展了光辉灿烂的文化艺术。如果说原住民生活中有哪些方面能够引起白人的共鸣和理解的话，那就是原住民艺术，包括岩壁画、石版画、石窟画、音乐和舞蹈等，蕴含了原住民惊人的想象力和艺术表现能力。[②]原住民艺术极具原住民文化的特征，反映了原住民群体的宗教信仰和精神追求，如岩壁画多以原住民各个部落的图腾和精灵为主要内容，有时也包括祭祀、庆典等不同仪式的活动，展现了原住民一种平和、远离喧嚣的传统生活方式和文化信念。文化是一个民族的精神瑰宝和灵魂，是国家的软实力和支撑民族进步的脊梁。随着澳大利亚政府和民众对原住民态度的转变，对原住民文化的尊重和了解越来越深入，以及原住民自身对国家振兴原住民文化的呼吁，保护和发展原住民文化成为澳大利亚政府义不容辞的责任。2017年《缩小差距》报告将肯定和保护原住民文化作为第一个探讨的话题，认为"原住民文化是澳大利亚民族认同的重要组成部分，作为一个国家，我们必须要具备保存世界最古老、具有连续性文化的知识和智慧，我们应自豪地向世界展示澳大利亚第一民族的艺术、语言和传统习俗"[③]。

---

① Australian Museum. Cultural heritage [EB/OL].[2019-07-24].https：//australianmuseum. net. au/indigenous-australia-cultural-heritage.

② 刘晓燕.澳大利亚土著人：历史变迁与发展[J].内蒙古大学学报（人文社会科学版）,1998（5）：91-94.

③ Department Of The Prime Minister And Cabinet. Closing the gap Prime Minister's report 2017 [R]. Commonwealth of Australia，2017.

　　教育是传承优秀民族文化的重要形式，职业教育反贫困不仅是传授生产性知识和技能的过程，本身也是保护和弘扬传统文化的渠道，而且依托民族文化衍生出特色经济产业，可以使文化资源成为获得经济资本和社会再生的源泉，有助于加快脱贫的步伐。正如有研究指出，教育反贫困更应强调扶贫的根源性，在发展地区经济的同时，高度重视精神扶贫、文化扶贫，将贫困乡村社区看成一个有机的生态共同体，实现贫困社区的教育、卫生、经济和科学的全面协调发展。[①] 不同于其他教育类型，"职业教育具有适宜发展民族传统文化与技艺的特征性质，是培养民族文化艺术与工艺技能人才的重要渠道，它在办学目标上能够有效地将贫困地区的特色文化与产业经济结合起来"[②]。因此，澳大利亚通过弘扬和发展原住民特色传统文化，吸引原住民的积极参与，培养专门从事原住民文化产业的专门人才，并以此为依托大力发展以体验原住民文化为核心的旅游业，形成了多种形式的反贫困经济产业，从而将职业教育反贫困与原住民文化艺术结合起来，有助于弘扬和传播原住民传统文化，带动和刺激原住民就近就地就业，有效促进原住民社区的特色化发展。

（三）促进原住民个体社会阶层的向上流动

　　知识和技能是个体发展和经济增长的重要源泉，赋予促进原住民发展的就业能力，对于提高他们的自信心和增进其福祉具有重要的本体性意义。

1. 通过掌握技能以实现原住民自身价值

　　技能被认为是"21世纪经济体的全球货币"，其影响力远远超出劳动力市场收入和经济增长所能衡量的范围，如技能对个人健康存在着潜在的好处，技能也与公民和社会的行为有关，因为它影响人们参与民主活动和获得商业关系。[③] 职业教育作为一种重要的生产性投资，澳大利亚不同机构发布的多项研究报告都肯定了职业教育对消除原住民贫困的正向积极作用，如提供谋

---

① 余应鸿. 乡村振兴背景下教育精准扶贫面临的问题及其治理［J］. 探索，2018（3）：170–177.

② 许锋华，徐洁，刘军豪. 连片特困民族地区职业教育反贫困的作用机制及实现保障研究［J］. 广西民族研究，2017（6）：151–156.

③ OECD. Better skills, better jobs and better lives: a strategic approach to skills policies［R］. Paris，2012.

生的技能、提高内生能力、培养学习能力、提升社会参与力、增强发展意识等。尽管原住民和主流群体之间，还存在一定的差距，但很多原住民已经成功地参与职业教育，获得了中等和中等后职业资格。[1]另外，一项关于澳大利亚农村地区贫困状况的调查显示，澳大利亚偏远地区的原住民年轻人完成高中学业的可能性较低，而且接受高等教育的人数也非常少，但是，他们更乐意接受以就业为导向的职业教育，而且学习人数在不断增长。[2]对原住民进行基于工作能力本位的职业教育投资，能够有效地提升原住民的就业技能和职业技能，随着对原住民人力资本投资的逐渐增加，在人力资本投资的"内部效应"作用下，原住民劳动力的边际生产率不断提高，他们就会从没有就业技能、职业技能低的一般简单劳动力，成长为拥有一定技术技能的综合型劳动力，进而就业质量得到提升，实现个人的本体价值。原住民就业技能的提升和获得更多的就业机会，也有助于他们社会价值的实现。例如，原住民随着实现稳定就业，他们会获得更多参与社会政治经济活动的机会，更易在社会交往中被尊重和理解。同时，参与的过程可以使个人逐渐获得一定的话语权和决策权，能够在关乎个人和集体发展的事务中表达诉求。可以看出，接受职业教育后的原住民，在从初级劳动力向中级或复杂劳动力跃迁的过程中，成为具有社会价值、能够创造更多社会财富的"社会人"。

2. 通过就业缩小与主流群体的差距

人们物质生活质量很大程度上取决于其经济收入的高低，失业不仅使人们难以获得维持家庭生活运转的基本物品，易陷入收入贫困的风险，而且个人社会地位被降低和被限制从事有意义的社会活动。[3]职业教育作为澳大利亚原住民反贫困的主要抓手，通过促进原住民就业可以有效缩小原住民与主流群体的差距，提高原住民的社会参与度。职业教育缩小原住民和主流群体的差距，主要体现在直接和间接效应两个方面。直接效应表现在职业教育能够

---

① BIDDLE N, CAMERON T. Potential factors influencing indigenous education participation and achievement [R]. National Centre for Vocational Education Research, 2012.

② Australian Council Of Social Services, National Rural Health Alliance. A snapshot of poverty in rural and regional Australia [R]. Australian Capital Territory, 2013.

③ MCLACHLAN R, GILFILLAN G, GORDON J. Deep and persistent disadvantage in Australia [R]. Productivity Commission Staff Working Paper, 2013.

改善原住民的就业机会，增加原住民经济收入。一般来说，劳动力的质量和素质与劳动者受教育程度呈正比，即受教育程度越高，其文化水平、技术水平和智力水平越高，从而劳动者的质量和素质也就越高。① 根据世界银行的研究，增加教育投资，劳动力受教育的平均时间每增加一年，GDP 就会增加9%。这是指头三年的教育，即受三年教育与不受三年教育相比，能使 GDP 提高27%。② 原住民通过职业教育获得生产性知识和技能，能够提高其经济收入，改善他们的物质生活水平。如澳大利亚社会服务理事会的研究表示，平均而言，完成12年教育或获得 TAFE 学院颁发的Ⅲ级、Ⅳ级职业资格证书，可使人们的收入提高10% 左右，而获得高等教育文凭则收益会提高约40%。③ 外在间接效应在于知识和技能作为一种特殊的生产要素，随着原住民受教育水平的提高，他们的经济收入可用于购买除基本生活必需品以外的消费，如用于住房、身体保健和娱乐等投资。此外，原住民个人综合能力提升意味着他们在职业选择上拥有更大的机会和权利，工作的环境更加体面安全，这有助于不断提高原住民自身的预期寿命，促进其身心健康。

---

① 刘志民.教育经济学［M］.北京：北京师范大学出版社，2017：7.

② 李通屏，朱雅丽，邵红梅，等.人口经济学［M］.北京：清华大学出版社，2014：195.

③ Commonwealth Of Australia. A hand up not a hand out: reviewing the fight against poverty［R］. Canberra，2004.

第三章

澳大利亚原住民职业教育政策的历史演进

政策是政府管理职业教育的主要手段，政府通过政策规划职业教育的发展。政策也是实现职业教育公平的保障，世界不同国家职业教育政策发展的完善程度都与该国家的职业教育实践发展密切相关，二者相互制约和促进。[1] 在原住民参与职业教育和培训的每一个阶段，澳大利亚联邦政府和各州、领地政府颁布的一系列职业教育政策，都为原住民职业教育的发展提供了指导和建议。[2] 本研究通过对20世纪70年代以来原住民职业教育政策的梳理，对政策的颁布背景、内容、成效、特点和演进思路进行分析，以揭示澳大利亚政府如何通过政策的手段，保障原住民职业教育和培训的权利，提高原住民职业教育质量和促进职业教育公平。

一、凸显时代性的原住民职业教育政策变迁

职业教育作为消除原住民贫困的有效方式和手段，对促进经济增长、提高原住民生活水平和增强社会凝聚力至关重要。澳大利亚政府自20世纪70年代实施多元文化主义政策以来，大力发展原住民职业教育，明确指出开展专门针对原住民的职业教育和培训，提高原住民的综合能力，增强对原住民的人文关照。因此，本研究以20世纪70年代为起点，对澳大利亚原住民职业教育政策变迁历程进行梳理，并将其划分为三个阶段：20世纪70年代—90年代

---

① 李延平．职业教育公平问题研究［M］．北京：教育科学出版社，2009：154.

② NINA B，FRANCES W，KAREN V. Indigenous education：a learning journey for teachers，schools and communities［M］. Rotterdam：Sense Publisher，2012：3.

末、2000年—2007年、2008年至今，这样划分的目的是基于原住民职业教育政策发展过程中的几个重要事件节点：澳大利亚政府在20世纪70年代开始着重关注原住民职业教育；进入21世纪后，在大力进行国家职业教育改革的背景下，着力提高原住民职业教育质量；2008年，澳大利亚政府向原住民郑重道歉后，开启了政府进一步全面解决原住民贫困问题和发展原住民职业教育的新历程。

（一）大力发展是起步阶段的主要任务

1972年，惠特拉姆（Whitlam）政府推行原住民"自决"政策，同年成立了全国原住民咨询委员会（National Aboriginal Consultative Committee，简称NACC），这是第一个由原住民自己选出的全国性专门咨询机构，表明原住民事务已经成为联邦政府亟须关注的主要问题。[1]1975年，NACC和学校委员会（Schools Commission）向政府提交了原住民教育调查报告，提出了原住民教育发展的5个积极因素，包括建立教育协调员职位、在偏远和农村地区建学校、雇用原住民教师、使用双语方案和增加资助。此外，该报告还指出原住民长期脱离于主流社会群体，原住民文化、历史以及原住民的识字没有得到重视。[2]1977年3月，全国原住民教育委员会（National Aboriginal Education Committee，简称NAEC）成立，共由19名原住民知名人士组成。该机构的宗旨是通过与原住民团体、个人和非原住民教育者进行广泛协商，为联邦政府提供咨询建议，并对现有原住民教育政策和项目进行监测，促进原住民教育事业的发展。[3]为了对原住民教育项目提出有针对性的建议，制定具体的目标和框架成为当时一项紧急的工作，鉴于此，1980年2月，NAEC发布了《原住民教育原理、宗旨和目标》（*Rationales, Aims and Objectives in Aboriginal*

---

① BERESFORD Q. Separate and unequal: an outline of aboriginal education 1900–1996 ［M］. Crawley: UWA Publishing, 2012: 112.

② MELITTA D H. A critical analysis of the aboriginal and torres strait islander education action plan ［R］. Office for Education Research Faculty of Education Queensland University of Technology, 2015.

③ National Aboriginal Education Committee. Rationale, aims and objectives in aboriginal education ［EB/OL］. ［2020–08–03］. http://www. territorystories. nt. gov. au/jspui/bitstream/10070/264711/1/NAEC%20Aims%20Objects%20%20Feb%201980. pdf.

Education），这成为澳大利亚第一个较为全面的原住民教育政策，反映了原住民对教育的渴望与需求，以及他们对教育改革的积极参与。[①]该政策要求"必须赋予原住民执行政策、资助和管理自己教育项目的责任"，强调了向所有澳大利亚学生讲授原住民历史、文化和开展原住民研究的重要性。[②]因此，进入20世纪70年代以来，随着澳大利亚政府对原住民教育的重视，如何通过职业教育改变原住民生活状况，确保越来越多的原住民有机会接受职业教育，提高原住民职业教育的规模，成为政府制定原住民职业教育政策的主要方向。

1.《全国原住民教育政策》：明确原住民职业教育发展的基本方针

1988年，澳大利亚联邦政府成立了原住民教育政策工作组（Aboriginal and Torres Strait Islander Education Policy Taskforce），由保罗·休斯（Paul Hughes）担任主席并主持工作，主要为原住民教育提供咨询意见，评估最新研究和政策报告的结果，并为现有计划和新举措的资金筹备制定优先事项。工作组根据 NAEC 和州/领地原住民教育咨询组（State/Territory Aboriginal Education Consultative Groups）之前所开展的工作，发布了《原住民教育政策工作组报告》（*Report of Aboriginal Education Policy Task Force*）[也被称为"休斯报告"（Hughes Report）]，这份报告概述了原住民教育的发展现状，并提议制定一项全面和长期促进原住民教育发展的政策，以解决教育不平等现象和其他问题。[③]1989年10月，根据"休斯报告"的建议，联邦政府、各州和领地政府共同制定了《全国原住民教育政策》（*National Aboriginal and Torres Strait Islander Education Policy*），并于1990年1月1日生效。

《全国原住民教育政策》是澳大利亚所有原住民教育政策的基础，共提出了21项原住民教育长期发展的目标，首要目标是在原住民接受、参与和完成教育与培训的过程中，确保实现他们起点、过程和结果的公平。4个总目标

---

① National Aboriginal Education Committee. Rationale, aims and objectives in aboriginal education [EB/OL]. [2020-08-03]. http://www.territorystories.nt.gov.au/jspui/bitstream/10070/264711/1/NAEC%20Aims%20Objects%20%20Feb%201980.pdf.

② GERHARD L, LAN G M, et al. The habitat of Australia's aboriginal languages: past, present and future [M]. Walter de Gruyter, 2008: 243.

③ PAUL H. Report of aboriginal education policy task force [R]. Aboriginal Education Policy Task Force, 1988.

分别是：①在教育决策权中，通过有效的安排，让原住民学生和社区成员参与规划、评价包括 TAFE 学院等机构在内的教育决策；增加原住民被雇用到 TAFE 学院担任管理人员、教师的数量；提供教育和培训服务，提高原住民参与教育决策的能力。②在平等获得教育服务方面，提出"确保原住民具有平等接受义务后中等教育、技术和继续教育、高等教育的机会"。③在平等参与教育方面，要求"实现原住民接受义务后中等教育、技术和继续教育、高等教育的参与率，并确保与非原住民的比例相一致"。④在公平的教育成果方面，要求原住民学生和其他澳大利亚学生一样，在技术和继续教育、高等教育阶段的毕业率达到一致；提供社区教育服务，使原住民能够获得管理和促进其社区发展的技能；使所有原住民成年人，能够熟练掌握英语语言表达和计算技能；要求原住民学生能够了解他们的历史、文化和身份。①《全国原住民教育政策》的制定和出台，为原住民职业教育的发展奠定了基础，成为指导澳大利亚原住民职业教育发展的基本方针。

2.《全国原住民教育战略（1996-2002 年）》：确立原住民职业教育发展的优先事项

1991年，皇家委员会对被拘禁原住民的死亡情况进行了调查，发布了《原住民监禁中死亡报告》（*Report of the Royal Commission into Aboriginal Deaths in Custody*），指出原住民高死亡率不仅与个人因素有关，还在于国家社会、文化和法律制度不健全，尤其是否接受教育和培训对原住民被监禁具有重要的影响，因此，国家应不断大力发展正规教育，为原住民提供公平的教育，提高他们的教育成果。②1993年年初，原住民事务部长罗伯特·蒂克纳（Robert Tickner）宣布对原住民教育现状进行全国审查，主要目标是在第一个三年结束时，审查《全国原住民教育政策》的实施成效。1993年10月，比利兹被任命成立参考小组（Reference Group），对审查工作进行监督。参考小组1993—1994年根据个人和政府提交的书面材料，以及与教师、原住民学生访

---

① Department Of Education, Employment And Workplace Relations. National aboriginal and torres strait islander education policy [R]. Government of Australia, 1989.

② JOHNSTON E. Australian royal commission into aboriginal deaths in custody [R]. National Report by Commissioner Elliott Johnston, 1991.

谈获得的一手资料，共收集了所有部门关于原住民教育参与、入学率、教育获取和教育结果4个方面的数据。参考小组参照《全国原住民教育政策》提出的目标，对政府实施的原住民教育项目和所取得的成果进行了评估①，并于1995年发布了调查报告，指出《全国原住民教育政策》受到了社会的普遍支持，原住民参与职业教育和培训的机会的情况有所改善，但是该政策提出的多项目标并没有完全实现，原住民在文化、经济和社会成果等方面仍然落后于主流群体。"虽然原住民对教育政策、职业教育项目及其运行建言献策的渠道多元，但是人们仍然担心，他们的建议并没有被充分关注……而且他们也没有享受到公平与适切的教育，在教育成果上落后于主流群体。"②

1994年，教育、就业、培训和青年事务部长理事会（Ministerial Council on Education, Employment, Training and Youth Affairs, 简称 MCEETYA）成立了原住民教育专门工作组（Taskforce on Indigenous Education），它根据审查报告对原住民教育现状进行总结和建议，制定了《全国原住民教育战略（1996—2002年）》（National Strategy for the Education of Aboriginal and Torres Strait Islander Peoples 1996—2002）（简称《国家战略》），1995年，MCEETYA 批准颁布了《国家战略》。由于《全国原住民教育政策》的21个目标和4个领域的主体目标存在重复，《国家战略》将其汇总成为7个优先行动事项（seven priorities for action），并另外提出了一项优先发展事项。《国家战略》围绕这8个优先事项设计了一个协作行动计划（collaborative action plan），并附有详细的实施战略和绩效衡量标准。在8个优先发展事项中，职业教育领域的发展目标具体如下：

第一，明确提出原住民在职业教育政策制定、项目实施等方面具有决策权。一是职业教育和培训机构的咨询与管理委员会的成员应包括原住民，秉持包容性的原则，在职业教育和培训机构内建立咨询、参考和管理委员会、地方原住民教育咨询小组和其他社区团体；建立职业教育和培训机构与原住

---

① YUNUPINGU M. National review of education for aboriginal and torres strait islander peoples：summary and recommendations ［R］. Australian Government Publishing Service，1995.

② KATU K. Inquiry into the effectiveness of education and training programs for indigenous Australians ［R］. Australia Parliament，Senate Employment，Workplace Relations，Small Business and Education References Committee，1999.

民社区的合作机制，并制定具体的合作策略；赋予原住民在高校理事会、州和领地培训管理委员会、行业咨询委员会中的参与权；二是职业教育和培训机构应建立协调一致的原住民咨询框架，以发挥其教育领导作用。例如，建立原住民教育审查小组，包括所有 TAFE 学院、企业和培训委员会、原住民社区委员会和原住民政府部门代表；三是原住民参与职业教育和成人教育政策的设计、制定和执行，如原住民顾问和其他原住民讲习班的学生，向社区成员介绍有关教育政策和方案；四是不同教育层次和培训课程的发展、传播和审查，都应确保有原住民的参与；五是原住民教师参与教育决策的人数应和中级管理者的数量保持一致；六是所有教育和培训战略、管理和实施计划，对提高原住民的参与具有重要意义；七是所有参与职业教育决策的人员，都应明确了解原住民的价值观、文化、愿望和诉求；八是发挥原住民社区的教育服务功能，加强其自我管理能力。

第二，增加职业教育机构雇用原住民的数量，共包括两个目标，分别是增加原住民在职业教育机构任职的数量，如担任教育管理人员、讲师、咨询员和研究员的数量；丰富原住民在职业教育和培训工作中的专业知识。

第三，确保原住民学生获得平等的教育和培训服务。考虑偏远地区、农村和城市地区原住民职业教育和培训的需求差异，为他们提供高质量的教育和培训设备；在入学人数有限和有实际需求的地方，扩大中学和义务教育后培训阶段的住宿供应规模；利用现代科学技术，不断改进与完善职业教育和培训方式；加强中等教育、职业教育和培训与高等教育的衔接；确保社区原住民教育工作者有适足的住房。

第四，确保原住民学生在教育和培训中的参与。禁止在职业教育和培训中歧视原住民；为了满足原住民的学习需求，增加能够有效提高其技能水平的教师数量；向在监狱和青年拘留中心的原住民提供与原住民文化相适应的教育和培训机会。

第五，确保原住民学生获得平等与适当的教育成就。要求增加原住民学生接受义务后教育的数量，提高原住民学生英语语言表达和阅读能力；提高原住民学生在优先学科和课程中的成绩；确保原住民学生完成优先领域中的职业教育和培训课程；增加原住民学生在教育和培训后就业的数量。

　　第六，支持向全国学生讲授原住民文化和语言，要求实现3个具体目标，分别是：所有学生都应该学习和了解原住民文化；在质量认证的项目中，原住民学生可以使用原住民语言；在课堂教学中，要向学生讲授有关民族和解、社会平等和支持原住民发展的知识。

　　第七，为原住民提供社区发展培训服务，包括发挥原住民社区的主导作用，加强原住民社区在教育决策、管理和原住民就业方面的领导作用，鼓励原住民通过就业摆脱贫困，促进原住民社区稳定发展；随着社区扫盲项目逐渐增多，提高原住民在英语和计算课程中的参与度；依托高校的智力支持，加强高校与社区的合作，为原住民提供英语和读写技能培训，提高原住民的基础技能。

　　《国家战略》提出的优先发展事项，充分认识到了职业教育在提升原住民人力资本和促进原住民社区经济发展中的价值与作用，肯定了原住民享有接受同等水平职业教育的权利，明确了原住民、原住民社区在职业教育和培训中的主导性地位，从而有助于充分发挥原住民在职业教育中的主动性，促进原住民职业教育的健康长远发展。此外，《国家战略》为澳大利亚各州和领地政府发展原住民教育提供了一个有价值、可参考的框架，在《国家战略》的指导下，各州和领地政府也相应制定了指导本州原住民职业教育发展的政策。

　　2003年，澳大利亚国家职业教育研究中心在国家培训总局的资助下，完成和发布了《原住民参与职业教育和培训：统计审查进展》（*Indigenous People in Vocational Education and Training：A Statistical Review of Progress*），对1997—2001年原住民参与职业教育的情况进行了调查，结果显示：原住民学生参与职业教育的比例是非原住民学生的2倍；尤其原住民年轻人参与率最高，且高于非原住民年轻人。从调查的数据来看，如表1所示，2001年原住民学生参与职业教育的数量为58046人，比1997年的38528人增长了33%；1997年，参与职业教育的原住民学生占到15岁及以上总人口的16%，到2001年达到了20.4%。越来越多的原住民学生从国家职业资格认证的课程受益，其中，Ⅰ级和Ⅱ级培训课程作为入门级别的课程，更容易受到原住民的欢迎，2001年接受Ⅰ级和Ⅱ级证书课程的人数占到了44.7%，而只有33.6%的原住民接受Ⅲ级及以上职业资格证书课程的培训。

表1　1997—2001年原住民学生职业教育学习概况

指标	1997年	2001年	变化
Ⅲ级资格证书及以上	27.0%	33.6%	+6.6%
Ⅰ级和Ⅱ级资格证书和高中教育	29.1%	44.7%	+15.6%
资格框架认证课程	75.2%	79.9%	4.7%
Ⅲ级证书和更高水平的完成率	N/A	27.1%	—
学生参加远程培训课程人数	1690	2930	+73.4%
完成TAFE学院职业教育课程毕业生的就业比	51.7%	62.7%	+11.0%

资料来源：SAUNDERS J, JONES M, BOWMAN K, et al. Indigenous people in vocational education and training: a statistical review of progress [R]. National Centre for Vocational Education Research, 2003.

　　澳大利亚政府为原住民提供高质量的职业教育和培训，凝聚在原住民身上的知识、技能有助于提高他们的生产率，最明显和最直接的效益表现为促进原住民就业。如2000年原住民学生从TAFE学院毕业的就业情况来看（表2所示），原住民就业率为62.7%，比培训前高了9.3%，失业率也相应地从培训前的21.6%降到了15.7%。

表2　2000年从TAFE学院毕业原住民学生的劳动力状况

指标	学习前	学习后
就业	53.4%	62.7%
失业	21.6%	15.7%
不在劳动力市场	15.1%	20.2%

资料来源：SAUNDERS J, JONES M, BOWMAN K, et al. Indigenous people in vocational education and training: a statistical review of progress [R]. National Centre for Vocational Education Research, 2003.

　　随着澳大利亚对原住民职业教育的重视，原住民在受教育机会方面和非原住民享有平等的机会与权利，但原住民职业教育的完成率相对较低。例如，在1996年，只有12%的原住民学生完成了12年级学业，而非原住民学生的比例是36%。仅有8%的原住民学生参加了专业课程，只占到了非原住民学生的一半。[①]在学徒制、培训制的保留率和完成率方面，原住民所取得的结果同

---

① National Centre For Vocational Education Research. Indigenous students, 1996: an overview [R]. Adelaide, 1998.

样低于主流群体，在私营部门中的培训和学徒制参与率也同样较低。到1997年5月，只有52%的原住民接受职业教育后获得了就业，而非原住民达到了71%。[①]

（二）提高质量是发展阶段的重要关切

进入21世纪，随着知识经济的到来，新的经济发展模式倒逼澳大利亚越来越重视职业教育在国家经济发展中的突出作用，强调通过职业教育赋予年轻人知识、技能、理解力和价值观。MCEETEYA提出弥补原住民的教育劣势将是澳大利亚一项最紧迫的优先发展事项。1998年，MCEETEYA将原住民教育列为理事会议程的一个永久性议题。联邦政府时任教育部部长戴维·肯普（David Kemp）在声明中指出："原住民教育平等问题，仍然是国家所面临的主要挑战之一，原住民应获得同等的教育机会，这对他们的未来发展至关重要。"[②] 鉴于原住民教育面临的严峻现实，联邦政府在世纪之交相继出台了多项政策，如《面向未来：澳大利亚职业教育国家战略（1998–2003年）》（*A Bridge to the Future: Australia's National Strategy for Vocational Education and Training 1998—2003*）、《21世纪更具有文化包容性的教育原则和标准的国家声明》（*National Statement of Principles and Standards for More Culturally Inclusive Schooling in the 21st Century*）、《21世纪澳大利亚学校教育目标》（*National Goals for Schooling in the 21st Century*）、《实现澳大利亚原住民的教育平等》（*Achieving Educational Equality for Australia's Aboriginal and Torres Strait Islander Peoples*）、《原住民教育（目标援助）法案》（*Indigenous Education [Targeted Assistance] Act*）、《全国原住民英语识字和计算发展战略》（*National Indigenous English Literacy and Numeracy Strategy*）等，以为原住民职业教育发展提供政策依据和法律保障，确保原住民获得平等的职业教育和培训机会、成就，扩大原住民文化的影响力。因此，在进入21世纪后，澳大利亚政府继续大力发展原住民职业教育。在20世纪注重发展原住民职业教育

① TAYLOR J. The opportunity costs of future indigenous labour force status, discussion paper [R]. Centre for Aboriginal Economic Policy Research, 1997.
② 陈婷婷.澳大利亚原住民人教育优惠政策研究[D].兰州：西北师范大学，2010：32.

规模的基础上，联邦政府和各州、领地政府逐步转向强调原住民职业教育的质量，重新阐述了21世纪原住民职业教育的发展目标和价值取向。

1.《学习型文化中的伙伴：原住民职业教育和培训国家战略（2000—2005年）》：确立原住民职业教育和培训体系

为了支持《面向未来：澳大利亚职业教育国家战略（1998-2003年）》中提出的原住民职业教育发展目标。2000年，澳大利亚国家培训总署出台了《学习型文化中的伙伴：原住民职业教育和培训国家战略（2000—2005年）》（*Partners in a Learning Culture*：*Australia's National Aboriginal and Torres Strait Islander Strategy for Vocational Education & Training* 2000—2005）（简称《学习型文化中的伙伴》），这是澳大利亚第一个关于原住民职业教育和培训的国家战略。《学习型文化中的伙伴》以澳大利亚开展的职业教育改革和提出的行动倡议为基础，如国家培训框架（National Training Framework）、新学徒制（New Apprenticeships）和学校中的职业教育和培训（VET in schools），这些最新的改革和发展思路为原住民职业教育政策制定提供了方向。《学习型文化中的伙伴》提出了今后5年原住民职业教育发展的愿景，即"建立职业教育和培训体系，本着和解、公平、正义、社区经济繁荣和可持续性发展的精神，与所有澳大利亚人重新建立并分享原住民学习文化"[①]。《学习型文化中的伙伴》旨在加强促进原住民社区、政府、企业和培训机构等不同部门建立合作伙伴关系，具体而言，即在当前和未来各级职业教育和培训政策和方案的制定当中，充分考虑原住民的建议；为原住民学生提供与原住民文化相适宜的职业教育和培训，确保职业教育提高原住民的就业能力，最终促进原住民社区的经济发展。除了明确的发展愿景之外，该政策在借鉴和结合1989年《全国原住民教育政策》《面向未来：澳大利亚职业教育国家战略（1998-2003年）》等系列目标的基础上，重新整理、补充提出了原住民职业教育发展的四大目标，每个目标又分为具体的目标和测量指标，以对每项具体目标的实施情况做出有针对性的评价，掌握政策实施的成效。具体如表3所示：

---

① Australian National Training Authority. Partners in a learning culture：Australia's national aboriginal and torres strait islander strategy for vocational education & training 2000—2005［R］. Brisbane，2000.

表3 《学习型文化中的伙伴》的具体目标和测量指标

四大目标	具体目标	测量指标
目标一：赋予原住民在政策和方案制定、资源分配、政策执行中的参与权和决策权	1. 增加原住民在各级决策中的参与度 2. 在职业教育体系内执行原住民就业战略 3. 确保职业教育（包括培训包）体系的文化包容性 4. 挖掘伙伴关系的潜力 5. 奖励激励雇用原住民和促进其专业发展 6. 建立确保国家、州和领地机构解决原住民职业教育问题的合作机制 7. 分析原住民社区的需求和审计技能	1. 原住民在参与决策和咨询方面的人数 2. 原住民及其所需要的培训包的数量 3. 具有入门级资格和原住民文化相关内容培训包的数量和类型 4. 在职业教育的关键领域增加原住民就业数量，使其和非原住民达到相等的水平 4. 增加原住民培训机构的数量 5. 符合准则要求的注册培训机构数量
目标二：实现原住民与非原住民享有同样的职业教育参与权	1. 通过"学校的职业教育项目"增加学生保留率 2. 建立学校和中学后部门（包括职业教育和高校）的伙伴关系 3. 提高原住民学生参与高层次课程、学徒制培训的比例 4. 为职业教育机构提供以结果为导向的奖励措施 5. 为被监禁的原住民提供获得职业教育的机会 6. 鼓励和促进原住民终身学习	1. 原住民学生参与资格框架和培训总局的职业教育项目 2. 原住民学生在高层次职业教育课程的参与度 3. 原住民的模块课程通过率 4. 根据资格框架，学校职业教育项目的完成比例 5. 按澳大利亚资格框架水平和地理位置，明确所有原住民学生完成职业教育和培训的资格比例
目标三：为原住民提供与原住民文化相适应、灵活多样的培训，包括使用信息技术	1. 满足农村和偏远社区的需要 2. 为原住民制订专门的远程和在线培训计划 3. 鼓励社区提出培训和评估需求	1. 原住民学生参与远程职业教育和培训项目 2. 原住民学生参与远程培训课程的完成率 3. 原住民在信息化企业中获得培训的比例
目标四：在职业教育和培训过程中，加强原住民和企业的联系，提高其就业率	1. 为原住民社区建立"一站式培训和就业商店" 2. 扩大原住民接受新学徒制的机会 3. 在培训包内扩大资格以满足原住民社区的具体培训需要 4. 扩大原住民参加集体培训计划的机会 5. 扩大原住民在小型企业发展、技能中心学习的机会	1. 以资格框架为标准，原住民学生在新学徒制培训中的完成人数 2. 原住民参加培训的数量和百分比 3. 原住民职业教育毕业和继续升学的比例 4. 参加社区发展项目进行认证的人数

资料来源：根据《学习型文化中的伙伴：原住民职业教育和培训国家战略（2000—2005年）》文件进行整理。

该战略的颁布和实行，也为各州和领地政府加强原住民职业教育政策的制定提供了参照，如新南威尔士州出台了《新南威尔士州原住民职业教育战略》（*NSW Vocational Education and Training Strategy for Aboriginal and Torres Strait Islander People*）、昆士兰州颁布了《昆士兰州原住民经济发展战略》（*Queensland's Aboriginal and Torres Strait Islander Economic Development Strategy*），他们都将"职业教育和培训认为是提高原住民经济生活水平和质量的关键因素，具体而言，职业教育可以发挥四个方面的功能：促使原住民获得全职工作；创造更多商业机会；获得企业发展所需的资产或人力资本；以地方经济发展为驱动，增加就业机会"[①]。

为了保障该战略的顺利实施，国家培训总局成立了国家专门工作组（national taskforce），并在同年制定实施了该战略的计划蓝图，即《原住民职业教育和培训国家战略实施蓝图（2000—2005年）》（*A Blueprint for Implementing the National Strategy for Aboriginal and Torres Strait Islander People in Vocational Education & Training*（2000—2005）（简称《战略实施蓝图》），它要求对原住民参与职业教育的情况和成果进行追踪。《战略实施蓝图》针对四大目标提出了13项策略，详细地说明了每项策略所采取的具体措施、责任承担者、完成时间、经费和评价标准。2001、2002年，澳大利亚国家职业教育研究中心与其他机构分别对《学习型文化中的伙伴》的实施情况进行了中期评估，国家培训总署根据调查结果在2004年对《战略实施蓝图》进行了修订，将重点从6个领域发展原住民职业教育，帮助原住民提高民族认同感和自豪感，促使他们顺利地融入主流社会经济生活当中。[②]

2.《塑造我们的未来：澳大利亚职业教育与培训国家战略（2004—2010年）》：彰显职业教育的全纳性

进入21世纪后，澳大利亚职业教育在促进经济发展方面发挥了重要的作用，但依然存在些许问题亟待解决，如在很多行业尤其是传统行业出现技能

---

① Australian National Training Authority. Partners in a learning culture：Australia's national aboriginal and torres strait islander strategy for vocational education & training 2000—2005［R］. Brisbane，2000.

② 王建梁，梅丽芳. 澳大利亚《土著人职业教育与培训战略规划（2000—2005）》研究［J］. 民族教育研究，2014（4）：84-90.

型劳动力短缺；不同州和领地的职业教育发展程度不尽相同，且没有涵盖所有行业；先前学习成果认定不畅；职业教育各部门之间的衔接存在障碍等。①同时，为了提高原住民等贫困弱势群体的就业能力，构建一个全纳性、包容性和可持续发展的社会，澳大利亚国家培训总局颁布了《塑造我们的未来：澳大利亚职业教育与培训国家战略（2004—2010年）》（*Shaping Our Future*; *Australia's National Strategy for Vocational Education and Training* 2004–2010）（简称《塑造未来国家战略》）。

面对国内外的变化形势，《塑造未来国家战略》要求职业教育应该服务于三大对象：为工商业服务，以增强国际竞争力；为所有澳大利亚人服务，提供世界一流的知识和技能；为社区服务，建立全纳、可持续发展的新型社区。②《塑造未来国家战略》根据三个愿景提出了职业教育发展的四个目标，在第四条目标中明确指出"澳大利亚原住民应具备从事不同工作的多种谋生技能，分享原住民文化"③。具体而言，强调不分种族、性别、年龄、社会地位、地区和收入，确保每个澳大利亚人都应该接受职业教育，实现其个人价值；尊重原住民文化，创造与原住民文化相适宜的学习和工作环境，丰富职业教育和培训的内容，增加原住民的就业机会，为原住民社区经济发展提供更多的商业机会，以为他们在经济上获得更大的独立性奠定基础。为了实现愿景和目标，《塑造未来国家战略》制定了三大策略，分别为服务策略（serving strategy）、构建策略（building strategy）和改进策略（improving strategy），其中，服务策略的目的在于提高企业、个人、社区在职业教育和培训中的参与率，注重全纳性和灵活性，以彰显社会的公平正义。在服务策略中，特别指出要大力改革和发展原住民职业教育，要求一方面采取"基于贯穿生命周期"（whole-of-life）的方式解决原住民教育劣势问题，即通过职业教育对原住民进行早期干预和矫正补偿，在终身学习背景下确保不断促进原住民专业技术

① Australian National Training Authority. Shaping our future: Australia's national strategy for vocational education and training 2004–2010 [R]. Brisbane, 2003.

② Australian National Training Authority. Shaping our future: Australia's national strategy for vocational education and training 2004–2010 [R]. Brisbane, 2003.

③ Australian National Training Authority. Shaping our future: Australia's national strategy for vocational education and training 2004–2010 [R]. Brisbane, 2003.

技能的更新；另一方面，原住民具有独特的文化背景，而且他们在读写、计算和英语语言表达等方面存在一定的不足，同时部分原住民处于被监禁状态，这些因素都会导致他们的学习效果不佳。因此，政策强调应通过多元培训和管理的方式，尊重差异，确保处于不同状态的原住民平等地享有职业教育资源。

《塑造未来国家战略》以全纳性为指导原则，将原住民视为澳大利亚社会发展不可忽视的重要群体，要求"职业教育尊重原住民文化，根据原住民的实际情况，如居住地偏远程度、先前教育水平等，为他们创造适宜的教育环境，提供适应原住民文化的职业教育和培训服务"[①]。《塑造未来国家战略》历时7年，提出了职业教育发展的长期战略目标。此外，该战略设计了行动计划，审查、更新和调试战略的实施程序。它立足于促进全澳大利亚人发展的战略定位，坚持全纳性的思想，不仅关注到主流群体，还特别强调反对种族歧视和社会排斥，尊重原住民文化和差异性，发展原住民教育，确保原住民享有接受职业教育的权利，积极吸引原住民参与社会经济活动，有效地将公平纳入职业教育和培训的首要目标，促进了社会公平和社会进步。

3.《澳大利亚原住民教育方向（2005—2008年）》：提出原住民职业教育发展的基本方向

2005年5月，教育、就业、培训和青年事务部理事会举行会议，对原住民教育的一系列问题进行了讨论，在会议中一致达成以下共识：提高原住民学生的学习成绩是MCEETYA今后4年的首要任务；澳大利亚教育系统官员委员会（Australian Education Systems Officials Committee）成立官员工作组（Officials Working Party），以加强对资助拨款和项目计划的管理，提高原住民学生的学习成果；将MCEETYA原住民教育计划中确定的优先事项减少到可控制的数量，以便在4年内采取行动。[②] 根据会议的要求，MCEETYA于2005年制定了《澳大利亚原住民教育方向（2005—2008年）》（*Australian Directions*

---

① Australian National Training Authority. Shaping our future: Australia's national strategy for vocational education and training 2004-2010 [R]. Brisbane, 2003.

② Ministerial Council On Education, Employment, Trainging And Youth Affairs. Australian directions in indigenous education 2005-2008 [R]. Victoria, 2005.

in Indigenous Education 2005—2008），建议在未来4年内加快对原住民儿童和年轻人教育的变革，这些建议策略分布在五大领域：幼儿教育；学校和社区教育伙伴关系；学校领导；教学质量；培训、就业和高等教育。在原住民职业教育、就业领域的变革中，部长们一致指出"通过培训和就业支持的方式促进原住民学生发展，是帮助他们顺利从学校过渡到工作的有效途径，对于打破贫困和不利代际传递至关重要"①。为了实现和落实上述建议，部长们做出了7项承诺，一是到2007年制定和实施指导、咨询和工作准备策略，从中学教育到学校后教育的阶段，都为原住民学生提供包容性和全面的支持。与现有职业转型服务的战略相结合，包括个人职业转型计划；二是从10年级开始改善和提高原住民学生的职业教育学习机会；三是在2007年扩大贸易培训基础设施的供给，特别是公共资助的培训提供者，以确保原住民学生有机会在他们的区域范围内获得贸易培训；四是在2007年制定战略之前，谈判伙伴能够在开发原住民产权、原住民土地使用权、遗产协议和采矿租赁方面考虑原住民的培训和就业问题；五是发展从学校到工作的过渡计划，具体为：鼓励当前参与社区发展就业计划的学生重新参与教育或培训，让偏远学校社区的学生从8年级开始参与个性化的学习，提供一系列相关的学术和职业发展指导，包括培训制、学徒制和社区外工作经验的机会。六是扩大中学、高等教育机构和原住民社区之间的联系，通过制定一系列策略吸引、留住和培养原住民学生；七是向原住民教育咨询机构、原住民高等教育咨询委员会等利益相关者寻求支持与建议，制订有效的战略和计划，以鼓励原住民学生接受高等教育。

MCEETYA开发了职业和转型服务框架（Career and Transition Services Framework），提出了诸多转型发展的措施。一是确定一种紧凑、个性化的方法，包括个人发展路径规划、技能组合文件和退出计划；二是获得专业的培训咨询师和导师的支持；三是建立追踪机制，对学生从学校毕业后的发展情况进行评估；四是建立有效的地方伙伴合作关系，包括学校、主要机构、企业、社区和社区组织。大多数教育机构都为原住民学生制订了有针对性的职

---

① Ministerial Council On Education, Employment, Trainging And Youth Affairs. Australian directions in indigenous education 2005–2008［R］. Victoria, 2005.

业发展计划，但是通常不会提供有建设性的建议，MCEETYA 制定的框架落实了战略规划中的要求，能够有效解决农村和偏远地区原住民从学校到就业过渡难的问题。2009年，彼得·巴克斯根（Peter Buckskin）教授作为调查团队的主席，带领团队成员发布了题为《原住民教育新方向评论》（*Review of Australian Directions in Indigenous Education*）的报告，指出多年来政府对原住民教育实施了无数项计划，其中大多数是短期的，通常是在一段特定时间内提供财政支持，达到预期目标后再继续拨款给予支持。审查结果建议建立一项新的全国原住民教育支持计划，计划应围绕3个时间框架——5年、10年和25年依次展开；同时，将所有职前教师教育课程的核心部分整合到原住民的研究以及教学中。

进入21世纪以来，随着原住民职业教育政策的颁布和执行，越来越多的原住民年轻人有机会通过职业教育提升个人谋生技能。据统计，1996年原住民进入 TAFE 学院或大学的人数为14420，到2006年已增加到17443，增长了21%，在原住民分布比较集中的州，如新南威尔士州 TAFE 学院原住民学生的人数为4183，昆士兰州为2346，南澳大利亚州为717。[①] 随着原住民参加职业教育人数的不断增加，他们在劳动力市场的占有率也随之上升，失业状况得到有效的改善，如2006年有关劳动力现状的报告中，原住民的就业比例从2001年的42%已增长至46%，近四分之一（24%）的15岁及以上的原住民从事全职工作，其中从事非全日制工作的人数占到了17%，5%的原住民受雇但是没有工作，8%的原住民失业，45%的原住民由于残疾、疾病、退休、照顾家庭或缺乏劳动力机会等，还没有进入劳动力市场。[②] 尽管原住民在就业方面已经取得了一定的进步，但是如何确保更多偏远地区的原住民群体获得职业技能，成为澳大利亚政府后续关注的重点和不断努力的目标。

---

① Australian Bureau Of Statistics. 2006 Census of population and housing; media releases and fact sheets, 2006 [EB/OL]. [2019-08-06]. http: //www. abs. gov. au/ausstats/abs@. nsf/7d12b0f6763c78caca257 061001cc588/a0dbf953e41d83d3ca257306000d514b!OpenDocument.

② Australian Bureau Of Statistics. Population characteristics, aboriginal and torres strait islander Australians, 2006 [EB/OL]. [2019-08-06]. http: //abs. gov. au/ausstats/abs@. nsf/Lookup/F00A9582618E4255CA 2578DB00283CC4?opendocument.

（三）实现平等是攻坚阶段的关键举措

2008年，联邦政府提出"缩小差距"的发展战略后，明确了反贫困的目标和具体工作要求，也为原住民职业教育在反贫困中发展与改革提供了指导意见，标志着原住民反贫困工作进入了新阶段。在新的时期，原住民职业教育政策的形成和发展，受到澳大利亚经济和原住民人口等多重因素的影响与制约。

首先，澳大利亚现代经济结构转型，要求培养高质量的原住民劳动力。全球经济的快速发展，工作组织方式、管理方式和劳动力结构的更新，传统技术和生产方式被淘汰，高科技产业和现代服务业成为主流。国际综合实力的竞争主要表现为人才质量的比较，劳动力知识和技能的资本存量是决定国家经济发展的重要因素。现代经济社会，需要一种能够提高"接受再培训能力"的学习，以提高个人就业能力，这对个人来说意味着寻求保持就业和变更就业的能力，对劳动者来说是终身学习的一种表现，能够增强岗位的流动性。① 随着技术主导的就业越来越成为促进经济增长的引擎，拥有高等级职业资格的求职者在劳动力市场中更容易获得雇主的青睐，因此，为了使人们获得更多发展机会，实现个人价值，鼓励年轻人完成中学教育，并继续接受更高层次的教育和培训成为其职业生涯发展的必然。② 在全球化经济变革和倡导知识经济的背景下，低技能的原住民劳动力面临失业的可能性越来越大，被劳动力市场排斥和驱逐的危险也逐渐增大，成为众多失业者中首要受影响的群体。因此，澳大利亚政府在提高职业教育质量的同时，根据原住民的差异化需求，通过多种方式制定了针对不同原住民群体的培训项目，以提升原住民的职业技能，确保原住民获得有保障的工作。

其次，原住民劳动力的年轻化，要求继续将职业教育作为原住民减贫的重要手段。近年来随着原住民社区健康、医疗和卫生条件的不断改善，原住民的出生率呈逐渐递增趋势，死亡率也逐年降低，据2006年澳大利亚"人口和住房普查"统计，原住民人口达45.5万人，比1996年的35.29万人增加了

---

① 和震. 职业教育政策研究［M］. 北京：高等教育出版社，2012：25.

② Ministerial Council On Education, Employment, Trainging And Youth Affairs. Melbourne declaration on educational goals for young Australians［R］. Victoria, 2008.

29%。^①从年龄结构分布来看，原住民和非原住民群体呈现完全相反的发展趋势，非原住民老龄化严重，而原住民主要以年轻群体为主，且年轻人多于老年人。据全国原住民社会调查（National Aboriginal and Torres Strait Islander Social Survey），2011年原住民的年龄中位数为21，2014—2015年近三分之二（63%）原住民的年龄在30岁以下，46%的原住民年龄在20岁以下，到2016年原住民中位数上升至23，65岁以下的原住民只有5%。^②从原住民年龄中位值可以看出，澳大利亚正在经历年轻原住民数量的迅速增长，而这部分群体作为劳动力市场的主要力量，他们人力资本的高低不仅决定着个人生存状况和职业发展的前景，同时也是一个家庭脱贫的希望和主力。经济学研究将原住民人口数量的增长解释为"青年泡沫"（youth bubble），指24岁及以下的人口占到了原住民总人口的57%。^③学者杰克逊（Jackson）2008年在研究中讨论了原住民学生数量的增长和学校环境的关系，强调年龄差距也意味着原住民有可能因其年龄结构，在教育成果上取得不成比例的进步，而不是因为获得教育和培训的条件得到真正的改善。^④原住民人口数量增长，尤其是年轻人数量增多引发的就业、社会安全等社会问题，为澳大利亚政府解决原住民事务带来了一定的压力。例如，昆士兰州政府预测，如果原住民的健康、教育等问题得不到有效解决，那么昆士兰州未来将会面临非常巨大的经济成本。^⑤因此，原住民人口规模的快速增长和年轻化分布趋势，意味着有更多的原住民要进入就业岗位，这就要求继续发挥职业教育的基础性和先导性作用，促进原住民人力资本的提升。

---

①　Australian Bureau Of Statistics. 2006 Census of population and housing; media releases and fact sheets, 2006［EB/OL］.［2019-08-06］. http: //www. abs. gov. au/ausstats/abs@. nsf/7d12b0f6763c78caca257061001cc588/a0dbf953e41d83d3ca257306000d514b!OpenDocument.

②　Australian Bureau Of Statistics. Population context［EB/OL］.［2019-07-16］. http: //www. abs. gov. au/ausstats/abs@. nsf/Lookup/by%20Subject/4714.0~2014-15~Main%20Features~Population%20context~2.

③　Australian Bureau Of Statistics. Young aboriginal and torres strait islander peoples［EB/OL］［2019-08-06］. http: //www. abs. gov. au/AUSSTATS/abs@. nsf/7d12b0f6763c78caca257061001cc588/745333284bfcc3f9ca2571b0000ea8ed!OpenDocument.

④　JACKSON, N. Educational attainment and the（growing）importance of age structure: indigenous and non-indigenous Australians［J］. Journal of Population Research, 2008（2）: 223-244.

⑤　ALYMAN J C, BIDDLE N, HUNTER B H. Prospects for 'closing the gap' in socioeconomic outcomes for indigenous Australians?［J］. Australian Economic History Review, 2009（3）: 225-251.

　　最后，原住民与主流群体职业教育结果的现实差距，要求不断改革和完善原住民职业教育政策。过去的几十年，在相关政策的指导下，越来越多的原住民获得了接受职业教育的机会，很多原住民个体和家庭从中受益，极大地提高了他们进入劳动力市场的成功率，帮助很多原住民家庭减轻了贫困。从纵向的发展视角来看，原住民在职业教育获得和劳动力市场占有率方面取得了一定的进步，但和主流群体相比较而言，二者在教育成果和生活水平等方面还存在着差距。如汤姆森（Thomson）和德莱塞（Dreise）指出："各州政府改进原住民生活境况的工作进展缓慢，在过去的 10 年或更长的时间里，提出了多种措施解决原住民教育和就业等问题，但各机构开展的调查和评估数据显示，取得的结果差强人意。"[1] 格雷（Gray）和贝雷斯福德（Beresford）认为，原住民教育政策试图解决适龄学生教育成果的差异和不平等问题，尽管将近半个世纪以来政府和社会都做出了努力，但收效甚微。有证据表明，原住民学生的教育成果仍明显低于非原住民学生，并没有得到非常显著的改善，相反则在一定时期内出现停滞。[2] 此外，在政策文本中，政策话语的表达也使用某种代表情绪但意思表达清晰的词语，如"失败"（failure），从 MCEETYA 2008 年颁布的《澳大利亚青年教育目标墨尔本宣言》（*Melbourne Declaration on Educational Goals for Young Australians*）（简称《墨尔本宣言》）可以看出政府的态度，其特别指出"澳大利亚在改善原住民教育成果方面没有达到预期的目标，解决这一问题必须成为未来十年工作的重点"[3]。所以，现实存在的教育差距问题，敦促和迫使政府不得不在反思已有政策和行动计划的基础上，不断改革和完善原住民职业教育政策。

　　"澳大利亚作为一个经济发达的现代国家，它不能容忍原住民和非原住民

① DREISE, T, THOMSON S. Unfinished business: PISA shows Indigenous youth are being left behind [EB/OL]. [2019-08-06]. http: //research. acer. edu. au/indigenous_education/37.

② GRAY J, BERESFORD Q. A formidable challenge: Australia's quest for equity in indigenous education[J]. Australian Journal of Education, 2008（2）: 197-223.

③ Ministerial Council On Education, Employment, Trainging And Youth Affairs. Melbourne declaration on educational goals for young Australians [R]. Victoria, 2008.

之间存在不平等。"① 在澳大利亚前总理陆克文发表全国道歉声明后,《墨尔本宣言》迅速出台,提出了学校教育发展的两个目标,分别是要求学校教育促进公平和追求卓越;确保包括原住民群体在内的所有澳大利亚人都成为成功的学习者和有创造力的人,强调培养学生的团队合作、问题解决、跨学科学习等通识知识和关键能力。《墨尔本宣言》同时提出了完成上述目标的8个互相关联的行动承诺,其中,关于原住民教育的行动承诺指出:"改善原住民青年和处境不利群体的教育成果,特别是那些社会经济地位边缘的人;为原住民等弱势群体提供有针对性的支持;重点关注社会经济薄弱地区学校的改造和完善。"② 这份文件的发布,进一步表明了政府致力于改善原住民教育水平、健康、福祉和经济的决心。

为了支持《墨尔本宣言》中的教育目标和计划,2009年3月,MCEETYA发布了《教育、就业、培训和青年事务部长理事会四年计划(2009–2012年)》(*MCEETYA Four-Year Plan*, 2009–2012; *A Companion Document for the Melbourne Declaration on Educational Goals for Young Australians*)简称《MCEETYA四年计划》,提出了原住民教育实施的关键战略和举措,要求制订一项四年行动计划,在《澳大利亚原住民教育方向(2005—2008年)》的基础上缩小原住民儿童、青年与非原住民群体的差距;吸引能力强、素质高的校长、管理者和教师到贫困的社区学校从事管理和教学工作;提供支持和激励措施,以增加原住民特别是偏远地区原住民参与教育的比例;支持为原住民学生及其家庭提供社区服务,以提高原住民学生的入学率,使其参与学校教育;提高原住民学生的识字、计算和读写能力;关注个别学生的教育需求、心理健康和福祉;为所有原住民等弱势学生创造富有成效和积极意义的发展道路等。该计划与澳大利亚政府理事会的反贫困思想一致,根据《墨尔本宣言》中列出的8项行动承诺进行组织,旨在为联合教育活动的规划提供框架。

---

① COUNCIL of AUSTRALIA GOVERNMENT. Closing the gap on indigenous disadvantage: The challenge for Australia [R]. Department of Families, Housing, Community Services and Indigenous Affairs, 2009.

② Ministerial Council On Education, Employment, Trainging And Youth Affairs. Melbourne declaration on educational goals for young Australians [R]. Victoria, 2008.

为了实现《MCEETYA 四年计划》中提出的原住民教育行动计划的目标，2010年，教育、儿童早期发展和青年事务部长理事会（Ministerial Council for Education, Early Childhood Development and Youth Affairs, 简称 MCEECDYA）①颁布了《原住民教育行动计划（2010—2014年）》（Aboriginal and Torres Strait Islander Education Action Plan 2010—2014）简称《行动计划》，它由联邦政府、州和领地政府以及学校共同实施，奠定了原住民教育发展的基础。《行动计划》包括55项计划，制定了6个国家和州、领地政府层面的系统行动领域，如入学准备、参与和联系、识字和计算、领导力、教学质量和教师队伍发展、毕业后发展道路的选择等，以全面提高原住民的教育成果。《行动计划》作为一项国家促进原住民教育发展的五年计划，于2014年年底接受审议，旨在解决《澳大利亚原住民教育方向（2005—2008年）》审查报告提出的建议。为了跟踪和了解各州、领地政府《行动计划》实施的具体情况，学校教育和幼儿教育常务委员会（Standing Council on School Education and Early Childhood）在四年内每年发布一份进度报告，以监测《行动计划》的实施成效，总结实施过程中存在的问题和取得的成果。

2015年9月，教育委员会（Education Council）召开了第三次会议，联邦政府、各州和领地的教育部长就教育领域的关键政策问题进行了讨论，迫切希望在《行动计划》的基础上继续推进原住民教育战略，以实现缩小差距的目标，以及对《原住民教育行动计划（2010—2014年）》进行评估。为此，教育委员会签署制定了《全国原住民教育战略2015》（National Aboriginal and Torres Strait Islander Education Strategy 2015），它是澳大利亚对原住民教育事业的长远性和全局性的总体规划。该战略再次重申了政府发展原住民教育的指导方针，特别强调职业教育依然是重中之重，要求各州和领地政府自主决定和实施本土化的发展策略。鉴于不同主体在原住民教育发展过程中担任不同的角色和职责，该战略采取双重办法（dual approach），即协同合作的政策和具体行动策略，要求联邦政府、州和领地政府、教育机构、家庭和社区建

---

① 2009年7月1日，MCEETYA 被教育、儿童早期和青年事务部长理事会（MCEECDYA）取代。

立合作关系，协力改善原住民教育结果。①

《全国原住民教育战略2015》提出了发展原住民教育的7条原则，各教育部长一致认为，这些原则应成为指导所有教育系统和教育机构实现战略远景的基础。7条原则主要为：一是挖掘潜力，原住民对自己抱有很高的期望；二是公平，原住民儿童和青年能够获得与其他群体同等的教育机会，获得同样的教育成果；三是问责制，教育部门和教育机构在开展工作的过程中要做到负责、透明和尽职；四是文化认同，原住民的历史、价值观、语言和文化应得到承认和尊重；五是关系，构建有意义的关系在于重视社区文化知识，信任和尊重不同的社区文化；六是合作，原住民应与地方和各机构部门合作，共同为学前教育、中小学教育和高等教育的发展建言献策，提高原住民的教育成果；七是质量，政策制定、教育实践、项目实施和合作关系建立等，都应满足原住民儿童、青年及其家庭的需要。②《全国原住民教育战略2015》还从国家合作战略视角提出了5项优先开展的事项，其中，原住民青年职业教育和就业是国家合作行动的优先事项之一，要求一方面通过职业教育和培训，明确原住民学生进入高等职业教育的路径，提高原住民学生的职业资格证书等级；另一方面提高职业教育质量，为原住民提供职业教育和就业咨询，以便他们能够根据自己的能力和兴趣，选择合适的工作，顺利地从学校过渡到就业岗位。③《全国原住民教育战略2015》作为关乎原住民学前教育、职业教育和职业生涯发展的一体化教育战略，旨在帮助各级学校加快改善原住民的教育成果。它确定了明确的原住民教育发展原则和优先事项，在它的指导下，各州和领地政府也相继颁布了本地区的相关政策文件，如新南威尔士州的《原住民教育政策》（*Aboriginal Education Policy*）。

---

① Ducation Council. National aboriginal and torres strait islander education strategy 2015 [R] . Canberra, 2015.

② Ducation Council. National aboriginal and torres strait islander education strategy 2015 [R] . Canberra, 2015.

③ Ducation Council. National aboriginal and torres strait islander education strategy 2015 [R] . Canberra, 2015.

二、多维取向的原住民职业教育政策特点

澳大利亚20世纪70年代以来的多项职业教育政策，为提高原住民人力资本提出了解决路径，明确了发展原住民职业教育的目标任务和具体措施，彰显了追求长远反贫困目标、倡导教育公平、保护原住民文化多样性和鼓励原住民积极参与的多维取向的特点。

（一）坚持发展目标的长远性

原住民反贫困是一项极其复杂的艰巨任务。自从1788年殖民者入侵澳大利亚到1967年公投原住民身份获得认可，在这将近200年的悲惨历史中，原住民无论是身体还是心理上都遭受到了极大的迫害和蹂躏。此外，政府的冷漠态度和打压原住民的各项政策都使原住民成为弱势中的弱势群体，生活贫困，教育程度低，失业率高等，这些历史问题和现实差距的客观存在，为澳大利亚政府解决原住民事务带来了极大的挑战。在国际社会对原住民问题持续关注的背景下，原住民的发展越来越引起澳大利亚政府和社会的广泛重视，如教育理事会（Education Council）主席凯特·琼斯（Kate Jones）强调，"参与原住民儿童和青年教育与发展工作的每一个人，要把他们放在工作的中心，以便提高作为第一民族的原住民的教育成就和生活水平"[①]。澳大利亚各级政府对原住民事务的关注，也突出反映在原住民的职业教育和培训中。为了确保原住民职业教育政策的连续性，切实保障原住民职业教育战略计划顺利实施，政府在政策的制定上特别强调通过中长期规划的形式进行，以让原住民能够从职业教育中获益。

澳大利亚原住民职业教育的长远规划不仅是确保政策本身发展的一种方式，而且规划目标的制定更是将个人发展与国家命运前途联系起来，强调原住民不仅是一个个体，也是推动国家经济发展的贡献者。正如《21世纪国家教育目标阿德莱德宣言》（*Adelaide Declaration on National Goals for Schooling in the 21st Century*）中对澳大利亚所有成员所寄予的："实现国家教育目标，

---

① Ducation Council. National aboriginal and torres strait islander education strategy 2015 ［R］. Canberra, 2015.

将有助于青年在本国和全球范围内为澳大利亚社会、文化和经济发展做出贡献。他们的成就还将有助于青年人在其一生中养成终身学习的习惯，以便他们能够行使作为澳大利亚公民的权利和责任。"①

（二）秉承价值取向的公平性

从根本上而言，反贫困不仅仅解决社会民生难题，其根源更是涉及社会的公平正义问题。公平是人类社会的基本追求，是社会和平发展的基石，完善的教育制度是彰显社会公平正义，保障弱势不利群体权益的基本手段，也是检验社会公平最有力的标准。教育政策是完善教育制度的重要体现之一，政府制定公共政策，旨在追求卓越，使不同群体的各种教育选择和愿望得以实现，保障所有人都有权利接受高质量的教育，促进公共资源的充分利用和经济化，并肯定教育提高社会凝聚力和传承民族文化的价值。

"原住民学生拥有平等接受教育的机会，有助于提高和改善他们的学习成绩，随着时间的推移，他们更会追赶上其他学生。平等的受教育机会，可以使原住民等群体顺利完成12年级教育，能够为他们就业或更高层次的深造奠定基础。"②在多元文化主义的国家政策下，澳大利亚政府坚持将"公平"作为原住民职业教育发展的优先原则与核心目标，以确保原住民享有同等接受高质量职业教育的权利。2000年颁布的《学习型文化中的伙伴》中很大篇幅概述了发展原住民职业教育对促进社会公平的意义和重要性。"职业教育能够而且确实正在为实现原住民的平等和公平，提出建设性的意见和发挥重要的作用，有助于推进实现澳大利亚的民族愿望——原住民和澳大利亚其他群体之间的和解，这一目标已经得到了澳大利亚社会的广泛认同。""职业教育和培训的公平与正义意味着，通过开展与原住民文化相适切的培训，提高原住民的技能和丰富原住民的经验，为原住民增加发展的机会，促使他们更充分地参与经济、社会和文化活动，并与其他澳大利亚人一样拥有更大的选择权和

---

① Ministerial Council On Education, Employment, Trainging And Youth Affairs. Adelaide declaration on national goals for schooling in the 21st century [R]. Victoria, 1999.

② Ministerial Council On Education, Employment, Trainging And Youth Affairs. Adelaide declaration on national goals for schooling in the 21st century [R]. Victoria, 1999.

做出不同的选择。"①从某种意义上来说，彰显公平的原住民职业教育政策，不仅是澳大利亚整个社会对原住民身份和原住民文化的认同，更是对原住民的教育的补偿，有助于维护原住民的教育权和促进原住民教育的发展，缩小他们和社会主流群体的差距，促进原住民社区的经济发展与进步。

（三）尊重原住民文化的多样性

内生脱贫与发展是"一种尊重民族文化个性，强调民族文化特色的发展观"②，即内生发展是一个文化建设的过程，是依靠民族知识与文化谋取发展，以及发展民族知识与文化的过程。澳大利亚被称为"民族的拼盘"，强调包容和共享不同民族的文化，不仅包括外来移民文化，还要求切实保护、尊重和理解原住民文化。原住民文化是澳大利亚所有文化中历史最悠久和内容最丰富的代表，是保持文化多样性不可分割的一部分，成为增强不同民族融合互通与交流的桥梁。在原住民文化的传承、传播和保护的过程中，教育是最好的载体和渠道，"教育应该以尊重和重视多样化而非标准化的方式来构建"③。"教育不能保持中立。它要么是正的，要么是负的；它要么丰富，要么贫瘠；要么使人成长，要么使人退步，甚至使人堕落。学校的使命是培养一种真实感，对美好事物的真实感。这是通过一条由多种成分组成的丰富道路实现的。"④教育的功能之一是发挥它的社会性，加强对优秀民族文化的宣传，正如《墨尔本宣言》中指出的："澳大利亚是一个多民族国家，非常重视教育在维护民族团结、促进社会公平和正义中的作用与功能，澳大利亚作为一个繁荣、有凝聚力和文化丰富多元的社会，必将原住民文化视为国家过去、现在和未

① Australian National Training Authority. Partners in a learning culture：Australia's national aboriginal and torres strait islander strategy for vocational education & training 2000—2005［R］. Brisbane，2000.

② 钱宁. 文化建设与西部民族地区的内源发展［J］. 云南大学学报（社会科学版），2004（1）：38-46，95.

③ Department Of Employment. Education and training，national review of education for aboriginal and torres strait islander peoples；final report［R］. Canberra，1995.

④ National Catholic Reporter. Pope's quotes：education is important［EB/OL］.［2019-08-09］. https：//www. ncronline. org/blogs/francis-chronicles/pope-s-quotes-education-important.

来的一个关键组成部分。"①

澳大利亚政府颁布的多项职业教育政策，都肯定了原住民文化的重要性，强调应提高对原住民文化的认同、理解和学习，如在1989年《全国原住民教育政策》中指出身份、文化和学习是原住民教育的核心组成部分。《墨尔本宣言》特别强调"将原住民的遗产、文化纳入教育和培训项目中，可以促进原住民对澳大利亚民族的认同感"②。关于如何将原住民文化融入职业教育的学习当中，多项政策都提出原住民文化应贯穿到人才培养的全过程，为原住民提供与原住民文化相适应的职业教育。例如，《澳大利亚职业教育与培训国家战略（2004-2010年）》做出了具体的规定，要求将原住民文化有效融合到职业教育课程体系当中，在教学、学生管理方面灵活依据原住民特有的文化做出调整，确保原住民学生置身于和谐、融洽的学习环境，增强他们的文化认同感和自尊心。③

（四）强调决策过程的参与性

确保原住民拥有自主权，是澳大利亚政府促进民族和解与实现平等的必由之路。早在英国殖民者占领澳大利亚之前，原住民部落就拥有自决的传统，存在一套体制完整和有效的组织管理制度，然而，殖民者的到来剥夺了他们这种与生俱来的权利。国际组织颁布的多项政策文件，如《联合国原住民权利宣言》《经济、社会和文化权利国际公约》和《公民权利与政治权利国家公约》等均提出应赋予原住民自决的权利，认为"原住民拥有自决权，他们能够自主决定他们的政治地位，自主追求社会、经济和文化发展"④。为了履行国家多元文化主义的政策，促使原住民自己对本土的事务承担起真正的责任，1972年，澳大利亚联邦政府推行原住民"自决"政策，鼓励原住民自主管理

---

① Ministerial Council On Education, Employment, Trainging And Youth Affairs. Melbourne declaration on educational goals for young Australians [R]. Victoria, 2008.

② Ministerial Council On Education, Employment, Trainging And Youth Affairs. Melbourne declaration on educational goals for young Australians [R]. Victoria, 2008.

③ 刘丽平, 刘竞竞. 聚焦澳大利亚职业教育改革:《澳大利亚2004-2010年职业教育与培训国家战略》探析 [J]. 职教论坛, 2014 (18): 91-96.

④ 汪诗明. 澳大利亚种族和解进程中的焦点问题 [J]. 人民论坛·学术前沿, 2016 (19): 74-85.

本民族的各项事务。在"自决"政策的指导下,"原住民委员会""托雷斯海峡地区管理机构"等组织机构相继成立,成为主要由原住民组成的负责管理原住民事务的综合部门,有效提高了原住民的自主管理能力,推动了原住民社区的发展。原住民"自决"就是"他们在政治、经济和社会发展相关的事务中具有决策权,意味着在适应于所有澳大利亚人的法律框架内,原住民拥有了掌握和控制他们未来发展的资源"①。

澳大利亚原住民"自决"政策在实践落实和贯彻中体现在各个方面,其中,多项原住民职业教育政策都强调要赋予原住民在职业教育决策中的参与权,激发他们参与职业教育的积极性。例如,《全国原住民教育战略(1996—2002年)》第一项优先发展的事项中,明确提出原住民在职业教育政策制定、项目实施等方面具有决策权。具体而言,要求原住民应成为职业教育和培训机构的咨询和管理委员会的成员之一;不同教育层次和培训课程的开发和审查,都应确保有原住民的参与。《学习型文化中的伙伴》也将原住民的参与权作为首要的目标,要求赋予原住民在政策和方案制订、资源分配、政策执行中的参与权和决策权。

三、清晰的原住民职业教育政策制定思路

通过回顾原住民职业教育政策的历史变迁历程,并结合不同时期政治、经济和文化发展的国情背景及其对政策的影响,力图比较清晰地了解原住民职业教育政策的制定思路。

(一)追求政策内容的细化和精准化

提高原住民职业教育水平和帮助原住民可持续就业,缩小原住民与主流群体之间的差距是一个不断积累和丰富的过程。原住民职业教育政策制定和具体执行的过程中,无论是政策颁布主体还是政策内容,都越来越细化和精准化。第一,政策颁布主体强调主体的多元性。原住民职业教育作为澳大利

---

① Human Rights And Equal Opportunity Commission. Bringing them home–the report [EB/OL].[2019-08-21].http://www.gwb.com.au/gwb/news/ sorry/stolen60.html.

亚职业教育事业的优先发展事项之一，受到了不同层级政府部门、私立部门、社会团体组织和研究机构等的广泛关注，而他们也成为原住民职业教育政策制定和发布的主要参与者，反映了澳大利亚社会各界对原住民职业教育问题的高度重视。第二，从政策的内容来说，内容越来越详细，实施策略更加精准化。基于澳大利亚政府和科研机构对原住民贫困问题的研究越来越深入，以及原住民发展和主流群体现实的差距，原住民职业教育政策更加贴近原住民的实际需求，政策的目标、发展策略也更加详细，且更具有针对性和可操作性。例如，1989年《全国原住民教育政策》只是明确了发展原住民职业教育的愿景和具体目标，并没有提出改善原住民落后的职业教育现状的具体做法。但是，澳大利亚政府在20世纪90年代后颁布的诸多原住民职业教育政策文件中，都根据阶段性现实发展的需要，提出了与时代性发展需求相呼应的原住民职业教育发展对策，有效发挥了政策的实践指导价值和功能，提高了原住民职业教育质量。

（二）强化政策的延续性和发展性

最大限度地挖掘原住民的潜能和能力，确保原住民在职业教育机会、过程和结果的公平，是澳大利亚政府推动职业教育均衡发展的首要目标。为了实现这一目标，澳大利亚政府在原住民职业教育政策制定的过程中强调政策的延续性和发展性，主要表现为及时对相关政策进行监测评估、反馈和修订。1989年《全国原住民教育政策》作为首个提出原住民职业教育发展目标的政策，为后续原住民职业教育政策的颁布奠定了基础，每项政策的制定不仅是对以往政策目标和思想的继承，更是不断创新的结果。例如，《全国原住民教育战略2015》所提及的发展愿景是建立在之前教育政策和原住民教育行动战略计划的基础之上，包括《全国原住民教育政策》《全国原住民改革协议》中缩小教育差距的目标、《墨尔本宣言》《行动计划2010—2014》以及各州、领地政府颁布的原住民职业教育政策等。随着澳大利亚社会经济产业结构的调整，对原住民的技术技能水平提出了更高的要求，同时在经济全球化的国际背景下，原住民职业教育也应和澳大利亚整个职业教育同步发展，以增强原住民职业教育的适应性，满足劳动力市场对人才的需求。因此，原住民职业教育政策的制定也根据国内外社会经济的变化，在继承以往政策的基础上做出相应的改革和调整。例如，在政策文件修订过程中，适时增加有关原住民高等职业教育和培训、原住民残疾人职业教育、现代信息技术背景下的职业教育课程等内容，以不断提高原住民职业教育政策的现实针对性，确保它们能够高效地指导原住民的职业教育实践活动。

第四章

澳大利亚原住民职业教育反贫困的制度保障

制度是国家促进社会公平正义的根本。为了确保每个原住民个体在职业教育过程、劳动权利、就业机会和职业发展中不受身份的限制和影响，在起点、过程和结果上公平地与主流群体享有同等的发展机会、权利，澳大利亚政府不断完善制度设计，保障原住民职业教育和就业的质量。

一、优化原住民梯级职业教育路径

建立畅通的职业教育和培训渠道，满足不同能力禀赋原住民的需求，是原住民接受各类各层次职业教育和培训的重要保障。在终身学习的背景下，原住民职业教育的结构类型包括原住民适龄群体的学历职业教育、原住民成年人职前的职业准备教育与职后继续教育。澳大利亚建立了全国统一的资格证书认证系统，能够通过学历职业教育、职业资格培训对原住民进行早期干预和补偿矫正，确保任何学历背景、年龄段的原住民都可获得不同等级的职业教育和培训。能力本位的职业教育和培训贯穿原住民发展的终身，优化了原住民职业发展的路径。

（一）建立面向原住民学生的早期预警干预

贫困意味着儿童和青少年在学业成绩、教育完成率、虐待和被歧视等方面面临着巨大的风险，而预防胜于治疗。因此，提早对原住民学生进行投资，加强对贫困的早期干预和预防，是助推原住民依靠教育摆脱贫困的重要举措。澳大利亚对6岁至15、16岁的儿童提供义务教育，各州义务教育年龄上限各有不同，其中初中阶段教育是7年级至10年级，高中阶段教育是11-12年级。在高中阶段，学生可以自主选择学习高级中学证书教育或职业资格证书教育，其后在高等教育阶段，他们可以继续选择在高等教育部门或职业教育部门学习。^①为了帮助青年做好就业准备，解决他们失业率高和就业不足的问题，联邦政府在20世纪90年代对中学教育进行改革，强调在中等教育阶段开设职业教育课程，将职业技能培训较早地融入学校教育。为了使青年人成长为合格的社会公民，掌握未来工作需要的技能，2014年，澳大利亚教育委员会颁布了《为中学生就业做准备》（*Preparing Secondary Students for Work*），完善了中等职业教育的概念，该文件成为指导中等教育阶段学校开展职业教育的新框架，形成了全国统一的中等职业教育体系。^②为此，澳大利亚政府充分发挥中等职业教育在对原住民学生技能提升、人格教化中的积极作用，及时展开对原住民学生贫困问题的早期干预。

1. 开展初中阶段的职业预备教育

职业预备教育是在义务教育阶段对学生进行的关于职业技能和职业素养的教育，作为学生了解自我职业生涯发展的开端，它对学生的职业认识和职业选择有着巨大的作用，关系到学生未来的职业发展。澳大利亚《教育指南》明确指出中小学教育应让学生了解工作的环境，通过学习基本的技术技能，提高学生自我职业选择的决策能力，端正未来就业的态度。^③很多原住民学生完成义务教育后，因为多种原因放弃继续接受教育，转而进入社会寻找工作，但他们由于基本文化水平低，技术技能缺失以及没有做好就业准备，社会参与率往往较低。

在21世纪初，就业技能的概念在很多国家职业教育领域中变得尤为突出和重要，澳大利亚也提倡较早地在各阶段课程培养学生的就业技能，提升其就业能力。《为中学生就业做准备》将中等职业教育分为两部分，分别是职业学习（vocational learning）和职业教育与培训（vocational education and training）。职业学习通常在初中阶段进行，"通过职业学习，让学生去探索工

---

① 石伟平.比较职业教育［M］.北京：高等教育出版社，2012：77.

② Education Council. Preparing secondary students for work［R］. Department of Education，2014.

③ 吕红，朱德全.澳大利亚普通教育阶段的职业教育渗透研究［J］.职教通讯，2009（7）：81-84.

作世界，确定未来职业选择和发展的途径，并发展自我的职业技能。职业学习是在更广泛的课程内进行，此外，职业学习还在与工作相关的一般课程中渗透，或设置特定职业或行业的课程。职业课程的学习，可以让学生在基于理性和自我认知的基础上选择自己的职业"[①]。通常，澳大利亚初中阶段职业教育课程分为四个模块，包括生活职业处理能力、自我意识、教育设计和职业意识、探究与设计，其又分为13个方面，而且不同年级开设的职业课程科目也有所不同，8到10年级开设商业和农业科学，9到10年级主要开设农业机械、畜牧业和手工艺等。[②] 这些不同种类的课程，能够吸引原住民学生继续提升学历层次，减少较早离校的可能性，同时帮助他们做好从学校过渡到就业的准备。根据联邦政府发布的《2014年原住民健康绩效框架报告》（*Aboriginal and Torres Strait Islander Health Performance Framework* 2014 *Report*），1998年之后，原住民学生10年级保留率一直呈上升趋势，到2013年，保留率由1998年的83.1%增长至98%，12年级的保留率从32.1%上升至59.5%[③]，尽管和非原住民学生相比，原住民学生受教育率较低，但他们之间的差距正在逐渐缩小。

2. 强调 I 级和 II 级证书的高中职业教育

初中阶段广义的职业生涯课程学习和基础的技能训练，是帮助原住民学生提高自我职业判断和选择能力的起点。随着越来越多的学生考取10年级文凭进入高中，对他们开展职业教育成为一项目标明确和指向就业的专业教育。早在20世纪90年代末，澳大利亚国立大学原住民经济政策研究中心的一项研究指出，在义务教育后阶段，原住民学生选择职业导向课程的数量高于非原住民学生。[④] 还有相关研究也进行了探讨，认为"尽管原住民学生对高中阶段学术性课程缺乏兴趣，但是毫无疑问，很多15-24岁原住民年轻人对学校开

---

① Education Council. Preparing secondary students for work［R］. Department of Education, 2014.

② 吕红，朱德全. 澳大利亚普通教育阶段的职业教育渗透研究［J］. 职教通讯, 2009（7）: 81-84.

③ Australian Government, Department Of The Prime Minister And Cabinet. Aboriginal and torres strait islander healthperformanceframework2014report［EB/OL］.［2019-12-03］. https://www. pmc. gov. au/sites/default/files/publications/indigenous/Health-Performance-Framework-2014/tier-2-determinants-health/205-education-outcomes-young-people. html.

④ GRAY M, HUNTER B, SCHWAB R G. Trends in indigenous educational participation and attainment, 1986-96［J］. Australian Journal of Education, 2000（2）: 101-117.

设的职业教育课程表现出极大的热情和积极性，之前原住民初中毕业生参与职业教育的比率很低，但在近十年来，原住民年轻人参与职业教育的比率高于其他同龄人，在他们看来，这些课程贴近实际、动手操作性更强，且和未来的就业岗位联系紧密"[1]。可以看出，在高中阶段为原住民学生提供合适的职业教育，是对原住民学生教育投资的最佳路径，可以有效加强对贫困的早期干预。

1996年，澳大利亚联邦政府在全国范围内实施了学校职业教育与培训（Vocational Education and Training in Schools，简称 VETiS），它是澳大利亚职业资格框架下行业技能委员会统一制定和认可的职业资格课程，学生可以获得12年级高中教育证书（Senior Secondary Certificate）和Ⅰ级、Ⅱ级职业证书。[2]为了推进这项计划，联邦政府通过投入资金给予支持，其中在1997年到2001年间共投入了2000万澳元，以扩大州、地方学校职业教育和培训的开展。[3]在澳大利亚，所有职业教育和培训都是由经国家认可的注册培训机构（Registered Training Origination，简称 RTO）提供，澳大利亚质量培训框架（Australian Quality Training Framework）对 RTO 的办学质量进行监控，形成了全国统一的办学质量保障体系。VETiS 由获得注册资格的高中学校来实施，另外，如果学校不具有提供职业教育的资格，则可以以多种形式和校外 RTO 合作培养原住民学生，如高中学校出资购买校外注册机构的课程，由 TAFE 学院等 RTO 提供技能培训；或校外 RTO 在高中学校成立办事处；或全部委托校外 RTO 来实施。最后由实施主体颁发认定的职业资格证书。[4]无论何种机构提供职业教育，原住民学生都是在全国职业资格框架下，接受州行业培训局或本地行业制定的授权课程（accredited courses）。在人才培养的过程中，VETiS 强调工作本位的打工实习（work placements）学习方式，要求原住民学

① CHRIS R, PAUL H. Creating a sense of place: indigenous peoples in vocational education and training[R]. National Centre for Vocational Education Research, 1999.

② TOME K. Vocational educational and training in Australian schools [J]. The Australian Educational Researcher, 2007（3）：101–117.

③ Department Of Education, Science And Training. The cost of VET in schools: an analysis of the costs of delivering VET in schools including an analysis of cost efficiencies [R]. Canberra, 2003.

④ ERICA S. Vocational education and training in schools in Australia: what are the consequences of moving from margins to mainstream? [J]. Journal of Vocational Education and Training, 2004（4）：559–582.

生每周要利用一定的时间，在企业或者本学校的实践基地进行现场学习，以将理论知识应用于实践，这是对原住民学生进行职业能力考核与评估的关键内容，旨在提高他们的动手操作能力。

澳大利亚联邦政府从1999年开始在高中阶段实行"学校本位学徒制和受训生制"（School-based Apprenticeships and Traineeships，简称 SATs），旨在帮助中学生获得高中文凭和国家职业资格证书。在联邦政府的指导之下，澳大利亚各州政府也根据本州的实际情况，实施了针对本州原住民学生的学校本位的学徒制项目。例如，西澳大利亚州为了提高原住民的就业结果，改善他们的生活条件，根据本州原住民学生的实际情况，在2008年推行了"原住民学生学校本位的培训项目"（Aboriginal School-based Training Program，简称 ASBT）。ASBT 是一项新的培训计划，代替了之前的"原住民学生学校本位培训生计划"（Aboriginal School based Traineeship Scheme），它服务于西澳大利亚州所有中学10-12年级的原住民学生，旨在为原住民学生提供更加广泛、种类多样的职业技能培训，扩大他们的职业选择范围，确保他们获得有意义的工作，同时帮助毕业后继续深造的原住民学生打下扎实的基础，为获得更高层级职业资格证书的培训做好充足准备。在 ASBT 成立之初，西澳大利亚州培训部部长彼得·科尔（Peter Collier）宣布在三年内提供1150万澳元的资助，用于鼓励企业和原住民学生积极参与学徒培训计划。[①]ASBT 根据培训内容和难易程度，将培训项目分为两类，一类为学徒制预科培训，它属于入门性质的初级培训，主要提供关于工作准备的技能培训，如面试技巧、团队协作、问题解决能力等基础技能，引导他们顺利过渡到接受学徒制培训，这是继续进行第二类培训的基础和前提；另一种是原住民学校本位的学徒制和受训生制（Aboriginal School-based Apprenticeships and Traineeships），受教育对象必须是年龄在15岁以上的在校原住民学生，目的是帮助他们获得特定岗位的职业技能。

高中阶段的职业教育，无论是 VETiS 还是 SATs，都为原住民学生提供了

---

① Government Of Western Australia. New training program will prepare aboriginal students for employment[EB/OL].[2019-12-01]. https://www.mediastatements.wa.gov.au/Pages/Barnett/2008/10/New-training-program-will-prepare-Aboriginal-students-for-employment.aspx.

在真实工作场景进行实践的机会，可以至少获得Ⅱ级职业资格证书，从而一方面扩宽了原住民高中生参与职业教育的渠道，可以使其根据兴趣和能力进行不同性质课程的学习，同时也为他们进一步接受高等职业教育打下了坚实的基础；另一方面，有助于帮助他们提前了解不同行业发展的前沿与趋势，提高就业成功率，满足经济发展对原住民技术技能人才的需求。

（二）开展针对各类失学群体的补偿教育

职业教育不只是一般概念上的补偿教育，更是很多弱势群体获得谋生的重要抓手，是实现其自我价值的有效途径。补偿性的职业教育基于原住民的现实境遇和发展需求，是根据差别对待原则对原住民进行的潜能补偿活动，通常，政府通过政策倾斜，制定专门精准对接原住民需求的职业培训项目。这些专项帮扶为较早离开学校的原住民劳动力提供了再次接受教育的机会，他们可以通过继续教育、转岗教育、在职教育等非学历性教育提高职业技能，逐渐依靠自我的内生能力实现脱贫，从而彰显出社会资源从能力平等视角再配置的公平正义。澳大利亚职业教育体系以灵活开放著称，其中职业资格框架将原住民不同等级的证书课程联结起来，确保他们可以不断学习，获得凸显自己职业能力的高层次职业资格证书。

1. 构建学历、培训证书互认互通的培训体系

澳大利亚教育学制系统分为学校教育、职业教育与培训、高等教育三个部分，其中，职业教育和培训作为纽带和桥梁，基于普职融通、产教融合和终身学习的发展思路，将基础教育、职业教育和高等教育融合在一起，形成了全国统一的学历、技能和培训证书融会贯通的培训体系。

一是基于资格证书制度的纵向融通。职业资格证书制度是国际上通用的对技术技能人才进行认证的制度，它表明劳动者从事某一职业所必须具备的知识、技能和能力。职业资格作为劳动者进入就业市场的"通行证"，与具体生产劳动的要求相结合，直接准确地反映了特定职业岗位的工作标准和操作规范，代表了求职者从事该职业的实际技能水平和职业能力。职业资格证书在行业领域的权威性和指导性，可以激励原住民通过不断接受职业培训而提

高自我谋生技能，进而增强自主脱贫的能力。澳大利亚1995年建立了职业资格框架（Australia Qualification Framework），分别在2011年和2013年对资格框架进行了修订，完善了资格框架的内容，资格框架改变了中学、职业院校和产业界培训机构各自颁发资格证书的局面，形成了Ⅰ级到Ⅹ级共14种资格类型的全国统一的资格框架。职业资格框架中的资格由模块、学科和能力单元组成，学习者只有完成一种资格等级的培训课程后，才能获得相应的资格证书。职业资格证书以能力为本位，不同等级资格证书对学习者的知识、技能、实践应用和学习量的要求也各有差异，其中，每一个评价维度又分成了多个子维度，如知识表示知识的深度、广度和类型；技能强调技术能力、认知和创造性能力、人际交往能力等；应用是指责任心、自主性以及知识和技能的应用水平。[①]澳大利亚这套职业资格体系包括从高中教育证书、Ⅰ－Ⅳ级职业证书，再到高等教育阶段的高等教育资格和职业教育证书、硕士和博士学位证书，为学习者在不同教育系统学习和继续深造提供了保障，构筑了各级各类教育连接的"立交桥"，实现了教育的平等性和连贯性，搭建了终身学习的桥梁。

二是基于学分互认的横向融通。为了使学习者可以自由在职业教育和普通教育之间转换，以及避免重复学习，减少后续学习的时间，澳大利亚职业资格证书框架的运行建立了两个重要的机制，使职业课程和专业课程之间形成了横向沟通。一种是学分转换机制，高中毕业证书、大学、各种形式职业教育机构的单元或模块、其他培训的成绩被认定并折算为学分进行转换，以实现资格之间的沟通；另一种是先前学习认定机制，注册培训机构对学习者通过正规或非正规的教育与培训、工作经历、生活经验等获得的技能和知识给予认定。[②]

澳大利亚基于职业资格的职业教育和培训体系，使原住民学习者尤其是原住民成年人可以根据自身需求，选择职业资格框架中的各级各类文凭和证书课程，积累不同阶段的学习成果，通过兼职或全职的方式不断学习，真正

---

① 张伟远，傅璇卿.基于资格框架的终身教育体系：澳大利亚的模式［J］.中国远程教育，2014（1）：47-52.

② 石伟平.比较职业教育［M］.北京：高等教育出版社，2012：86.

实现弹性灵活的学习和职业生涯梯级发展路径。

2. 面向不同原住民适龄劳动力提供各类职业培训

很多闲散在社会上的原住民适龄劳动力因为各种原因面临不同的困境，出现明显的社会分化现象，个体异质性突出，如居住在偏远地区、失业、被监禁或身体残疾等。原住民成年劳动力的差异性，决定了他们对职业培训的多样化需要，鉴于此，澳大利亚政府制定了多种满足不同原住民需求的培训项目（indigenous-specific training），通过提供补偿性的职业培训和就业扶持，支持和拓展原住民的就业与发展之路。这些项目在促进原住民身份转换和提高其社会地位方面发挥了重要作用，被认为是原住民融入主流经济的有效手段。[1]

（1）针对偏远地区原住民的培训项目

澳大利亚仍有 25.3% 的原住民生活居住在偏远地区[2]，这些地区就业培训机会缺乏，适龄原住民劳动者容易脱离劳动力市场。为了改善这一困境，澳大利亚联邦政府实施了面向偏远地区原住民的职业培训项目，帮扶他们提高就业技能以实现顺利就业。

第一，社区发展就业项目（Community Development Employment Projects，简称 CDEP），联邦政府为降低原住民社会保障金发放的数量，减少原住民对社会福利的过度依赖，作为替代社会保障金的 CDEP 于1977年开始在12个偏远的原住民社区推行，其目的是通过提供有意义的职业培训，促进他们就业，增强原住民脱贫与发展的主动性，推动原住民社区社会经济的可持续性发展。CDEP 最初在澳大利亚偏远地区实行，后来逐渐扩大到全国范围内，因为在很多经济发达的地区原住民同样很难融入主流劳动力市场，缺少就业机

---

① MICHAEL D，NICOLA M. A review of indigenous employment programs［R］. National Centre for Vocational Education Research，2007.

② Australian Bureau Of Statistics. 2016 Census Counts——Aboriginal and Torres Strait islander Peoples（by Remoteness Area）［EB/OL］.［2019-07-16］. http：//www. abs. gov. au/ausstats/abs@. nsf/La testproducts/2075.0Main%20Features202016?opendocument&tabname=Summary&prodno=2075.0&issue= 2016&num=&view=.

会。①CDEP 被认为是促进原住民社区发展的一项关键计划，它提供了多项就业培训活动，包括社区主导和雇主支持的培训，培训形式有正规培训、非正规培训和长期培训，培训课程内容广泛，涉及园艺、土木、零售、建筑、机械操作、儿童保育、工商管理、酒店餐饮等不同行业，同时，也提供读写、计算、语言等基础技能的扫盲课程。澳大利亚政府将参与 CDEP 的原住民认定为"已就业"，这可能会导致工作人员在统计就业人数时出现混淆，而且也有人认为参与 CDEP 并不一定表示原住民可以进入主流劳动力市场就业。尽管如此，很多研究都对 CDEP 给予了肯定，如奥尔特曼·格雷（Altman Gray）和莱维图斯（Levitus）表示，CDEP 对原住民经济和社区发展意义重大，特别在提高偏远地区原住民劳动力的就业机会方面发挥了重要作用，增强了原住民在社区治理中的参与权和决策权，是促进原住民社区及其成员对原住民事务进行"自决"的一次有益实践。②

第二，偏远就业和社区项目（Remote Jobs and Communities Program，简称 RJCP），它是澳大利亚"缩小差距"战略的重要组成部分，通过对现有资源的整合，取代了 CDEP，成为专门为偏远地区提供教育、就业服务、经济参与和社区发展的一项综合项目，并于 2013 年 7 月 1 日启动，由澳大利亚政府社会服务部和教育、就业、工作场所关系部共同管理。RJCP 在现有职业培训和就业支持的基础上，提供更加灵活和响应性强的服务，以更好地满足原住民和社区发展的需求。它遍布在澳大利亚 60 个偏远地区，特别鼓励开展社区主导（community-driven approaches）的职业培训。此外，RJCP 还帮助偏远地区的雇主寻找满足其生产需要的劳动力，并协助和指导原住民社区明确经济发展规划，以实现原住民个体和社区经济的一体化发展。

第三，社区发展项目（Community Development Program，简称 CDP），它取代了 RJCP，于 2017 年 7 月 1 日开始实行，是澳大利亚政府根据偏远地区独特的社会经济和劳动力市场条件设计的，是促进原住民就业和打破福利依

① NOLA P, TRACEY F, ALISON S, WENDY D. Enhancing employment opportunities for indigenous Victorians: a review of the literature [R]. Australian Council for Educational Research, 2006.

② JON A, MATTHEW G. The CDEP scheme: a flexible and innovative employment and community development programm for indigenous Australians [R]. Centre for Aboriginal Economic Policy Research, 2005.

赖局面的重要举措。CDP 提供灵活广泛的职业培训和就业支持活动，主要解决偏远地区原住民就业和社区发展的问题。澳大利亚国家审计署（Australian National Audit Office）2017 年 10 月向议会提交了审计报告，对 CDP 实施成效进行了全面调查和总结，报告指出有 40 家 CDP 提供商为原住民提供培训和就业服务，其中地方原住民组织（Local Indigenous Organizations）占到了 65%。自启动实施以来，CDP 覆盖了澳大利亚 60 个地区和 1000 多个社区，占到了澳大利亚国土面积的 75% 左右，33000 名求职者中有 80% 以上的群体为原住民[①]，已提供超过 1.2 万个工作岗位，其中原住民求职者已经获得了 9000 个工作岗位，与此同时，CDP 支持求职者在 4000 多个岗位上工作至少 6 个月，其中包括 2800 个原住民就业岗位。[②] 可以看出，CDP 已经成为原住民获得职业培训和就业服务的主要渠道之一，极大地提高了原住民参与现代经济活动的能力。

为了进一步解决偏远地区原住民在职业培训和就业过程中面临的挑战，原住民事务部长宣布 2019 年对 CDP 进行改革，重点加强原住民社区对 CDP 的控制权，即将技能培训、就业服务交由社区管理实施，使更多的原住民社区组织作为参与者负责为本地原住民提供 CDP；增强政府与社区的合作与联系，支持发展原住民企业；通过"原住民企业部门战略"创造更多促进原住民就业的岗位。[③] 这些改革措施赋予原住民和原住民社区在 CDP 运作过程中拥有更多的参与权和决策权，使他们自己成为反贫困的中心和主体，进一步提高了原住民社区的主动性，减少了对外界帮扶力量的过度依赖。

（2）服务原住民青年人的培训项目

近年来，青年人就业和失业问题在澳大利亚日渐突出，其中，原住民是失业青年的主要群体，长期失业使原住民青年人自信心受挫。如兄弟会执行

---

① Department Of Prime Minister And Cabinet, Department Of Employment, Department Of Social Services. The design and implementation of the community development pragramme［R］. ANAO Report No.14 2017–2018 Performance Audit，2017.

② Department Of Prime Minister And Cabinet. Closing the gap: Prime Minister's report 2017［R］. Commonwealth of Government，2017.

③ Department Of Prime Minister And Cabinet. The community development programme（CDP）［EB/OL］. ［2019–09–12］. https://www.pmc.gov.au/indigenous–affairs/employment/community–development–programme–cdp#betterconnections.

董事托尼·尼科尔森（Tony Nicholson）表示，"当一个年轻人正在独立地向成年过渡时，长期失业会对他们未来的经济和个人福祉构成威胁，特别是在贫困的郊区以及农村和偏远地区，青年人面临失业的可能性更大"[①]。

"向工作过渡"（Transition to Work，简称 TtW）是针对原住民青年人职业培训的项目之一。从学校向就业岗位平稳地过渡，是原住民青年人开始工作和新生活的起点，当他们掌握就业所需的技术技能时，这种转变会更加顺利，成功的可能性也会更高。TtW 所服务的对象是 15~21 岁的原住民青年人，如较早离开学校、毕业后未就业者。TtW 旨在培养原住民青年人的实用技术技能，丰富他们的工作经验，以确保其找到谋生的就业岗位。TtW 项目强调职业教育和培训机构、雇主和社区建立紧密的联系，提高原住民青年人职业培训的成效，服务于原住民社区经济发展。TtW 非常注重通过实际干预和就业技能服务，为原住民青年人提供就业技能和就业支持，帮助他们了解未来工作岗位和就业市场环境，提前做好就业的准备，促使他们树立起进入劳动力市场的自信心。

（3）面向被监禁原住民的培训项目

具有被监禁背景的原住民在出狱后缺少维持基本生存的技能，且容易遭到雇主的歧视，一定程度上导致他们劳动参与率低。同时，他们在就业市场中遭遇的挫败感，反过来会重复加剧他们的失落或仇恨心理，使其心理和身体再次受到创伤，当这种创伤得不到及时治疗则会致使他们再次犯罪。例如学者波兰德（Borland）和亨特（Hunter）开展的一项关于原住民犯罪对就业影响的案例研究发现，具有被监禁背景的原住民男性被雇用的比例下降了18%，原住民女性被雇用率降低了13%，并由此计算出原住民和非原住民在就业、人口比例间的差异，约有15%是由监禁背景造成的。[②]

获得有意义和稳定的就业是阻断这类群体陷入贫困的重要武器，正如2016年12月澳大利亚政府理事会发布的《从监狱到工作报告》（Prison to Work

① The Guardian. Third of Australian youth have no job or are unemployed, report finds [EB/OL]. [2019-09-22]. https://www.theguardian.com/business/2017/mar/27/third-of-australian-youth-have-no-job-or-are-underemployed-report-finds.

② BORLAND J, HUNTER B. Does crime affect employment status? The case of indigenous Australians [J]. Economical, 2000 (1): 123-44.

Report）开篇所谈到的："如果没有适当及时的服务、支持和建立一条通向未来的正确路径，今天的罪犯可能会再次犯罪，成为明天的职业罪犯，而在监狱的时间也不应该是一段被浪费的时间。就业是打破循环犯罪和减少再犯率的有效途径，因此，从监禁到有意义地工作的过渡与得到支持，是确保他们重新融入社会的有力手段。"① 为了提高被监禁原住民的就业能力，确保他们长期顺利保持就业，澳大利亚政府采取了提前干预的措施，对在服刑中的原住民建立了明确的"从监狱到就业"的发展路径（pathways to employment from prison），包括监狱内提供基础技能和专业技能培训、身体康复方案、出狱后就业、保健和收入支持服务等，形成了联邦政府与领地、州政府多主体协同参与的全方位帮扶策略，以提高被监禁原住民的就业能力，确保他们在离开监狱时达到被劳动力市场雇用的水平。

（4）满足原住民残疾人的培训项目

身体健康状况不容乐观是原住民贫困的重要表现之一，而残疾也是原住民就业困难的主要影响因素。尊重和保障残疾人的教育权、就业权和人格尊严，使他们也平等地充分参与社会生活，是每个国家义不容辞的责任和义务。澳大利亚政府针对原住民残疾的现实问题，制定了两类针对原住民残疾人的就业培训项目，一是"离校就业支持"（School Leaver Employment Supports，简称 SLES），它是全国残疾保险计划（ National Disability Insurance Scheme，简称 NDIS）的一项重要举措。作为一项早期干预措施，SLES 的服务对象是身体严重残疾且完成12年级的离校原住民适龄劳动力，它是根据原住民个体就业需求而量身定制的，培训内容通常包括公共就业中的工作经验、工作技能培训和旅游培训等，以帮助他们树立自信心和做好就业准备。NDIS 与教育部门合作，以确保原住民残疾人顺利通过 SLES 或者其他就业支持，实现从学校到就业的过渡。同时，NDIS 负责提供资金支持，以加强 SLES 的正常运转，确保所有的原住民残疾人都可获得满意的职业培训和就业服务。

另一种是残疾人就业服务（Disability Employment Services，简称 DES），其目的也是帮助原住民残疾人做好就业准备，给予职业培训、职业介绍、职

---

① Council Of Australian Government. Prison to work report［R］. Canberra，2016.

业指导等针对性的帮扶服务，确保他们获得长期就业。对于接受 DES 的原住民求职者，他们必须具备未来从事某项工作的能力，而且在干预下每周至少工作8小时。"合格的离校学生"［DES ESL（Eligible School Leaver）program］作为 DES 的附属项目，旨在于支持最后一年的在校生，使其在可持续的工作中获得有偿就业和由 DES 提供持续的就业支持。

二、全面提升原住民学业成就

沃尔夫和德夏利特提出了能力安全（capability security）的概念，认为公共政策不能只向人们提供一种能力，还应该以一种人们未来可依赖这种能力的方式提供，也就是说政府在增强民众某一领域的能力时，应明确该能力在多大程度上得到保护。[①] 为了确保原住民在求学和发展的道路上获得安全保障，澳大利亚政府在教育公平的基本诉求下，一方面完善职业教育资助制度，在教育起点上确保原住民的机会公平，减少因学致贫；另一方面从学业辅导和学生管理两个方面使原住民在教育过程中享有公平的教育，以为他们的学业进步提供充足的支持和资源支撑。

（一）加大多形式和覆盖面广的职业教育资助力度

舒尔茨强调："自人类社会产生时起，人的质量的每一点提高都需要一些费用。"[②] 教育公平是社会公平的基础，促进教育公平是一个国家教育政策所追求的基本目标。为了提高原住民的受教育水平，确保他们平等地享有受教育的权利，澳大利亚建立了覆盖学前教育到高等教育的教育资助体系，从制度上保证不让任何一个原住民因家庭困难而失学。早在1989年和2000年，澳大利亚政府分别出台了《原住民教育（补充援助）法案》［Aboriginal Education（Supplementary Assistant）Act 1989］以及《原住民教育（目标援助）法案》

---

① 玛莎·C．纳斯鲍姆．寻求有尊严的生活：正义的能力理论［M］.田雷，译．北京：中国人民大学出版社，2016：31.

② 西奥多．舒尔茨．人力投资：人口质量经济学［M］.夏湛，施伟，等译．北京：华夏出版社，1990：18.

［Indigenous Education（Target Assistant）Act］，力争通过扩大对原住民教育的财政支持，提高原住民教育质量。澳大利亚政府提出了一系列针对原住民职业教育的资助和支持项目（a range of payments and support），确保每一个原住民都能顺利且有质量地完成学业。

1. 内容广泛和形式多样的"原住民学习资助计划"

澳大利亚为贫困弱势群体提供了多种类型的奖助金资助，一种是覆盖全国所有贫困和处境不利的求学者，如"澳大利亚助学金"（Australia Study）、青年津贴（Youth Allowance）、起点奖学金（Student Start-up Scholarship）、搬迁奖学金（Relocation Scholarship）等，这些奖助金同时也受益于原住民。另一种是完全针对原住民的奖助金，即"原住民学习资助计划"（Aboriginal Study Assistance Scheme，简称 ABSTUDY）。

1969年，面对原住民教育不公平和处境不利的境况，澳大利亚联邦政府提出了"原住民学习资助计划"。该计划是政府承担原住民学习和培训费用的一种支付方式，只针对在中学或高等院校接受认证的全职或兼职课程、参与学徒制、受训生制培训的原住民，受益者不能同时接受其他资助，例如收入支持资金。ABSTUDY 资助内容广泛，覆盖原住民的学习费和附加生活费，学习费包括学科资料费、设施费、学费和其他项目费用如学校杂志、柜子租赁、电脑租赁和考试费等。附加生活成本涉及住宿费、生活费、不得不离开家到城镇求学的交通费等。ABSTUDY 提供7种不同形式的资助，而每项资助的获得资格则取决于原住民个人的具体学习、培训情况。例如，"高等教育奖助"（Tertiary Award）面向全日制普通教育和职业教育学生及学徒制学徒，原住民同时还可以获得生活津贴、杂费津贴、租房津贴、偏远地区津贴、医药津贴、学校和家庭间往返的交通费、搬迁津贴等。

为了区分不同年龄的资助范围，激励年龄较大的原住民劳动力就业，澳大利亚政府明确了"独立"和"非独立"的资助要求。此外，2009年联邦政府宣布降低获得青年津贴的独立学生的年龄；2012年由25岁降到了22岁，这表示有更多的原住民青年可以获得该项资助。如果年龄在22岁以上，联邦政府会对个人资产、个人收入和合作伙伴收入进行调查统计，根据计算的结果决定拨付金额和资助范围，通常生活津贴、杂费津贴、租房津贴、偏远地区津贴和医药津贴等易受个人收入和资产的影响。总体而言，ABSTUDY 的资助额度取决于原住民的个人情况，主要依据5个衡量指标，分别是资助类别、是否独立、居住地是否离家很远、年龄、个人收入资产和合作伙伴的收入。如表4所示，非独立原住民的资助额度，主要取决于他们的年龄以及居住情况，可以看出，相比较在家居住，离家在学校或培训地方居住获得的资助金额较高，同样都是年龄小于16岁的原住民青年，二者的资助金额比为1：7.2。

表 4　不同年龄段非独立原住民在家居住和离家较远地区居住的资助额度

在家居住		不在家住	
年龄	每2周最高资助额度	年龄	每2周最高资助额度
小于16岁	33.6 澳元	小于16岁	244.10 澳元
16~17岁	244.10 澳元	16~21岁	445.80 澳元
18~21岁	293.60 澳元	22岁及以上	550.20 澳元
22岁及以上	550.20 澳元		

资料来源：AUSTRALIAN GOVERNMENT, DEPARTMENT OF HUMAN SERVICES. ABSTUDY paymentrates〔EB/OL〕.〔2019-11-07〕. https：//www. humanservices. gov. au/individuals/services/centrelink/abstudy/eligibility/payment-rates.

澳大利亚政府基于公平和效率合理对资助金额进行分配，通常依据受资助人课程学习和每年学徒培训时间、个人收入和资产、年龄、居住地等计算出其可以获得 ABSTUDY 津贴的额度，目的在于加强对资金配置标准的规范化管理。同时，政府对每位原住民申请人的资助金额进行动态管理，在资助期限内如果原住民申请者的实际情况发生变化，如学业（放弃学习、变更培训课程、改变培训机构等）、就业（换工作、培训结束已就业、获得其他收入、获得补充和休息费用等）、同伴情况（获得其他资助、死亡等）和个人、父母或监护人其他情况等，原住民应在14日内通过个人网上账户（centrelink online account）告知管理人员，如果原住民没有及时报告个人情况而多获得资助金额，其则应该将这笔资金退还，若故意提供虚假或误导性信息，恶意欺占，则会被起诉和面临更大的处罚。①

2. 通往高等职业教育的"职业教育和培训学生贷款"

20世纪80年代末，澳大利亚职业、教育和培训部部长约翰·达金斯（John Dakins）对本国高等教育现状调查后，联邦政府提出了"高等教育成本分担计划"（Higher Education Contribution Scheme），旨在缓解学生学费压力。鉴于改革后学费上涨的问题，联邦政府推出了一套更完善且与收入挂钩的高等教育贷款计划（Higher Education Loan Program，简称HELP），希望通过进一步加大财政支持力度，强化对学生的资金资助，确保贫困家庭子女有学上、上得起。② HELP 包含5个不同的贷款计划，其中之一是"职业教育与培训全额付费——高等教育贷款计划"（VET FEE-HELP）。

2017年1月，"职业教育和培训学生贷款"（VET Student Loans）取代 VET FEE-HELP 开始实行，它是澳大利亚联邦政府针对接受高等职业教育学生的一项贷款计划，能够为学生提供更大程度的资助，让符合条件的学生获得更高等级的职业资格证书，尤其是那些无法提前支付学费的学生，同时，创造更多的就业机会解决国家高级技能人才短缺的问题。③ 联邦政府规定，申请贷款的学生应是澳大利亚公民或永久居民，不能有逃税漏税记录，符合税务档案要求，在任何注册培训机构学习认证课程。此外，对所有申请者的学业也有严格的要求，注册培训机构应对学生的文化基础和能力水平进行认定，学习者需出示12年级证书、Ⅳ级或更高等级的职业资格证书，并通过语言、读写和计算能力测试，依据澳大利亚核心技能框架的认定，需在阅读和计算能力等级上达到Ⅲ级。符合条件的学生可以获得最高限额的贷款，这些贷款只能用于支付学费或者部分学费，不包括书本、住宿等其他杂费。和 VET FEE-HELP 一样，学生只有在经过批准的"职业教育和培训学生贷款"培训机构接受国际认证的课程，最终获得文凭、高级文凭、研究生资格证书或研究生文

---

① Australian Government, Department Of Human Services. Abstudy change of circumstances. [EB/OL]. [2019-11-07]. https：//www. humanservices. gov. au/individuals/services/centrelink/abstudy/managing-your-payment/change-circumstances.

② 唐科莉. 澳大利亚高等教育资助政策走向 [J]. 世界教育信息，2016（12）：34-40.

③ Australian Government, Department Of Education And Training. VET student loans. [EB/OL]. [2019-11-10]. https：//www. education. gov. au/vet-student-loans.

凭课程证书。联邦政府规定，全额支付学费的学生申请"职业教育和培训学生贷款"，需要承担20%的贷款费用，而由州或领地政府资助接受文凭或高级文凭认证的学生，无须另外缴纳贷款费用。还款是以学生毕业后的收入为准，当收入达到了最低强制性还款标准或门槛（compulsory repayment threshold）时，学生必须按照个人所得税的形式进行偿还，而每年的标准都会调整。

尽管原住民学生整体教育水平较低，但随着政府对原住民职业教育投入力度的加大，以及原住民群体自身对职业教育重要性认识的提高，逐渐有越来越多的原住民接受更高层次的职业教育。"职业教育和培训学生贷款"资助为他们继续深造提供了可能和支持，对提高原住民综合素质和增强其人力资源优势发挥了重要作用，同时，也扩大了原住民选择的机会和范围，增强了高等职业教育的公平性，使职业教育真正成为面向人人和面向社会的教育。

（二）提供促进原住民专业发展的个性化学业辅导

近年来，原住民接受高等职业教育的人数有所增加，但是仍有很多原住民教育资源占有率少，学习能力低下，存在对主流文化和学习环境不适的难题。特别对接受高等职业教育的原住民来说，他们有些来自偏远的农村地区，对新的环境充满了不适感，而且在学业和人际交往上都面临着一定的压力，易于脱离和落后于主流群体，往往辍学率相对较高。为原住民提供额外的学业辅导，能够有效地帮助他们尽快掌握所学知识，缩小和非原住民在学业成果上的差距。

"原住民学业援助计划"（Indigenous Tutorial Assistance Scheme，简称ITAS）是联邦政府为了改善原住民的教育成果而设立的一项专门补习计划，适用于在高等教育或高级职业资格证书课程培训中出现学业困难的原住民，暂不用于读写、计算等短期课程或者过渡性课程的学习资助。ITAS提供一对一的指导，是支持原住民继续进行学业深造和适应高校生活的一种有效补偿手段，原住民不用交任何费用，学费由提供教育和培训的机构承担。ITAS对指导教师的选拔条件要求非常严格，一般情况下，教师应该达到本科学历而且有一定的教学经验，否则应提供书面说明，证明有能力胜任学业辅导这项工作；另外，在校大学生也可以申请担任辅导教师，他们需要满足一定的申请条件，如熟练掌握所要辅导学科的知识，且这些知识至少是2年级的等。[①]通常，原住民可以通过两种方式申请获得学业辅导，一是自己联系 ITAS 办公室；另一种是由所在学校的教师根据原住民的实际需求，负责从 ITAS 办公室为原住民选择合适的指导教师。[②]

澳大利亚北领地根据 ITAS 实施了 "原住民职业教育和培训学业援助计划" (*Vocational Education and Training Indigenous Tutorial Assistance Scheme*)，为原住民提供学业辅导，以支持他们继续参与职业资格培训课程，从而取得Ⅲ级及以上资格的证书，其也包括对原住民学徒制培训的支持。该援助计划主要由查尔斯达尔文大学和巴彻勒学院两所学校实施，规定每个科目每周最多辅导2个小时，每学期最多4科，同时在复习考试期间再提供5个小时的辅导，也就是1学年总共有282个小时的学业辅导。[③]ITAS 作为正常教学计划的有效补充，是对优质教育资源的一种再分配和利用，能够最大限度为原住民提供更多的受教育机会，改善他们的教育结果。正如很多参与过 ITAS 的原住民指出，学业辅导有效提高了他们学术谈判、独立完成学业、学习技巧、沟通交流和人际交往的能力，让他们变得更加自信。[④]

（三）推进与原住民文化相适应的服务支持与管理

澳大利亚学校教育向来重视对学生的个性化培养，强调通过多样化的管理和服务，为学生提供便利的学习和生活环境，形成了独具特色的学生管理体系。"非学业困难"（non-academic difficulties）严重制约着原住民职业教育的完成率，《塑造未来国家战略》明确指出原住民具有独特的文化背景，应该

---

① Charles Darwin University. Indigenous tutorial assistance scheme（ITAS）[EB/OL].［2019-12-26］. https：//www.cdu.edu.au/sites/default/files/indigenous-leadership/docs/ITASOverviewupdated03Apr2014. pdf.

② Batchelor Institute. Itas［EB/OL］.［2019-12-26］. https：//www.batchelor.edu.au/students/student-services/itas/.

③ Northern Territory Government. Vocational education and training indigenous tutorial assistancescheme tertiary tuition policy［EB/OL］.［2019-12-26］. https：//business.nt.gov.au/business/publications policies/vocational-education-and-training-indigenous-tutorial-assistance-scheme-tertiary-tuition-policy.

④ The Conversation. Tutors are key to reducing indigenous student drop out rates［EB/OL］.［2019-12-26］. https：//theconversation.com/tutors-are-key-to-reducing-indigenous-student-drop-out-rates-86130.

尊重文化差异，通过多元的培训和管理方式①，提高原住民的职业教育质量。在政策的指导下，澳大利亚各政府和培训机构秉持以原住民为本的理念，充分尊重原住民的主体地位，通过全面细致的服务加强对原住民的人性化管理，为他们顺利完成学业扫除障碍。

第一，提供解决原住民后顾之忧的多种服务支持。有研究发现，为原住民等弱势群体提供细致周到的服务支持，是增强其福祉和确保他们持续参与职业教育的前提条件，有助于提高原住民职业教育完成率。②西澳大利亚州培训和劳动力发展部（Department of Training and Workforce Development）提出了"参与平等"的项目（Participation-Equity program），旨在为原住民提供多项服务，改善他们的学习和就业状况。该项目要求所有注册培训机构为原住民提供三个方面的指导和咨询，分别是餐饮、交通和儿童护理等服务；语言、阅读、读写等基础技能方面的额外指导；关于撰写简历、求职技巧、工作经验等方面的培训服务。③

第二，加强对原住民日常学习的灵活化管理。很多职业教育机构对原住民的管理相对比较灵活，能够根据原住民的差异化需求做出一些调整。例如，一些职业教育机构允许原住民因为个人、家庭或社区的原因而推迟接受培训，进行考核时不会将其认定为是"早退"或者"失败"等不良行为。④澳大利亚职业教育机构实施的灵活管理政策，为原住民学习提供了便利，能够使他们兼顾好学业和家庭，彰显出包容性的特点。

第三，构建与原住民文化相适应的学习环境。"具有强烈文化认同感的原住民学生更有可能参与教育、培训和劳动力市场，并且容易取得成功。"⑤法国

① Australian National Training Authority. Shaping our future: Australia's national strategy for vocational education and training 2004-2010 [R]. Brisbane, 2003.

② LAMB S, MARIE Q, et al. Improving participation and success in VET for disadvantaged learners [R]. National Centre for Vocational Education Research, 2018.

③ Government Of Western Australian, Department Of Training And Workforce Development. Learning support and assistance [EB/OL]. [2019-12-27]. https://www.jobsandskills.wa.gov.au/training/learning-support-and-assistance.

④ KATY O. Indigenous vocational education and training: at a glance [R]. National Centre for Vocational Education Research, 2005.

⑤ DOCKERY A M. Cultural dimensions of indigenous participation in vocational education and training: new perspectives [R]. National Centre for Vocational Education Research, 2013.

社会学家布迪厄（Bourdieu）将教育视为是阶级和文化再生产的工具，认为学校教育的模式和内容不利于贫困学生，通常，学校教育的结构是对社会阶层和权利结构的反映，要表达贫困学生的利益诉求，必须对学校教育的贫困再生产机制进行关注，推进学校教育的整体性改革。[①]澳大利亚国家职业教育研究中心的一项研究发现，"在教学和学生管理中，融合原住民特色、文化、知识和价值观，能够改善原住民职业教育和培训的结果"[②]。因此，澳大利亚职业教育机构和雇主积极支持和宣传原住民文化，为原住民构建了具有支持性、文化适应性（supportive and culturally appropriate）的学习环境。如位于西澳大利亚州的南都市技术与继续教育学院（South Metropolitan TAFE）提出了"原住民学生支持服务"（Aboriginal Student Support Services）计划，在两个校区分别成立了"原住民文化中心"（Aboriginal Cultural Centers）。它不仅是原住民学生相互交流的平台，以其教育的张力促进原住民学生形成更加强烈的文化认同感；同时它也是宣传原住民文化的有效载体，有助于加深非原住民学生对原住民文化的理解与尊重。[③]

（四）雇用在地化教师以有效开展原住民职业教育

20世纪60年代美国爆发了非洲裔美国人民权运动，争取政治经济权利，要求建立平等的社会，反对民族歧视和种族压迫。民权运动对教育的发展与改革产生了重要的影响，要求在学校教育中雇用和增加有色人种教师、行政管理人员，课程要反映不同民族的文化历史等。[④]多元文化教育理念快速传播到澳大利亚、加拿大等其他西方国家，成为西方教育的潮流。可以看出，多元文化教育强调尊重不同少数民族的知识与文化，并以此倒逼学校教育改革

---

① 孟照海. 教育扶贫政策的理论依据及实现条件——国际经济与本土思考［J］. 教育研究，2016（11）：47-53.

② MILLER C. Aspects of training that meet Indigenous Australians' aspirations: a systemic review of research［R］. National Centre for Vocational Education Research，2005.

③ South Metropolitan Tafe. Aboriginal student Support services［EB/OL］.［2019-12-27］. https://www. southmetrotafe. wa. edu. au/sites/default/files/uploads/documents/FactSheets/FACT%20SHEET%20Aboriginal%20Student%20Support%20Services. pdf.

④ 黄宗植. 西方多元文化教育理论及其实践对我国少数民族教育的启示［J］. 民族教育研究，2004（6）：80-84.

使其更加符合少数族裔的利益与需求。这种尊重与利用少数族裔知识的多元文化教育，从本质上说是依托地方、以地方知识为主导和为了地方发展的教育，具有在地性的特点。原住民作为澳大利亚的少数族裔群体，有着自己的文化、知识、习惯和传统，主流和标准化的职业教育与原住民文化和价值观脱离，难以有效回应原住民的脱贫需求。因此，澳大利亚在推进原住民职业教育发展的过程中，积极加强原住民职业教育的在地化改革，从教师队伍着手增强原住民职业教育的本土化。教师作为教育教学活动的主导者，其往往因知识技能和专业资格的身份而拥有教育教学的领导力，因此，教师知识、技能、身份的在地化，能够使其在教学和管理中具有得天独厚的优势，对学生也具有天然的亲近感，成为教育内生发展的关键。[①] 有研究指出，教师在教学中如果能够将学习内容与学生实际有效结合，彰显学生所属文化群体的文化、经历、价值观和感受，就有助于培养学生的自我意识，增强其学习兴趣和提高其学习成绩，使学生从不同文化群体的视角观察、审视事物。[②]

为了帮助原住民学生适应学校环境，挖掘原住民地方文化资源，弘扬地方传统文化，澳大利亚政府要求雇用原住民员工（indigenous staff），他们作为管理人员或者专任教师为原住民学生提供指导和服务。2011年联邦政府提出了一项2011—2015年为期五年的计划，即《更多的原住民教师倡议》（*More Aboriginal and Torres Strait Islander Teachers Initiative*，简称 MATSITI），以增加原住民教师进入澳大利亚各学校从事专业教学和管理的人数，提高原住民教师的教学能力和专业领导能力。MATSITI 与中小学、职业院校、高校和其他教育机构建立了伙伴关系，共同合作实现增加雇用原住民教师数量的目标。为了提高原住民教师的教学和管理能力，澳大利亚政府着力加强对原住民教师的职前和职后教育、北领地天主教教育（Catholic Education）和查尔斯达尔文大学合力提出了针对原住民教师职前教育的"自我成长"（Growing Our Own）项目，主张开展"以地方为本位的教学"（place-based pedagogy）增强

---

① 汤颖，邹智辉.农村教育改革的在地化路径论析［J］.教育理论与实践，2019（19）：16-19.

② 黄宗植.西方多元文化教育理论及其实践对我国少数民族教育的启示［J］.民族教育研究，2004（6）：80-84.

地方性知识和文化与当代课程、教学的跨文化衔接。① 一方面，选择以当地社区为课堂，查尔斯·达尔文大学的教师每隔两周深入原住民社区为原住民开展现场教学。对偏远地区的北领地原住民来说，"与他们参与家庭或社区活动相比，参加正规教育显得格格不入"②。因此，为原住民提供以原住民社区为中心的教师教育，意味着可以在原住民家庭和社区的文化与支持体系内，满足原住民及社区的在地化需求，确保原住民不会因居住地偏僻而放弃专业学习，有助于提高原住民的认同感和学习积极性。另一方面，从教学内容和方法来说，该项目注重与原住民学生经验、情感的密切联系，集地方资源优势，将社区文化作为教学的重要内容，采用参与式、浸入式和体验式等方法，以增进原住民学生对民族语言、文字和国家的情感表达。此外，澳大利亚通过"原住民职业教育学业援助计划"为原住民助教提供文化意识培训课程，以便他们能对不同文化背景学生的多样化需求及时给予合理的回应。③

澳大利亚增强原住民职业教育教师队伍的本土化和专业化，一方面，原住民教师在教学或管理中能够依据原住民文化，有效地加强对原住民学生的灵活管理，提高原住民学生的适应性，增强他们的归属感。另一方面，有助于增强非原住民学生和员工对原住民文化的理解和包容，是促使不同文化背景群体融合相处与发展的关键。同时，原住民教师作为原住民学生的榜样，是原住民学生健康成长的引路人和指导者，有助于帮助原住民学生缓解和消除负面情绪，提升他们的自信心和抱负。

三、构筑原住民就业安全屏障

就业和参与现代经济活动对提高原住民生活水平、福祉、家庭和社区收

---

① GELDEREN V. Growing our own: A 'two way', place-based approach to indigenous initial teacher education in remote Northern Territory [J]. Australian and International Journal of Rural Education, 2017（1）：14-28.

② WALLACE R. Reluctant learners: their identities and educational experience [R]. National Centre for Vocational Education Research, 2008.

③ 王建梁，梅丽芳.澳大利亚发展土著人职业教育的主要措施及其成效初探 [J].民族高等教育研究，2013（3）：12-17.

入具有重要意义，反过来也会对其后代的健康和教育产生积极影响，增强个体自尊心，增加他们获得自我发展的机会，促进原住民家庭与社会的互动，减少社会排斥。[①]就业帮扶作为澳大利亚原住民职业教育反贫困的核心内容之一，是职业教育反贫困的出发点和落脚点。因此，完善原住民就业政策，提供一体化的就业咨询服务，改善他们在劳动力市场中的就业结果，是澳大利亚确保原住民接受职业教育后顺利就业的关键。

（一）制定维护原住民就业权利的政策

1977年，联邦政府开始以协调与集中解决的方式处理原住民就业问题，并制定了《全国原住民就业战略》（*National Employment Strategy for Aboriginals*），打响了解决原住民就业问题的"战役"，要求接受社会保障金的原住民从事工作。[②]1984年10月，联邦政府成立原住民就业和培训方案审查委员会（Committee of Review of Aboriginal Employment and Training Programs），以对原住民就业现状进行审查，并提出解决这些问题的政策和建议。该委员会于第二年发布了《米勒报告》，认为没有证据表明1977年的原住民就业政策已经成为一项连贯的战略被得到执行，强调确保原住民在发展的过程拥有自主性至关重要，而通过土地所有权获得经济基础是实现自主性、独立性和使他们能够保持传统生活方式的根本，因此，有必要在保护原住民传统和文化的背景下，制定促进原住民生计发展的就业对策。

基于对该调查结果的反思与回应，联邦政府于1986年颁布了《原住民就业发展政策》（*Aboriginal Employment Development Policy*，简称 AEDP），它并不是一个具体的计划，而是基于"自决""平等"的思想和指导原则，提出了一系列解决原住民劳动力短缺的对策。该政策旨在帮助原住民在就业、社会经济参与方面获得与主流群体同等的机会，减少原住民对福利的依赖，在符合原住民社区和文化价值观的基础上，确保原住民社区取得经济平等和独立。

[①] Steering Committee For The Review Of Government Service Provision. Overcoming indigenous disadvantage: key Indicators 2011［R］. Productivity Commission, Canberra, 2011.

[②] *DOCKERY A M, NICOLA M. A review of indigenous employment programs*［R］. *National Centre for Vocational Education Research*, 2007.

140

具体发展目标为：与其他非原住民群体享有同等的就业机会，即16岁及以上原住民就业比例从37%提高至60%左右；收入平等，使原住民收入中位数增加两倍；平等地接受小学、中学和大学教育；将原住民对福利依赖程度降低到与其他群体相当的水平，即使适龄劳动力的失业金从30%减少至5%。①AEDP颁布后，"原住民培训项目"（Training for Aboriginals and Torres Strait Islanders Program）被推出，并继续通过"社区发展就业项目"促进原住民就业。为了能够准确并及时了解原住民就业政策的实施情况及其成效，澳大利亚政府特别重视对相关政策和就业项目的适时评估，以清晰地了解原住民就业存在的问题和不足，有效地提出解决方案。原住民委员会（Aboriginal and Torres Strait Islander Commission）1994年对AEDP的审查发现，尽管1986—1991年间原住民的就业率略有提高，但由于正规教育和培训质量不佳、歧视和种族主义并存、偏远地区缺乏就业机会等，原住民失业率仍然很高。②面对原住民的多种劣势，以及随着他们在劳动力市场上不利地位的增强，澳大利亚在1999年发布了《原住民就业政策》（Indigenous Employment Policy，简称IEP），它的具体目标在于：提高原住民在私营部门就业的参与率；通过工作网络改善原住民的求职成果；支持原住民小型企业的发展；支持企业雇主雇用原住民劳动者，提高他们进入劳动力市场的能力和比例。③虽然IEP保留了AEDP中很多有关促进原住民就业的内容，但它更强调原住民在主流经济中的就业与发展，特别是在私营部门中的就业。根据联邦政府1996年和2001年的人口普查数据，原住民的失业率从22.7%下降到20%，私营部门的就业人数由43586人上升至55046人，增加了26%；另外，原住民就业培训项目的评估审查数据显示，自IEP实施后，原住民在劳动力市场中的地位有所改善。④同样，来自全国原住民调查组1994年、2002年和2008年的数据统计得出，1994—2008

① Commonwealth Of Australia. Aboriginal employment development policy [R]. Canberra，1987.

② NOLA P，TRACEY F，ALISON S，WENDY D. Enhancing employment opportunities for indigenous Victorians：a review of the literature [R]. Australian Council for Educational Research，2006.

③ Department Of Employment And Workplace Relations. Indigenous employment policy evaluation stage 2：effectiveness report [R]. Labour Market Policy Group，2003.

④ DOCKERY A M，NICOLA M. A review of indigenous employment programs [R]. National Centre for Vocational Eeduction Research，2007.

年间，非社区发展就业项目的原住民就业人数从31.1%增加至50.5%，其中原住民男性就业比例从37.9%上升至58.8%，增长了21%，女性就业率增长了18%，从25.0%上升至42.9%。[①]2008年，促使原住民获得体面就业成为"缩小差距"战略的主要内容之一，为了实现这一目标，2011年联邦政府颁布了《原住民经济发展战略（2011—2018年）》（*Indigenous Economic Development Strategy* 2011—2018，简称 IEDS），强调从早期教育投资、就业前准备、技能发展、加强培训与就业之间的联系、改进就业服务以及满足原住民就业需求等方面，促进原住民实现长期稳定就业。[②]

澳大利亚行政体制实行分权制，联邦政府制定宏观的政策，各州和领地政府根据联邦政府的要求，以联邦政府颁布政策文件为依据，结合本州实际情况出台相应的政策。在这种体制下，各州在《原住民就业政策》的指导之下，均制定了本州的原住民就业政策，提出了具体的原住民就业目标（indigenous employment targets），为原住民提供了一条畅通的就业发展路径。以新南威尔士州为例，该州致力于改善原住民的就业结果和福祉，颁布了多项针对原住民的就业政策，如司法部在2015年颁布了《原住民就业战略（2015—2017年）》（*Aboriginal and Torres Strait Islander Employment Strategy* 2015—2017），工业部提出了一系列原住民就业培训和职业发展计划，如"原住民的未来之路"（The Way Ahead for Aboriginal People）、"原住民的新职业"（New Careers for Aboriginal People）、"原住民就业项目"（Aboriginal Employment program）和"原住民劳动力发展"（Aboriginal Workforce Development）等，这些举措旨在为原住民提供免费、"一站式"的就业咨询、指导与服务。此外，为了提高原住民在公共部门的参与率，构建多元化的劳动力队伍，新南威尔士州政府2014年颁布了《公共部门原住民就业战略（2014—2017年）》（*Public Sector Aboriginal Employment Strategy* 2014—2017），着力在公共部门发展和培养一批才华横溢的原住民技术技能人才，增加原住民就业机会，提高原住民健康和生活水平。该战略从5个领域重点规划原住民的职业生涯发展：第一，

① MATTHEW G，BOYD H，SHAUN L. Increasing indigenous employment rates［R］. Australian Institute of Health and Welfare，2012.

② Australian Government. Indigenous economic development strategy 2011—2018［R］. Canberra，2011.

吸引和招聘原住民。改革招聘流程，使其更适合原住民求职者；整合所有公共部门的招聘计划，确保每一个有能力的原住民求职者都获得同等的就业机会。第二，保留住原住民员工。针对原住民就业保留率低的问题，要求雇主积极与原住民员工进行沟通，及时了解他们离职的原因，制定确保他们在公共部门长期就业的奖励激励政策。第三，支持原住民职业发展与进步。通过加强公共部门的改革为原住民提供更多的发展机会，从能力提升、绩效管理和职业道路规划等方面促进原住民的职业流动。第四，提高对原住民文化的理解力。公共部门和各类机构及其员工应尊重、理解原住民文化，并通过举办各类文化活动等方式庆祝原住民传统节日，增强企业对原住民员工的吸引力。第五，了解原住民劳动力。各机构要采取多种措施收集、整理原住民员工信息，了解和监测他们就业与工作的进展情况，对统计数据进行精准分析，不断提高公共部门对原住民员工的管理能力。为了更加进一步明晰每一项优先发展事项的策略，该战略还提出了各个事项的具体目标和关键绩效指标，以第一项优势发展领域为例，该领域的目标为：增加所有部门、机构和地区原住民的持续就业人数；制定适用于原住民求职者的招聘计划，避免将他们排斥在主流市场之外；进一步拓宽各机构雇用原住民的渠道，使其能够在各部门的相关岗位任职。[1]通过对联邦政府和州政府颁布的原住民就业政策的梳理可以看出，原住民就业不是一个独立的问题，从职前教育、就业培训、就业服务到原住民被聘用后的长期稳定就业，是贯穿原住民个体职业生涯发展的一体化过程。

（二）提供专业的一体化就业咨询服务

为了帮助原住民扫除就业障碍，提高其就业成功率和就业质量，澳大利亚联邦政府制定了系统科学的咨询服务体系。1998年，联邦政府通过招投标、合同外包的形式把就业服务外包给有资质的社会就业服务机构，以通过购买成果的方式实现公共就业服务市场化，并根据服务机构的业绩拨付服务费，激励提高就业咨询的服务质量。[2]近年来，澳大利亚联邦政府不断完善就业

① New South Wales. Public sector aboriginal employment strategy 2014–2017 [R]. Sydney, 2014.
② 黄红山.澳大利亚促进就业的主要做法及对中国的启示 [R].当代世界，2014（5）：71–73.

服务体系，2015年7月联邦政府提出了"积极就业"（Jobactive）的决策计划，代替"就业服务计划"（Job Service Australia）。Jobactive 提供商是澳大利亚政府主导的主流就业服务机构，旨在为广大求职者提供就业支持服务，保证他们能够成功地进入适合自己的职业领域。目前，Jobactive 分布在澳大利亚人居住生活的51个地区，约有1700个提供商，在全国形成了密布的就业服务网络。[①]

有研究指出，个体的求职往往耦合于其所拥有的社会关系网络，关系网络越密集，个体求职成功的可能性就越大，反之亦然，而困扰弱势群体就业难的一个重要因素则为其社会关系网络薄弱，他们由于社会资源匮乏，没有形成稳固的社会关系网络，在一定程度上影响了他们的就业质量。[②] 相比较主流群体而言，原住民所享有的社会资源较少，封闭的社会关系网络难以支撑他们在就业市场中拥有比较优势，导致就业信息来源渠道单一，就业资源不足。Jobactive 提供商作为面向原住民求职者等群体而成立的就业咨询机构，形成了一套完善、规范的就业帮扶体系，涵盖了求职者就业过程所需的所有知识和技能，有助于全面提升他们的就业能力。原住民求职者可以选择距离自己居住地较近的 Jobactive 提供商，Jobactive 提供商团队成员会面对面和原住民进行沟通交流，提供诸如查找招聘信息、撰写简历、面试准备等就业服务，并依据原住民求职者的就业意向、工作经验、个人知识与技能以及当地雇主的需求，给予不同程度、层次水平的"一对一"帮助和指导，并为其制定一个尽可能详尽的个性化求职计划，帮助原住民顺利就业并保持持续就业。[③] 为了方便原住民在线填写个人信息和申请就业岗位，原住民求职者可以使用 Jobactive 提供商的电脑和打印机等设备，在 Jobactive 的官方网站上寻找适合自己的工作岗位，注册和申请心仪的工作，完善并打印个人求职简历等。

Jobcative 通过"分流"（stream）的方式提供3条就业服务流，以差异

① National Employment Services Association. Jobactive［EB/OL］.［2019-12-11］. https：//nesa. com. au/job active/.

② 葛昕明. 社会支持视域下的独立学院贫困生就业扶助［J］.黑龙江高教研究，2018（1）：87-89.

③ National Employment Services Association. Jobactive［EB/OL］.［2019-12-11］. https：//nesa. com. au/job active/.

化的理念分类管理求职者。服务流 A 表示求职者已经做好了充分的就业准备，所获得的服务可以帮助他们了解雇主的需求、写个人求职简历、学习和使用自助的网络求职系统等。服务流 B 和 C 表示还没有做好工作准备，需要 Jobactive 提供商除了提供服务流 A 中的服务外，还应该开展职前和职后帮扶，定期对求职者进行评估和面对面交流等。为了能够更加准确了解原住民求职者的个人能力，以根据他们的就业准备情况将其分配到适合的服务流中，Jobactive 提供商通过求职者分类工具（Job seeker Classification Instrument）对原住民进行测评，测评的结果作为他们分流去向的依据。Jobactive 采取的个性化分流辅导和帮扶对策，具有灵活性、针对性和动态性的特点，可以确保"人职匹配"，避免了就业与劳动力市场的脱节，能够有效解决原住民就业不足的难题，促使原住民摆脱就业难的困境。

（三）通过社会保障促进原住民积极就业

澳大利亚早在20世纪初就建立了社会保障制度，成为澳大利亚社会的"稳定器"和就业的"助推器"，健全完善的社会保障对于实现充分就业和促进经济发展具有重要的意义。为了提高补助津贴的利用效率，变失业救济为就业补助，吸引原住民积极参与职业培训和就业，澳大利亚主要从以下两个方面加强对原住民的社会保障，以避免"养懒汉"。

一是给予求职津贴补贴，激励原住民积极参与就业。引导原住民从完全依赖福利到参与职业培训、就业，提高其就业技能，增强他们工作的积极性，需要一定的奖励激励机制鼓励原住民依靠教育和就业摆脱贫困。澳大利亚面向包括原住民在内的求职者提供了青年津贴和新起点津贴，前者主要为16~24岁求职或患病的原住民提供补贴，后者的对象是22岁以上的原住民求职者。

二是建立"共同义务"制，减少原住民对失业救济的依赖。共同义务（mutual obligation）要求发挥福利制度的杠杆作用，促使原住民通过积极职业培训和就业，来获得相应的福利补贴。澳大利亚对领取失业补助的原住民提出了"必须积极寻找工作"的条件和要求，政府工作人员对领取津贴的原住民进行跟踪，敦促他们尽快参与培训和就业，并在他们就业后停发补助津贴。

如果已经领取津贴的原住民在6个月后仍没有就业，但是还想继续领取失业津贴，政府则安排他们参加"为失业救济金而工作"（work for the dole）的公益性就业项目。[①]"为失业救济金而工作"是澳大利亚联邦政府为保障包括原住民在内的各类弱势群体就业而建立的普惠性就业行动计划，目的是提高就业困难求职者的团队合作、交流和独立性等基本技能；增加他们的自信心和帮助其做好就业准备；满足履行共同义务的需求，继续获得收入支持。

四、形成协同的职业教育反贫困网络

从全球的经验来看，贫困治理是一项巨大的工程和任务，具有复杂性和综合性的特点，由此决定了反贫困不能完全由某一主体来承担。鉴于反贫困工作的性质，澳大利亚形成了多元主体协同联动的原住民职业教育反贫困网络，各参与者分别承担不同的反贫困工作，通过通力合作，构建了多元化、多层次的合作伙伴关系网络，形成了长效的职业教育反贫困合作机制。

（一）明确政府在反贫困中的统筹指导作用

联邦政府和各州、领地政府发挥了统筹协调和指导的作用，利用区域网络加强与原住民反贫困利益相关者的联系，制定和实施了具有创造性的精准培训和就业帮扶措施。

第一，政府成立了专门的原住民事务治理机构，解决原住民的贫困问题。原住民虽然是澳大利亚第一代居民，但他们并没有像主流群体那样享受到同等的发展机会，贫困程度深，脱贫难度大，反贫困任务重，这都为各级政府的工作带来了一定的挑战。原住民对原住民社区具有强烈的依赖感和认同感，为了能够更加深入地解决原住民贫困问题，集中力量提高反贫困工作的针对性和目的性，澳大利亚政府密切与原住民社会组织的联系，以更好地依托这些机构开展反贫困工作。为此，澳大利亚成立了专门的官方和半官方机构，加强对原住民贫困问题的治理。学者桑德斯（Sanders）将这些机构描

---

① Department Of Jobs And Small Business. Work for the dole［EB/OL］.［2019-12-11］. https://www. jobs. gov. au/work-dole.

述为"原住民组织部门"，认为这些机构的成立对于帮助原住民参与公共政策至关重要。① 一是在20世纪70年代之后，惠特拉姆政府进行了一系列体制改革以解决原住民事务。首先设立了原住民事务部，对长期存在的原住民福利问题进行整治和改革，解决原住民的基本生存问题；随后惠特拉姆政府成立了一个由41名原住民组成的全国选举机构，即全国原住民咨询委员会，主要就原住民的土地、教育和就业等事务提供广泛的咨询意见，以不断提高政府解决原住民问题的能力，着力改善原住民生活、卫生和教育状况。② 1990年，原住民委员会诞生，代替了原住民咨询委员会，各委员都是由原住民选举产生，他们代表原住民的利益，是原住民事务首要的政策制定者和政府的主要顾问，成为原住民与联邦政府建立伙伴关系的开端。该委员会旨在努力解决原住民在教育、就业、经济发展、卫生和住房等方面的问题，提高他们的教育成果和经济收入，逐渐缩小原住民和主流群体之间的差距。进入21世纪后，2008年7月联邦政府成立了全国原住民健康平等理事会（National Indigenous Health Equality Council），同年11月颁布了《全国原住民改革协议》（*National Indigenous Reform Agreement*），提出了"缩小差距"的宏伟战略，开启了21世纪澳大利亚政府向贫困宣战的征程，减轻原住民贫困和解决社会不平等问题成为重大优先关注事项。

第二，政府加强宏观统筹，协调不同主体开展反贫困工作。"缩小差距"作为一项国家战略，政府是该战略的制定者和实施者，从国家层面上宏观确证了原住民反贫困工作的艰巨性和重要性。一是联邦政府加强扶贫开发的顶层设计，精准定位，明确了反贫困的具体目标、计划、项目、内容和线路图，制定了多项关于原住民职业教育、培训和就业的发展政策。联邦政府的行动对策不仅为各项反贫困工作的开展提供了法律保障和依据，而且为各级州、领地政府制定本土的原住民反贫困政策给予了参照和指导，以更好地促进地方反贫困项目能够做到因地制宜，按需施策。二是澳大利亚政府作为协调组

---

① SANDERS W. Towards an Indigenous order of Australian government: rethinking self-determination as indigenous affairs policy [R]. Centre for Aboriginal Economic Policy Research, 2002.

② SANDERS W. Towards an Indigenous order of Australian government: rethinking self-determination as indigenous affairs policy [R]. Centre for Aboriginal Economic Policy Research, 2002.

织者，合理对各主体的扶贫角色进行定位，协同其他参与者合力推动各项反贫困项目的实施。一般而言，政府在反贫困过程中处于主导者的地位，自上而下地将职业教育和培训项目施加给贫困人口，然而，这种方式并不能完全调动起贫困人口参与脱贫的主动性，此外，政府的力量也是有限的。正如澳大利亚参议院委员会一份关于《郊区和偏远原住民社区》报告指出的，在促进原住民社区发展的过程中，"政府应是有力的推动者，而不是唯一的责任者"①。因此，联邦政府联合各部门制定的多项针对原住民职业教育和培训项目，有效提高了原住民职业教育反贫困的成效。

（二）发挥原住民社区参与反贫困的主体作用

社区是指若干社会群体聚集在某一个固定的地域所形成的相互关联和具有共同利益的社会共同体，是社会有机体最基本的单位，社区内成员依据共同文化的凝聚力，通过某种社会关联和互动形成了关系网络，具有同等的利益价值取向。原住民社区是原住民群体以原住民传统文化为基础而形成的稳定的共同体，"没有原住民的真正参与，就很难实现澳大利亚政府理事会为解决原住民不利地位而制定的目标"②。"只有当原住民社区及其成员拥有主人翁感、参与感和自豪感，一项积极的行动和计划才能被定义为是成功的。"③因此，发挥原住民社区在消除原住民贫困中的主体作用，是澳大利亚对原住民贫困进行治理的核心思想，不仅能够激励原住民参与反贫困项目和激发其内生动力，也有助于增强原住民社区的能力建设，促进原住民社区经济发展和原住民文化的繁荣。

一是任命原住民在原住民职业教育相关机构中担任决策者。澳大利亚相继成立了原住民培训咨询委员会（Indigenous Training Advisory Council）、原住

① Senate Committee. Senate select committee on regional and remote indigenous communities［R］. Senate Committee，2010.

② JANET H. Engagement with indigenous communities in key sectors. resource sheet no.23. produced for the closing the gap clearinghouse［R］. Australian Institute Health and Welfare，Australian Institute of Family Studies，2013.

③ Senate Committee. Senate select committee on regional and remote indigenous communities［R］. Senate Committee，2010.

民高等教育咨询委员会（Aboriginal and Torres Strait Islander Higher Education Advisory Council）以及各州、领地政府的原住民咨询委员会（Indigenous Advisory Council），原住民长者和社区成员被任命在这些部门以及 TAFE 学院等职业教育研究机构担任重要的职务，为原住民职业教育的发展建言献策。[①]

　　二是建立由原住民社区控制的原住民职业教育和培训机构。原住民依靠独具民族特色的文化和价值观，确定了他们的社会身份特征、对家园的领主意识与归属感，是原住民在特定时代和地区中占主导地位的生存模式。"培训机构"对原住民来说，是一个不熟悉的外部实体，除非家庭或社区内有人参与其中，他们才会在一定程度上接受所谓的"新鲜事物"，否则很难对培训机构产生归属感。[②] 因此，原住民社区作为原住民职业教育的举办方和提供者，意味着将原住民职业教育办学的主导权归还至原住民社区，能够使原住民社区根据原住民特有的文化、价值观和知识进行自主管理，切实提高原住民的认同感。例如，新南威尔士州的博龙根朱贡学院（Booroongen Djugun College）作为一所服务原住民、由原住民社区掌管的职业教育和培训机构，为了赋予原住民更多的决策权，加强原住民与职业教育的互动与联系，设立了"学院长老理事会"（College Elders Council），使原住民年长者通过参与管理层会议、制定发展规划、年长者工作坊、客座报告等方式，参与学院的治理，以消除原住民对职业教育的抵触心理，提高他们参与职业教育的意愿和积极性。

　　三是确保原住民参与原住民职业教育发展的全过程。澳大利亚当前在原住民社区广泛推行的"是的，我能"（Yes，I Can）项目是社区参与模式的典型代表，学者岗瑟（Guenther）在对其研究中指出，培训机构在开展培训前，会开展一系列诸如宣传、推广、挨家挨户与原住民进行交流等活动，以了解原住民社区成员的培训需求。同时，原住民作为培训项目设计的主体之一，参与培训项目运行与发展的全过程，对培训课程设置、培训内容选择、相关

---

① MILLER C. Aspects of training that meet indigenous Australians' aspirations: a systemic review of research [R]. National Centre for Vocational Education Research, 2005.

② 王祺茜. 澳大利亚原住民职业教育与培训研究 [D]. 长春：东北师范大学，2018：25.

工作人员的雇用具有绝对的控制权。①

（三）调动企业在反贫困行动中的积极性

从世界职业教育发展的经验来看，企业参与职业教育办学和管理，是增强企业核心竞争力和推动产业升级转型的必然要求，亦是提高技术技能人才培养质量的必由之路。澳大利亚政府非常重视企业在职业教育创新和人才培养中的作用，着重加强企业雇主、原住民和职业教育机构之间的合作，创造促进职业和非职业技能学习的环境，以确保原住民获得长期稳定的就业。②

首先，企业参与原住民职业教育反贫困意义深远。一是企业以就业为导向，有助于提高原住民的职业技能水平。企业作为重要办学和人才培养的主体之一，能够为原住民提供职业技能培训的场所，促使他们在真实的工作环境中快速提高职业技能，增强原住民求职者的竞争力。二是定向培养，提升原住民就业质量。职业教育反贫困的最终目的是将原住民输送到劳动力市场，从而获得经济报酬，实现个人价值和社会价值。企业参与原住民的职业技能培训，能够根据企业的用人标准以及原住民个体的禀赋差异、兴趣和能力，为原住民提供个性化的定向职业培训，确保职业培训与原住民的就业岗位精准对接。三是个体动机和社会责任，推动企业生产长远发展。企业是独立的生产主体，他的经济行为具有明显的个体利益性和经济利益性特征，具有一定的排他性。③企业在促进原住民培训和就业中积极贡献自己的力量，一方面能够促进企业生产发展。当前，澳大利亚非原住民呈现出严重的老龄化发展趋势，在适龄劳动力不足的情况下，企业招聘原住民技术技能人才，并进一步通过在职培训提升他们的职业技能，将其作为企业生产发展的主要劳动力，是企业储备人力资源的重要选择。另一方面能够承担社会责任，回馈社会。在澳大利亚，"很多企业认为，与学校合作对改善其公共关系具有很大的推动

① GUENTHER J，BAT M，STEPHENS A，et al. Enhancing training advantage for remote aboriginal and torres strait islander learners［R］. National Centre for Vocational Education Research，2017.

② GUENTHER J，BAT M，STEPHENS A，et al. Enhancing training advantage for remote aboriginal and torres strait islander learners［R］. National Centre for Vocational Education Research，2017.

③ 庄西真. 职业院校与企业双主体办学的治理结构：逻辑与框架［J］. 中国高教研究，2016（12）：94-98.

作用，企业参与青年培训项目有助于他们在业界获得良好的声誉"①。因此，企业雇用原住民劳动力，并采取有效的措施促进原住民员工长久就业，助力国家"缩小差距"战略的实施，是企业生存和发展的责任担当和价值选择，能够为企业的健康发展赢得良好的社会声誉。

其次，企业参与职业教育反贫困的保障机制。联邦政府建立了奖励激励的保障机制，充分调动企业的主动性，激发企业参与原住民职业教育的内生动力，鼓励企业雇用和留置原住民劳动力。

一方面，联邦政府设立专项财政支持计划，鼓励企业培养和雇用原住民。为了减少企业的经济成本，提高原住民职业培训和就业质量，联邦政府主要通过两种方式给予企业财政支持：一种是直接拨款资助；另一种是通过职业培训项目的方式为企业提供资助，用来支持原住民参与技能培训和就业，丰富原住民的知识和提升他们的技能。一是政府对雇用原住民的企业发放工资补贴（wage subsidy）。工资补贴作为一种财政激励措施，有助于鼓励企业雇主招聘符合条件的原住民员工，降低雇主招聘的成本，使企业在人才招聘的过程中拥有更大的灵活性和自主性。通常，企业可以在6个月内得到由就业服务机构支付的工资补贴，但是如果企业雇用原住民劳动力，便可在更短的时间内获得工资补贴，通常在原住民一开始工作就可以申请领取。② 澳大利亚联邦政府为企业提供不同额度的工资补贴，若雇用原住民，则可获得10000澳元的补贴。工资补贴也适应于企业提供的学徒制和受训生制培训，或者雇用完成国家工作经验项目的劳动力也可以获得工资补贴。③ 二是通过"原住民实习生支持项目"（Indigenous Cadetship Support Program，简称ICS）为雇主提供财政支持。2010年，澳大利亚联邦政府开始实行ICS，它是原住民经济战略的重要组成部分，旨在改善原住民的职业发展前景。ICS针对高等院校的原住民学

① 李敏.澳大利亚行业企业参与职业教育与培训的政策和机制［J］.中国职业技术教育,2009（24）：51-54.

② Australian Government，Jobactive. Financial incentives of up to $10，000 for employers［EB/OL］.［2019-12-20］. https：//docs. jobs. gov. au/system/files/doc/other/clean_financial_incentives_-_up_to_10000_for_employers. pdf.

③ Australian Government，Jobactive. wage subsidy［EB/OL］.［2019-12-20］. https：//jobsearch. gov. au/employer- info /wage-subsidies.

生，支持他们到私立机构、公立机构和社区等机构进行实习。原住民学生除了在学校接受全日制学习之外，每年应有12周的时间在企业内实习，实习时间可根据个人和雇主的需求自行安排，如不同学年之间交叉进行、在一个学年内完成、或者在假期内等。原住民学生实习制度的建立，能够将原住民学生与雇主联系起来，有助于他们在工作本位的学习中积累工作经验，提高职业能力和增强自信心，同时，帮助雇主招聘和雇用原住民劳动力。联邦政府每年为 ICS 提供高达15400澳元的资助，一部分拨付给企业，用于支付原住民学生在实习期间的工资；另一部分用于资助原住民学生的生活费，以及与学习有关的其他花费，如往返实习地和居住地之间的交通费等。[1]

另一方面，澳大利亚政府对雇用原住民学徒的企业给予一定的奖励。政府与学徒网络供应商签订合约，为雇主及学徒提供支持服务和推行学徒奖励计划。澳大利亚学徒奖励项目（Apprenticeships Incentives Program）提供多种奖励措施，在学徒开始、重新开始或完成培训时，企业可以获得政府给予的资金资助（如表5所示）。例如，南澳大利亚州的"原住民学徒制项目"（Aboriginal Apprenticeship Program），为雇用16岁以上原住民的私立部门雇主提供奖励，企业在为原住民开展的4年学徒培训中，最高可以获得1.2万澳元的奖励。[2]

表5 澳大利亚学徒奖励项目对企业雇主的奖励方案

补助项目	补助细节
学徒制启动奖励（Commencement Incentives）	企业为一名新学徒提供Ⅱ级资格证书培训，可获得1250澳元；提供Ⅲ、Ⅳ级资格证书培训，可获得1500澳元。

① CHARLEY B. The indigenous cadetship support program corrective services new south wales［EB/OL］.［2019-12-20］. http: //csa. intersearch. com. au/csajspui/bitstream/10627/441/1/The-Indigenous-Cadetship-Support-Program. pdf.

② Australian Apprenticeships. Financial incentives and benefits for employers［EB/OL］.［2019-12-20］. http: //www. apprenticeshipsupport. com. au/ApprenticeshipSupport/media/asa/PDFs/Employers/Incentives/SA. pdf.

续表

补助项目	补助细节
学校本位学徒留置奖励 （School-based Apprenticeship Retention Incentive）	在学生完成中学教育后，企业继续雇用有Ⅱ级或更高等级资格证书的学校本位制的学徒，且至少工作12周，企业可获得750澳元。
学徒结业奖励 （Completion Incentive）	学徒完成Ⅲ、Ⅳ级培训、新学徒完成兼职培训，企业均可获得1500澳元；帮助学徒完成国家技能需求清单中的Ⅲ、Ⅳ级培训，可获得2500澳元。

资料来源：Australian Government. Australian apprenticeships incentives program summary［EB/OL］.［2019–12–20］. https：//austapprent. govcms. gov. au/sites/default/files/2019–06/AAIP%20summary%20Final. pdf.

第五章

澳大利亚原住民职业教育反贫困的
特色项目及其实践方式

　　澳大利亚政府在原住民职业教育政策和相关反贫困政策的指导之下，以
能力理论为理论依据，大力改革原住民职业教育，制定了丰富多样的原住民
职业教育和培训项目，强调以项目的方式助推职业教育反贫困。从反贫困的
理论与实践逻辑上来看，决定项目实效性状况的要素表现为职业教育的方式
与内容、相关主体的地位及其相互关系、运行以及就业状况和质量。澳大利
亚以项目制为抓手的职业教育，强调将原住民作为反贫困的主体，注重建立
协同的合作关系，形成了一套规范成熟的运行机制，是原住民职业教育反贫
困的重要实践路径。

一、满足主体需求是 VTEC^① 反贫困项目的追求

　　澳大利亚职业教育坚持以人为本，以提升原住民的内生脱贫能力为宗旨，
在反贫困的实践中形成了多种凸显原住民需求的反贫困项目，有效促进了原
住民社区的内生发展，增强了原住民社区的能力建设。需求驱动的 VTEC 项
目是澳大利亚创新原住民职业教育实践的一种新型项目，在推动职业教育反
贫困的进程中取得了积极的成果。

---

①　"职业培训与就业中心"（Vocational Training & Employment Centre，简称 VTEC）是澳大利亚在对
　　政府主导发展理念进行反思的基础上，提出的需求驱动（demand-driven approach）职业教育反贫
　　困项目。该项目坚持原住民是重要的反贫困主体，以满足原住民和雇主的需求为出发点，立足
　　提供精准对接从业岗位的职业培训，促进原住民可持续就业，确保了职业教育反贫困的长效性。

（一）需求驱动 VTEC 项目的提出及其要义

澳大利亚基于对传统政府主导的职业教育反贫困项目反思的基础上，提出了满足原住民和雇主需求的 VTEC 项目，以确保职业教育的运行凸显利益相关者的实际需求，提高职业教育反贫困的成效。

1. VTEC 项目是对供给驱动服务项目失真性的回应

澳大利亚政府在反贫困的实践中，不断探索有效的途径和方式，在解决原住民住房、教育、就业等问题时，强调以政府为主导。政府以管理者的身份拥有绝对的决策权和话语权，控制着反贫困资源的分配和供给，在一定程度上和时期内，保证了反贫困项目的正常运行和提高了其效率。公共政策研究专家史密斯（Smith）1973 年在著作《政策执行过程》提出了政策执行过程模型，将公共政策执行分为理想化政策（idealized policy）、执行机构（implementing organization）、目标群体（target group）和政策环境（policy environment），它们是决定政策执行效率的主要要素。从目标和实际执行情况来说，这 4 个要素可以将公共政策分为供给导向和需求导向，通常而言，供给导向公共政策的出发点和落脚点，都凸显了政策制定者的意志，政策的执行者则会一成不变地按照政策的具体要求去开展工作，直接将政策指令转变为现实结果，而很少与目标群体进行互动。[①]

为了全面改善原住民的生活条件，提高原住民的职业教育成果和就业率，联邦政府 2013 年任命安德鲁·弗里斯特（Andrew Forrest）对原住民培训、就业现状和项目的实施情况进行审查和评估。他走访了澳大利亚各地进行实际调研，访谈了数百个对象，听取了关于如何消除原住民和非原住民就业差距的建议。安德鲁·弗里斯特在调查中发现，供给驱动的职业培训项目专注于解决原住民的就业劣势问题，通常是政府凭借其权威性自上而下地进行扶贫资源配置，主动权更多地掌握在扶贫政策和职业教育项目制定者的手中，易形成"大水漫灌"的样态，而且"这种忽视原住民个体和雇主需求的扶贫方式，

---

① 尹利民，赖萍萍. 精准扶贫的"供给导向"与"需求导向"：论双重约束下的精准扶贫地方实践 [J].学习与实践，2018（5）：70-77.

并没有完全实现预期的结果"①。他指出，自上而下的职业培训，并不能真正促进原住民就业，使消除贫困的愿望难以真正实现，一方面，职业培训项目往往脱离原住民个体的实际需要，将原住民的就业寄希望于雇主，要求雇主为原住民提供就业谋生的岗位，常常会出现雇主提供的岗位与目标受益者的愿望不相匹配；另一方面，"尽管原住民通过职业教育和培训获得了Ⅰ级或Ⅱ级职业资格证书，但是，这些证明原住民职业能力的证书难以受到雇主的重视，很少有人凭借此证书找到合适的工作岗位"②。

原住民接受职业培训的内容与雇主所需的不匹配，导致求职者要么不能就业，要么就业质量不高，很难使雇主和雇员双方利益实现最大化。供给驱动项目在实践中存在明显的失真，该项目过多地突显了"供给方"的权利，而没有顾及到与相关主体之间，即"需求方"的互动，忽视了利益主体的需求，导致职业培训内容与原住民和雇主需求的错位，使得项目目标难以充分实现。在澳大利亚原住民反贫困的行动中，原住民和为原住民提供就业岗位的企业是两个最重要的主体，他们的需求应该是政策制定者和项目实施者制定职业教育计划的主要依据，而供给驱动的职业培训项目并没有对相关主体的需求进行关注，导致"为了培训而培训，造成对公共资源的严重浪费"③。供给驱动就业项目的失真，导致原住民的脱贫效果不佳状况，促使政府努力探索出针对原住民贫困问题的更具实效性的职业教育和培训新项目，即需求驱动的 VTEC 项目。

2. VTEC 项目注重培训的效率和主体的需求

为了更好地实现原住民反贫困的目标，需求驱动的 VTEC 项目与供给驱动就业项目相比，更加关注培训资源的效率和主体的需求与互动参与。2014年，联邦政府发布了题为《建立平等—弗里斯特评论》（Creating Parity—the Forrest Review）的调查研究报告，提出了一揽子全面的、以问题解决为本位

---

① ANDREW F. Creating parity: the Forrest review [R]. Department of the Prime Minister and Cabinet, 2014.

② ANDREW F. Creating parity: the Forrest review [R]. Department of the Prime Minister and Cabinet, 2014.

③ ANDREW F. Creating parity: the Forrest review [R]. Department of the Prime Minister and Cabinet, 2014.

的27条建议，这些建议互相依赖，涉及教育、培训、就业服务、住房、土地、福利制度等领域，勾勒了澳大利亚全社会大力改革和消除不平等的蓝图，旨在缩小原住民和主流群体之间的差距，建立一个平等包容的社会。根据报告中的提议，联邦政府开始着力解决当前原住民社区和原住民发展中存在的诸多问题，推行多项政策措施，以落实各项建议的实施。"原住民发展战略"（Indigenous Advancement Strategy，简称 IAS）是2014年联邦政府积极回应安德鲁·弗里斯特调查结果所采取的一项改进措施，它改变了政府提供资金的方式，代替了150多个个别项目和活动，最终将其合并为5大类灵活的、基础广泛的项目，覆盖了关于原住民儿童与教育、就业与经济、安全与福祉、文化与能力、偏远地区发展等多个领域。最新的 IAS 简化和规避了帮扶项目重叠进行的问题，使帮扶的目标定位和任务更加清晰，当地提供服务的机构更容易组织和加强治理，以确保就业培训和支持更好地满足原住民社区和原住民劳动力的需求。其中，"就业、土地和经济"（Jobs, Land and Economy）是 IAS 优先关注的议题和工作重点，也是其反贫困行动遵循的逻辑思路，旨在通过为原住民提供职业培训，开发原住民人力资源，增加原住民可持续性就业的数量，并创造适当的条件和提供一定的奖励，促使他们能够广泛参与社会经济活动。

　　"职业教育和培训的有效性，取决于教育和就业系统参与者之间的互动质量，这保证了职业培训供给和需求的一致性。"[1]在实现"就业、土地和经济"反贫困目标的追求下，澳大利亚政府提出了多项倡议提高原住民的职业教育和就业质量，其中之一的 VTEC 项目，它把企业和原住民个体的需求作为工作的出发点，坚持以"需"为主导，以"需"启动"供"，只有充分反映需求者诉求的供给才是有效的供给，即需求响应的供给。VTEC 作为专门帮助处境不利弱势群体顺利就业而设计的反贫困项目，其中70%的服务对象都是原住民，无论原住民是居住在偏远地区还是生活在城市，以及其个人教育背景如何或者是否具有工作经验，他们都可以得到个性化的职业培训和专门的就

---

① THOMAS B, KATHERINE M C, URSULA R, et al. Beyond employment engagement: measuring education-employment linkage in vocational education and training programmes [J]. Journal of Vocational Education & Training, 2018（4）: 524-563.

业服务支持，以确保他们真正就业。目前，澳大利亚共有30个VTEC提供商（VTEC Provider），如原住民就业项目联盟成员、雇主、注册培训机构等，它们分布在澳大利亚各州和领地，在支持原住民可持续就业方面具有丰富的经验。

（二）需求驱动VTEC项目有序的运行架构

职业教育反贫困的最终目的是通过提高原住民就业质量，拔除穷根，切断穷路。VTEC项目为原住民提供了一系列职业教育和就业支持服务，构建了跨部门、全社会协同参与的职业教育反贫困格局，从原住民社区参与、帮助原住民做好就业准备、提供职业培训和就业后支持四个方面提升原住民参与职业教育的主动性，确保他们获得体面就业。

1. 社区参与：将原住民社区作为可持续减贫的主要参与者

参与是人类的基本需求。参与式发展源于西方经济学的发展理论，"它的成形源于罗伯特·钱伯斯（Robert Chambers）自20世纪80年代起开始的坚持不懈的倡导和推动"[1]。它最早被用于扶贫和农村发展的领域，强调尊重差异、平等协商，主张在外来者的协商指导下，促进社区成员广泛参与，实现社区及其成员的可持续发展。[2]因此，社区作为可持续减贫和发展的主要参与者，是澳大利亚VTEC项目运行的主要力量。社区参与是VTEC提供商与原住民社区合作的一种有效方式，提供商深入原住民社区，在尊重原住民文化和传统习俗的前提下与原住民社区建立合作互信关系，开展职业培训和就业服务的宣传活动，帮助原住民学生和待业的适龄劳动力了解反贫困项目、相关原住民就业的优惠政策，以加强他们对职业教育反贫困政策的了解，提高他们参与培训和就业的积极性；VTEC提供商定期面向原住民社区举办招聘宣讲会，讲解各雇主招聘的流程和具体岗位的职能要求，使原住民能够就近及时了解特定岗位的技能要求、入职条件和福利待遇等，获得更多的就业信息。加强原住民在职业教育反贫困中的决策是社区参与的另一个表现。澳大利亚

---

① 李欧.参与式发展研究与实践方法：在发展与项目的规划和管理及组织发展中的应用[M].北京：社会科学文献出版社，2010：4.

② 黄磊，胡彬，刘桂发.参与式发展理论：一个文献综述[J].大众科技，2011（11）：231–233.

多项职业教育政策提出要加强原住民在政策制定中的参与，提高其知情权和决策权，这是实现原住民主动脱贫的内在要求之一。供给驱动的职业教育是政府通过对当地经济发展状况和劳动力市场的客观分析之后，根据就业岗位现状制定出反贫困培训项目，尽管这些项目在一定程度上符合市场的需求，然而在培训中采取"一刀切"的做法，让原住民求职者"被动"地去参与培训，容易使其产生抵触情绪，培训效果不佳，使政策执行和扶贫项目易偏离设定的目标，影响反贫困的效果。VTEC项目的运行吸引原住民社区的参与，可以发挥原住民社区的凝聚力和主导优势，通过自下而上的组织方式，激发原住民参与培训项目的全过程，他们不仅是项目的受益者，而且也是决策者和实践者，帮助原住民实现从"被动扶贫"到"我要脱贫"，从而形成长效的可持续反贫困机制。

2. 工作准备：搭建起原住民顺利进入就业岗位的桥梁

工作准备是促使原住民从学校或待业状态顺利走上工作岗位的一种有效途径，旨在通过提高他们的职业技能，使其提前为进入职场做好准备。通过对原住民就业报告分析发现，一些原住民学生尽管获得了职业资格证书，但是仍没有做好就业准备，对于未来的职业发展缺乏清晰的认识和规划；此外，长期处于待业或失业状态的成年原住民劳动力技能水平较低，遭受就业挫折后自信心严重缺乏，重新进入劳动力市场的勇气不足。[①] 针对原住民的这些就业问题，VTEC提供商首先对他们先前工作经验和技能水平进行认定，实行分类管理，再根据原住民个体禀赋差异制定了个性化的培训方案（customised training for individuals）。VTEC项目的工作准备服务主要包括3项内容：

第一，提供外部支持（external support），包括卫生、住房、健康服务和心理指导等，通过诸多的外部服务支持，全面帮助原住民扫除就业的障碍，为进入劳动力市场做好充足的准备。第二，提供软技能（soft skills）培训。一般而言，软技能被认为是"基础技能"（foundational skills）、"个人技能"（personal skills）、"非技术技能"（non-technical skills）。它是劳动者应具

---

① Generation One. News letter May 2017［EB/OL］.［2020-01-07］. http://generationone. org. au-assets. s3. amazonaws. com/content/uploads/newsletters/GenOne-News-Jun-17. pdf.

备的一系列特质、知识和技能，是一种可以应用于各类职业领域的可迁移的综合能力，更是挖掘个体更高技能水平的前提和基础。有研究对软技能在工作准备中的价值进行了调查，发现软技能对于提升个人交往能力、工作表现和职业发展前景有积极作用，而初级技能水平的劳动者往往是因为软技能的欠缺而难以吸引雇主的注意力。[①]VTEC 项目开展的软技能培训内容丰富，包括基本认知技能、个人行为特质（personal characteristics）和就业技能，例如算术、阅读、计算机技术、问题解决、批判性思维、团队合作、适应性、诚信、工作纪律和面试技巧等。第三，通过中间劳动力市场（intermediate labour market）积累工作经验。中间劳动力市场是以社区重建为基础来解决贫困群体就业问题的一种有效方式，在帮助贫困人口重新就业方面发挥着重要的作用。[②]中间劳动力市场扮演着中间人的角色，将 VTEC 提供商和雇主联系起来，让原住民在雇主的实际工作环境中进行临时带薪就业以积累工作经验，同时，VTEC 提供商参与原住民工作的全过程并及时给予指导支持，以协助他们顺利过渡到工作岗位。可以看出，中间劳动力市场作为连接原住民和主流劳动力市场的"纽带"，拓展了原住民通向主要就业市场的渠道，卓有成效地解决了原住民就业过程中的诸多实际问题。

3.职业培训：确保原住民掌握谋生的专业工作技能

在终身学习的背景下，软技能是原住民求职者在劳动力市场不同职业转化中所必备的基础性通用技能，为了能够在竞争激烈的就业市场中脱颖而出，原住民还需接受专门的职业教育和培训，掌握特定工作的职业技能（job-specific skills）以应对市场对劳动力的基本要求。职业教育具有促进社会经济发展的社会功能，它的职业性决定了职业教育反贫困应与产业发展相结合，通过产业结构调整推进地方经济发展。为此，澳大利亚政府充分挖掘原住民生活地区的产业发展潜力，依靠自然资源、原住民的传统文化和土地权，大力通过发展旅游服务业、农业、煤矿和文化产业为原住民提供就业岗位，提供了多种与原住民地区产业发展密切相关的专业技能培训（target training

---

① HOPE C. Work readiness standards and benchmarks［R］. ACT，2013.
② BOB M，RICHARD M. The intermediate labour market：a tool for tackling long-term unemployment［R］. Joseph Rowntree Foundation，2000.

linked to a job）。

4. 就业后支持：构筑原住民长期稳定就业的屏障

助力原住民就业只是第一步，而确保原住民长期就业是澳大利亚政府一直面临的现实挑战，为了保障原住民职后工作的稳定性，VTEC 提供商在原住民入职后，为雇主和原住民提供连续26周的环绕式支持（wrap around support）。一方面，VTEC 提供商协助雇主提高保留原住民员工的能力。很多原住民在维持长期就业方面比主流群体面临着更多困难，相较于原住民个体自身的原因外，一些主流群体具有天生的优越感，歧视原住民文化和传统习俗，导致原住民经常被排斥在劳动力市场之外，在工作中处于不利的边缘地位。[①]2015年，联邦政府颁布了《原住民就业战略》《Commonwealth Aboriginal and Torres Strait Employment Strategy》，该战略是对安德鲁·弗里斯特调查报告的回应，要求雇主构建一个和谐、多元和包容的工作环境，尊重原住民传统文化和习俗；增加原住民员工的发展机会，确保和其他主流群体享有同等的晋升权利与机会。[②] 因此，VTEC 提供商为雇主及员工开展跨文化培训（cross-cultural training），提高雇主和非原住民员工对原住民文化的理解力和欣赏力，旨在尊重原住民传统文化和原住民的劳动，减少对原住民的排斥和歧视；同时，提供商协助雇主制定多样化的人力资源管理制度，使管理尽可能人性化与灵活化，满足原住民的需求，确保资源分配均等地惠及每一位原住民员工，着力提升原住民的职业认同感。第二，建立导师（mentor）服务制，为原住民提供个性化的指导。"导师服务制是澳大利亚支持原住民入职、留置和职业生涯发展的有效做法，通过具体的职业指导和项目帮扶，可以让新入职的原住民快速了解和适应工作环境，加强他们与雇主、其他员工的互动，有助于提高原住民的工作效率，这种成效是企业管理无法比拟的。"[③]在就业后的指导中，导师主要针对如何与其他员工交流和解决员工之间的冲突等

---

① MATTHEW G，BOYD H，SHAUN L. Increasing indigenous employment rates［R］. Australian Institute of Health and Welfare，2012.

② Australian Government. Commonwealth aboriginal and torres strait employment strategy［R］. Australian Public Service Commission，2015.

③ NOLA P，TRACEY F，ALISON S，WENDY D. Enhancing employment opportunities for indigenous Victorians：a review of the literature［R］. Australian Council for Educational Research，2006.

问题给予原住民指导，通过鼓励和倾听来提高原住民的自信心。

VTEC 项目的实施过程，从深入原住民社区宣传、评估原住民求职者能力、工作准备到特定工作的培训和职后的 26 周支持，这 4 个阶段互相依存，缺一不可，代表了原住民职业生涯发展的方式和成长过程（如图 6 所示）。VTEC 项目提供的职业培训和就业服务，每一项内容都以原住民和雇主的需求为导向，以工作需要和保障而开展的培训，均彰显了 VTEC 项目反贫困的个性化和精准化。

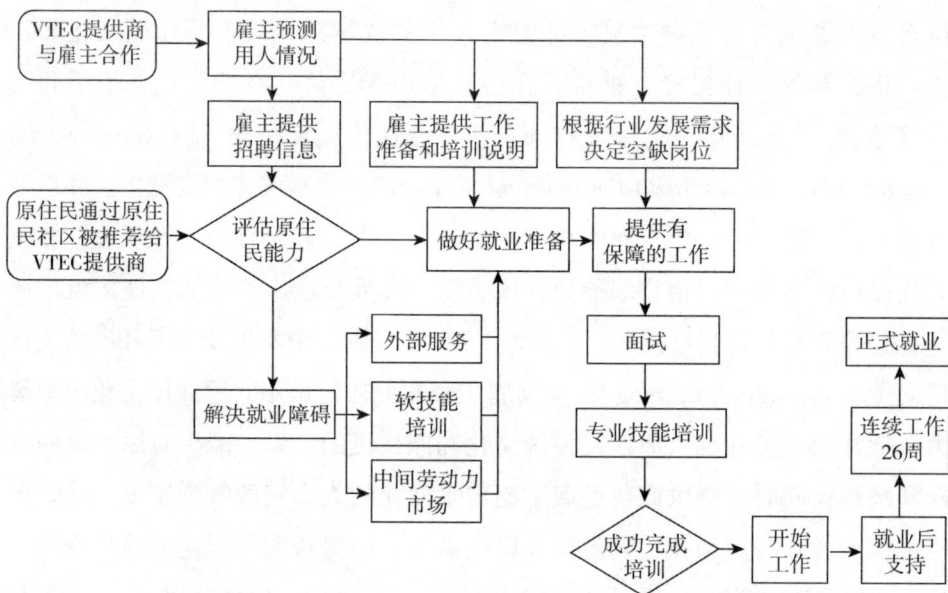

图 6　VTEC 项目的运行架构

（三）需求驱动 VTEC 项目三位一体的育人机制

为了避免各机构之间重复交叉实施培训，实现优势互补，整合和共享优质资源，提高职业培训的成效，VTEC 提供商与 TAFE 学院和雇主开展合作，形成了"三位一体"的合作反贫困机制。[①]

---

① ANDREW F. Creating parity: the Forrest review［R］. Department of the Prime Minister and Cabinet, 2014.

1. 雇主：决定职业培训的内容

在澳大利亚，企业是职业教育办学的重要力量，以多形式和途径参与到人才培养、技术创新和职业教育治理中，因此，澳大利亚政府极其重视企业在原住民反贫困中的作用。企业是市场的主体，是以利益最大化为主要目的，如果把职业教育机构培养的人才看作是"商品"，那么企业则是"商品的接收者"，企业是否接收取决于商品的质量高低，其在生产中具有价值以及能创造更大的价值，这是企业的利益诉求，因此，求职者的技术技能水平和综合素质将决定其能否顺利就业。[①]"雇主比任何参与者都更清楚行业的用人标准，他们在职业培训目标和内容制定方面更具有话语权"[②]，所以，满足企业雇主需要的培训是帮助原住民顺利就业和摆脱贫困的关键。

一般而言，雇主根据行业发展趋势，参与原住民职业培训项目的开发，制定具体的工作岗位准备和培训要求（job readiness/training specifications）。雇主需求导向的 VTEC 项目，能够有效将职业培训与某一特定行业的技术需求直接联系起来，使原住民的技术技能精准对接未来从事的工作岗位，确保原住民的人力资本价值能够满足企业的生产和发展之需求。

2. TAFE 学院：开展职业培训的主体

澳大利亚职业教育处于世界领先水平，约有4600所注册培训机构，包括 TAFE 学院、企业、社区服务机构、行业组织等，形成了庞大的职业教育和培训系统，其中，TAFE 学院是澳大利亚进行职业教育和培训的主体，成世界职业教育的典范。TAFE 学院提供高中、专科、本科到研究生阶段的职业教育和学徒制培训，培训形式灵活多样，所有经认证的培训课程内容广泛，涉及建筑、煤炭、畜牧业、机械、旅游、海洋资源、土木工程等20多个行业领域，受到了社会不同群体的普遍欢迎。为了能够有效整合优质资源，提高原住民的职业技能，VTEC 提供商将培训服务直接外包给以 TAFE 学院为主的培训机构。

---

① 孙健，臧志军.企业主体型高职教育校企合作模式研究［J］.中国职业技术教育，2017（24）：87-92.

② ANDREW F. Creating parity：the Forrest review［R］. Department of the Prime Minister and Cabinet，2014.

"职业教育主要关注与工作世界相关的知识和技能的获取，以在知识经济中增强人们获得生产性工作、可持续生计、能力及实现社会和经济发展的机会。"[①]TAFE 学院作为 VTEC 项目中职业培训的提供者，按照雇主制定的用人标准和技能培训内容，为原住民提供就业前和岗位培训（pre-employment and job training），培训内容除了工作岗位的专业技术技能之外，还包括非职业技能培训，如驾驶技术、阅读、基本财务、计算机、英语语言表达等知识和技能。在培训过程中，VTEC 提供商的导师会对原住民进行一对一的指导，跟踪了解培训的进度情况，并对出现的问题给予及时帮助。TAFE 学院高质量、灵活的课程培训，可以让原住民在短期内做好就业的准备，获得 II 级以上国家认证的职业资格证书。培训结束后，VTEC 提供商将具有职业技能和做好就业准备的原住民劳动力输送到有需求的企业，开启他们的职业生涯。

3. VTEC 提供商：原住民获得稳定就业的有力依靠

让原住民获得有意义的工作是澳大利亚联邦政府的一项优先发展事项。VTEC 提供商作为劳动力市场中沟通原住民和雇主的桥梁，是促使供给与需求双方形成劳动关系的第三方机构，能够有效解决原住民就业与工作岗位需求一一匹配的问题。VTEC 提供商本着对原住民和雇主负责的态度，与雇主建立了长期合作的业务关系，提前从雇主那里了解他们的招聘计划和用人需求，然后根据原住民的兴趣和能力将工作进行一一配置，再为原住民提供特定工作岗位的职业培训计划，力戒"为了培训而培训"的现象。培训结束后，VTEC 提供商将具有良好职业技能和做好就业准备的原住民求职者推荐给雇主，使他们实现长期而又稳定的就业。

企业雇主、TAFE 学院、VTEC 提供商三者之间的合作是在一定要求约束、政府的监督下共同进行和完成的，只有明确各自的职责，并按照规定履行承诺，才能够形成稳定长效的反贫困机制（如图7所示）。"三位一体"的合作育人机制充分实现了反贫困资源价值的最大化，一方面，VTEC 提供商和TAFE 学院帮助企业承担了招聘、培训的重任，减少了企业成本和雇用原住民

---

① 尼古拉斯. 博内特, 李玉镜, 程宇. 为了人类可持续性的技术和职业教育与培训［J］. 职业技术教育, 2009（30）: 78-79..

劳动力的隐忧，能够有效吸引企业参与到反贫困的行动中；另一方面，企业也根据市场的用人需求和原住民的脱贫需要，有效地制定职业教育和培训的内容，能够确保原住民职业教育和培训的质量与脱贫成效。

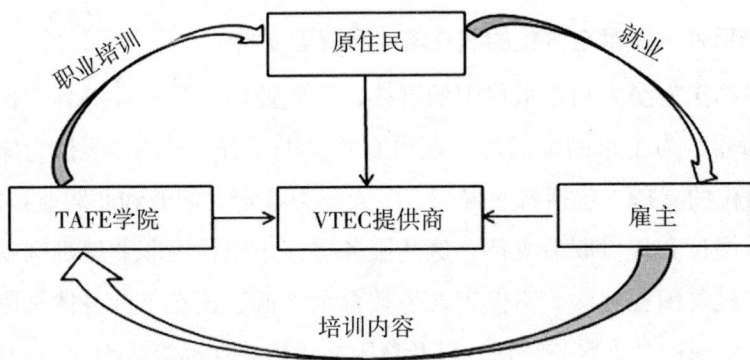

图 7　VTEC 项目"三位一体"的育人机制

（四）需求驱动 VTEC 项目精准匹配的特点

需求驱动的 VTEC 作为提升原住民人力资本和促进其充分就业的职业教育反贫困项目，它是指导原住民可持续发展的一项综合的减贫措施，彰显了精准匹配性的特征。

1. 匹配性：反贫困培训资源精确瞄准原住民需求

人类对于社会发展及其参与活动的根本追求或内生动力来自人类生存和发展的需要。如果职业教育反贫困与贫困人口的实际需求和利益相抵触，只关注可以量化的经济指标而忽视人的需要，反贫困则背离了以人为本的理念，是不完整的。因此，"职业教育和培训必须与社区的愿望和发展目标相联系"[①]。澳大利亚 VTEC 项目秉持可持续性和包容性发展的理念，依托原住民社区开展职业培训和就业服务项目，将其作为推进职业教育反贫困工作的关键力量。VTEC 项目中社区参与的职业教育反贫困路径，通过赋予原住民参与权和话语权，将原住民个体的发展和其生活的社区紧密联系起来，吸引他们

---

① FOGARTY W，SCHWAB R G. Indigenous education experiential learning and learning through country[R]. Aboriginal Economic Policy Research，2012.

积极参与职业教育反贫困的每个过程，建立了自下而上的职业教育反贫困资源供给机制，确保了职业教育资源配置精确瞄准原住民和社区的需求，提高了职业教育资源响应原住民需求的效率，有效解决了资源供给与需求的衔接问题。

2. 全面性：提供全方位的职业培训和就业支持

原住民作为澳大利亚最贫困的群体，在职业培训和就业等各方面都面临着多重障碍，为了帮助他们能够获得有意义的工作，VTEC 项目为原住民提供了全方位的支持，包括就业咨询、个人能力鉴定、职业和非职业技能培训、推荐就业岗位和提供职后支持，这些服务贯穿于原住民职业培训和就业的始终。原住民贫困程度深，不仅表现为教育水平低，还在于其身体健康状况不容乐观，受到社会排斥与歧视，以及贫困文化影响深远等。为此，VTEC 项目对原住民的服务还涉及医疗、卫生等外部支持，并且在全社会构建尊重原住民文化的包容、和谐的人文环境，以从内部和外部减轻干扰原住民就业和职业发展的诸多因素。VTEC 项目倡导的全面性帮扶理念，破除了困扰原住民生存和发展的多重障碍，有助于增强他们的发展意识和提高其反贫困能力，在反贫困结果和效用上实现长久性脱贫。

3. 一致性：反贫困凸显与原住民文化的适应性

澳大利亚 VTEC 项目在运行的过程中强调尊重原住民传统文化和习俗，反贫困措施应符合原住民群体和雇主的价值观与需求，从源头上保证反贫困资源和对策更具有针对性，能够有效提高反贫困的成效。具体而言，VTEC 项目在推进职业培训和就业服务的过程中，根据原住民的传统文化和习俗，按需施策，对职业教育的环境和结构进行重新改造，构建了适切原住民文化的职业培训环境，使其能够适应原住民的文化和心理诉求，以减少原住民群体对外部主流文化与现代科学技术的排斥。

4. 导向性：建立基于结果的反贫困拨款制度

澳大利亚联邦政府建立了严格的拨款制度，以加强对原住民职业培训和就业成效的监督，通常，VTEC 提供商只有确保原住民可持续就业 6 个月以上，才可以获得联邦政府的资助。联邦政府基于结果的拨款制度，一方面能够激励所有服务于原住民就业的参与者，在反贫困过程中下功夫花心思，精准发力，提高职业培训和就业服务支持的质量；另一方面有助于减少对财政资源的浪费，把钱用在刀刃上，提高资助资金使用安全度。

职业教育反贫困不仅仅是教育培训者的任务，而是由多个扶贫主体协力完成的共同目标。VTEC 项目将涉及原住民发展的利益相关者凝聚起来，包括政府、原住民社区、TAFE 学院和雇主，VTEC 提供商作为沟通的中间服务机构，有效地协调利益者开展扶贫工作，各利益者不仅目标任务明确，职责清晰，而且互通有无，通力合作。将培训后获得人力资本提升的劳动力输送到就业岗位，是精准扶贫要解决的"最后一公里"问题。VTEC 项目为原住民提供的一体化的个性服务，使职业培训和就业无缝对接，培训后的原住民可以直接获得有保障性的工作。正如 VTEC 报告所言的："原住民劳动者26周就业的保留率远远高于行业水平，这证明了 VTEC 项目的有效性和可持续性。"2016年10月，原住民事务部长奈杰尔·斯卡利恩（Nigel Scullion）指出："VTEC 项目已经成功帮助5000多名原住民劳动者顺利就业，然而这不是结束，政府将继续推动该计划，为原住民提供一体化的支持和服务。"[①]

（五）"金伯利集团培训"的 VTEC 项目的实施

当前，澳大利亚 VTEC 提供商遍布澳大利亚各大州，共同形成了密布的网络体系。本研究以"金伯利集团培训"（Kimberly Group Training，简称 KGT）提供商为例。选择 KGT 作为研究案例的原因有三：首先，从地理位置和经济发展状况来说，金伯利位于西澳大利亚州，占据澳大利亚整个西北角，面积为42万平方千米，是维多利亚州面积的2倍。西澳大利亚州经济基础薄弱和动力不足，贫困程度高，是澳大利亚的贫困地区之一。其次，该地区原住民口比较多，尽管金伯利人口不足4万，但大约有40% 是原住民。再次，KGT 在原住民职业培训和就业方面进行了丰富的实践，积累了诸多经验。KGT 成立于1993年，距今已有27年的发展历史，成立伊始，KGT 致力于为本

---

① VTEC.5000 people into jobs through VTEC［EB/OL］.［2020-01-03］. http：//minderoo. com. au-assets. s3-ap-south east-2. amazonaws. com/content/uploads/2016/10/21174227/GenOne-News-August-2016. pdf.

地区青年人提供就业指导和服务，帮助他们顺利就业；随后，KGT将发展的版图扩大到西金伯利，职业培训和服务群体的范围也进一步扩大，特别强调为原住民增加就业机会，注重加强原住民的职业技能培训；1997年，KGT发展为合作组织（incorporated organisation），重点关注包括原住民在内的弱势群体的职业培训和就业问题，被公认为是金伯利地区原住民就业管理和服务领域的领导者。经过20多年的实践和探索，KGT帮助千余名弱势群体通过职业培训实现了顺利就业，截止到2017年，已有2000名求职者参加学徒制和受训生制培训课程；650名参与者完成培训课程并获得相应的职业资格证书；700多求职者参加职前就业项目，为求职做好了充足准备。[①]

1. 具有明确的反贫困目标定位

自己的目标服务群体，是职业教育和就业机构在履行社会服务中所覆盖的行业范围和地理区域，是其瞄准服务定位的主要影响要素。KGT是一个以社区为基础的独立非营利性组织，作为经认证的集团培训组织，它由管理委员会管理，受到教育和培训部门、联邦就业教育和劳动力关系部门的支持。金伯利地区是澳大利亚社会弱势群体聚集的所在地，如无家可归者、长期失业者、被监禁者、残疾人、酗酒吸毒者、辍学者等，具有较高的失业率。[②]面对人力资本薄弱的现实，通过职业培训和就业服务，为金伯利地区所有失业者提供高质量、可持续的就业机会，减轻原住民和非原住民的贫困，成为KGT的发展愿景和终极目标。因此，KGT秉承"真技能和真工作"（Real Skill, Real Jobs）的宗旨，与雇主和职业教育培训机构合作，确保满足原住民和雇主的需求，促进原住民在KGT找到适合自己的就业岗位，为雇主输送合格的原住民求职者。据统计，KGT超过80%的服务对象都是原住民，原住民成为其主要的反贫困帮扶目标群体。KGT是金伯利地区最大的原住民职业培训和就业服务机构。[③]金伯利地区地广人稀，原住民的居住地点分散偏僻，仍

---

① KGT.2017 another great year for KGT employment［EB/OL］.［2020–01–03］. http：//www. kgt. org. au/downloads/newsletter/KGT_December_Newsletter_2017%20reduced. pdf.

② KGT. About the john gummery skills training skills centre［EB/OL］.［2020–01–03］. http：//www. kgt. org. au/? page=KGT%20Skills%20Centre.

③ KGT. Annual report 2016/2017［EB/OL］.［2020–01–03］. http：//www. kgt. org. au/admin/cms/gallery/KGT_Annual_ Report_2016_17. pdf.

有很多居住在偏远和非常偏远的农村，为了减少因出行往返参与培训而附加的经济成本，保障偏远地区原住民的教育权，使职业教育和培训真正落实到每个人，KGT 分布在本地区的城镇、车站和社区，现共有14个培训点。

2. 职业技能培训服务于区域经济

"职业教育的人才培养是围绕经济和社会发展需求展开的，只有准确把握生产和服务一线的需求，人才培养活动才能具有针对性、时效性与适切性。"[①] 虽然金伯利地区被公认为是地球上仅存的荒原之一，但金伯利地区拥有上百万年的洞穴群和暗礁群，保留着古老的原住民传统文化，是体验澳大利亚内陆风情和原住民文化的绝佳选择。当前，酒店业和旅游业已经成为东金伯利地区经济发展的第二大贡献者。据估计，金伯利地区20亿澳元的经济收益产值中，旅游业达3.93亿澳元以上，占比为19.65%，其中温德姆–东金伯利温德姆郡每年接待游客28.24万人。此外，《澳大利亚旅游业劳动力报告》（*Australian Tourism Labour Report*）指出，澳大利亚酒店业和旅游业未来5年预计还将需要1.2万名新员工。[②] 旅游业能够联合带动其他相关产业的发展，所以，金伯利地区开辟出了一条以旅游业为驱动的脱贫新路径，破解了因地理位置偏远和其他资源有限而制约经济发展的难题。KGT 紧密结合金伯利旅游业发展的需要，与当地诸如库努努拉酒店、库努努拉湖畔度假村等多家酒店建立了合作关系，以对接企业用人的职业标准和要求，明确原住民培训的技术技能。例如，KGT 制定了酒店专业的职业培训和就业项目（KGT VTEC Hospitality Program），在职业培训项目和课程的安排上，将与酒店服务有关的技术技能作为原住民职业培训的重点，通过短期课程或学徒制培训，为原住民求职者提供通用的基础技能和专业技术技能。

3. 形成区域联动的合作育人机制

为了提高原住民职业教育和培训的质量，KGT 深化与 TAFE 学院、企业雇主等利益相关者的合作，充分利用不同职业教育机构的资源，发挥他们在

---

① 高鸿，赵昕 . 论企业举办职业教育的主体作用［J］. 中国职业技术教育，2014（12）：17–21.

② KGT. Community report［EB/OL］.［2020–01–03］. http: //www. kgt. org. au/admin/cms/gallery/ KGT_ Annual_ Report_2016_17. pdf.

酒店服务行业人才培养的比较优势，建立了多方合作和区域联动的育人机制。

一是 KGT 依托技能中心，确保原住民做好工作准备。2014年，KGT 技能中心（KGT Skills Centre）在库努努拉成立，它受澳大利亚区域发展（Regional Development Australia）项目资助，帮助原住民做好就业前的工作准备。技能中心配备了最先进的现代化设备，包括工业化标准厨房（industry standard kitchen）和多功能厅（function room）共两个工作坊。KGT 技能中心实践教学基地的建设，将个人的专业技术技能和读写、算术等基础技能结合起来，确保原住民在仿真的工作环境中获得实践技能，以顺利过渡到真实的工作岗位。

二是北区 TAFE 学院（North Regional TAFE，简称 NRT）提供专门的职业技能培训。NRT 位于金伯利地区，是西澳大利亚州北部最大的职业教育和培训机构，共有11个校区，每年为8000多名学生提供200多种国家认证的职业资格证书和短期课程培训，此外，培训项目还包括非认证项目、工作准备项目、读写和计算等技能集（skill sets）。[①] 合作关系是确保职业培训取得良好就业成果的关键因素，NRT 是 KGT 开展原住民职业培训的重要合作伙伴，NRT 为 KGT 的参与者提供凸显行业标准的培训和支持服务。例如，NRT 的酒店课程（hospitality course）分为5个不同的等级和水平，职业资格证书（从Ⅰ级到Ⅳ级）和研究生文凭，所有的课程教学形式灵活多样，可以面对面或者在线远程学习，满足不同原住民的需求。此外，除了统一的证书课程和文凭外，NRT 酒店课程还开设了短期课程和就业前培训课程。KGT 的酒店课程以能力为本位，根据原住民的个人文化背景和职业发展需求，鼓励他们接受不同性质和层次的课程培训。例如，基于酒店管理Ⅰ级证书作为入门级别的职业资格证书，酒店管理课程主要为原住民提供基本的酒店管理相关的实践技能和知识，课程由核心模块和实践模块构成，核心技能课程包括沟通交流、提供客户信息等；实践模块涉及食品安全、清洁酒吧、制作简单菜肴、使用食物制作设备等。此外，NRT 建立了符合行业标准的餐厅作为校内实践教学基地，支持原住民在实际操作中提高动手能力。

三是雇主助力 KGT 的人才培养。雇主是职业教育人才培养的主要利益相

---

① North Regional Taef. About us［EB/OL］.［2020-01-03］. https：//www. northregionaltafe. wa. edu. au/about-us.

关者，调动雇主的主动性和积极性，使其作为原住民职业技能培训的重要主体，是 KGT 提高人才培养质量的必然选择。为了有针对性地为企业培养相关技术人才，提高人才培养的实用性和实效性，KGT 与雇主之间建立了多形式的合作，达成了校企之间的"双赢"。一方面，开展岗位实习。2015年 KGT 与温德姆 – 东金伯利郡名为"Boab Lounge"的咖啡馆签订了合约，建立了合作伙伴关系，这一创举代表了 KGT 在创新人才培训模式中的一次尝试与实践。Boab Lounge 为原住民提供了真实的工作环境，原住民可以直接参与各项工作，近距离与顾客接触和互动。Boab Lounge 有经验的员工现场为原住民给予指导，帮助他们在实践中提高职业技能和获得宝贵的工作经验。另一方面，建立企业参观制度（industry visits）。KGT 充分利用合作雇主的优势，让原住民参观、访问相关企业，深入实际了解未来就业行业的发展状况，与企业内有经验的员工进行交流，有助于原住民明晰企业的用人标准。同时，能够增强雇主对潜在原住民求职者的认识，以有效提高原住民就业成功率。KGT 区域联动的合作育人机制，很好地将人才培养与雇主的需要相衔接，充分发挥了各主体的优势和互补作用，使原住民培训结束后即可直接就业，帮助他们尽快实现脱贫。

　　KGT 向所有参与 VTEC 项目的原住民提供一对一的个性化指导，他们完成规定的培训后，可以直接就业，也可以继续通过学徒培训获得更高级别的职业资格证书。根据 KGT 年度统计报告，在 2016—2017年，已有38名原住民通过 VTEC 项目获得了就业，50名参与者获得了为期6个月的就业后支持。①

二、彰显赋权思想是社区主导发展反贫困项目的理想

　　在艰难的反贫困道路上，反贫困行动必须思考谁应是反贫困的主体、反贫困的目标是谋求谁的发展？应该采取何种反贫困方式才更有效，这是反贫困应首要明确的根本问题，决定了反贫困行动的思路与实践方向。20世纪90年代，世界银行和一些国际组织提出了"社区主导发展"（Community Driven

---

① KGT. Annual report 2016/2017［EB/OL］.［2020–01–03］. http：//www. kgt. org. au/admin/cms/gallery/KGT_Annual_ Report_2016_17. pdf.

Development）的反贫困理念，主张将反贫困资源的管理权和控制权交给社区，赋予社区及其成员参与权和决策权，依靠贫困人口的内生动力推动反贫困项目的实施，使贫困群体在脱贫过程中能够有效地自我组织、自我管理、自我监督和自我服务。[①] 社区主导发展理念被广泛应用于各类原住民反贫困的项目中，如社区卫生、水利和道路等基础设施建设、医疗服务、母婴营养、教育和培训服务等，被国际社会认为是改善贫困治理结构和促进原住民可持续发展的有效反贫困方式。

为了构建一个公平与包容的社会，澳大利亚政府依据社区主导发展理念治理原住民的贫困，并进一步落实在被奉为脱贫"秘密武器"的职业教育和培训实践中。职业教育和培训是社区主导发展反贫困项目的重要抓手，也是更好实现反贫困目标的根本保障和有效途径。社区主导发展项目与职业教育和培训的深度融合，可以充分实现"赋权"和"提能"，确保反贫困路径的最优化和脱贫效果的持久性，为世界职业教育反贫困提供一个很好的例证。

（一）社区主导发展项目的运行机理

区别于传统自上而下的反贫困项目，社区主导发展的职业教育反贫困项目在实践的过程中强调赋予贫困人口权利，坚持以能力提升为本位，注重形成以贫困人口为主体、外部力量为辅的反贫困网络。

1. 赋权：实现社会参与

1995年，联合国出版的《社区发展推动社会进步》（*Social Progress through Community Development*）报告指出："社区发展是由社区全部成员积极参与、充分发挥其创造力以促进社区经济社会发展的过程。"[②] 吸引社区成员参与到关乎自我发展和社区贫困治理，首先应明确他们在治理过程中的角色和功能，而重建社区权力结构，向贫困人口赋予权利应成为重中之重。社区主导发展作为一种自下而上的贫困治理理念，它的核心是通过赋权的形式，将解决贫困问题的控制权和决策权下放给贫困人口及其生活的社区，使他们获

---

① PHILIPPE D, JULIE V D, ELINOR O. A sourcebook for poverty reduction strategies: chapter 9 community driven development [M]. Washington D. C: Word Bank Publications, 2002: 303.

② United Nation. Social progress through community development [R]. New York, 1995.

得表达自我诉求的权利。从广泛意义来说，赋权是政府在反贫困和社区治理过程中对权力的再分配，权力结构的变化和重新分配，可以使排除在社会政治经济活动之外的贫困人口被包括进来。和谐、包容、稳定的社会是以权利为基础的，因为只有在权利平等的框架下，社会成员才能不分贫富而一律成为社会的正式成员。因此，赋权就是扩大选择和行动的自由，它意味着加强个体的权利，使其能够控制对某种影响其发展资源的使用。"人类发展是一个不断扩大人的选择权的过程。"[①] 赋权作为一种以人为本的方法，"它的本质在于将贫困人口置于减贫和发展的中心，将他们视为重要的反贫困资源，表示贫困人口平等参与讨论、行使自己权利的过程，而不是反贫困过程中的棘手问题"[②]。

职业教育和培训是澳大利亚政府给予原住民最具效用的一种福利，它不仅关系到教育和培训权的实现，而且，在过程中和结果上都体现和决定着原住民参与社会的状况和能力。在现实中，即便很多原住民参与了政府提供的职业教育和培训，但政府主导的自上而下的职业教育供给方式往往脱离原住民和社区的发展需求，导致培训的成效并没有取得预期的结果。社区主导发展反贫困项目的赋权思想，首先可以落实在提升原住民人力资本的职业教育与培训中，以改变现存的权利缺失而导致的职业教育与培训低效的状况，而这种在过程中的赋权，最终又决定着原住民在脱贫中社会参与的能力和状况。因此，赋权作为一种凸显原住民和原住民社区作为反贫困主体的重要举措，是落实他们作为参与者和决策者对项目的运行、管理和评估等享有主要权利和担负责任的前提和条件。

2. 能力：履行脱贫的责任

实现贫困人口在社会政治经济活动中享有平等的待遇，有效在反贫困资源配置中表达个人的诉求，不仅在于赋予其参与和决策的权利，还应提高他们参与反贫困项目的能力，以更好地履行自我脱贫致富的责任。因此，社区主导发展的反贫困项目，非常注重贫困人口的能力建设，对贫困人口的综合

---

① United Nations Development Programme. Human development report 2016［R］. New York, 2016.

② NARAYAN D. Empowerment and poverty reduction: a sourcebook［M］. Washington D. C: World Bank, 2002: 17.

能力提出了要求，如具备从事生产、管理、服务的经济能力；参与社会活动的政治能力；过文明生活的反贫困文化的能力，这种能力不仅有助于帮助他们实现脱贫，而且能够促使他们获得可持续性长久发展，而非短暂性的脱贫。赋予贫困人口和社区相关权利，从本质上说是国家法律和制度层面上的外部增权，其主体是国家的权力机构和各级政府，但这种权利最终是否实现以及是否被有效履行，取决于权力受体即贫困人口依靠自我内部力量的自主增权，如果贫困人口自身能力低下，那么对于外部增权带来的权利并不能充分实现，同时，社区的权利也就不复存在，脱贫也就难见成效。[①] 因此，作为反贫困过程中最主要的利益相关者主体，社区及其成员必须提升其自我发展能力，以避免因其边缘性地位权利被合法性侵占，实现权利的主体和受体的同一性。

赋予贫困人口在反贫困资源配置中的决策权，让他们能够真正地参与反贫困项目实施的全过程，最为重要的是通过职业教育和培训赋能，即实现他们人力资本的提升，以确保贫困人口依靠自身的力量解决贫困问题，否则，即使他们被赋权，也会因发展意识和能力的薄弱而难以摆脱被边缘化的处境。在终身学习的背景下，能力本位的职业教育已成为澳大利亚对原住民的贫困进行早期干预、补偿矫正和促进社会合理流动的主要手段。因此，职业教育与社区主导发展反贫困理念的有效结合，不仅使原住民在职业教育和培训中具有更多表达个人权益的机会，而且他们互相讨论、共同决策和参与培训的过程，能够切实提升自己的就业能力，获得履行自我脱贫权利与承担脱贫责任相一致的能力资本，相反，拥有权利只是一句口号或纸上谈兵。

3. 合作：提高反贫困成效

合作是社区主导发展反贫困理念的基本原则之一。世界银行对社区主导发展项目进行定义时，明确指出社区应和外界机构、组织建立稳定的合作关系，外界部门的指导是促进社区提高反贫困能力，有序开展反贫困项目的重要智力支持和资源保障。外界部门种类多样，每个机构在合作中的角色不尽相同，主要形成了3种合作方式，分别是：社区与当地政府建立合作；社区与

---

① 潘植强，梁保尔等.社区增权：实现社区参与旅游发展的有效路径［J］.旅游论坛，2014（6）：43–49.

私立组织合作，如非政府组织或私营企业；社区和中央政府建立直接合作。^①

　　澳大利亚在实施社区主导发展项目的反贫困过程中，注重原住民社区与外界组织机构建立合作伙伴关系，以提高反贫困的成效，如有研究指出："原住民及原住民社区主导的项目成功的关键，在于其与合作组织建立了强有力的、相互信任的关系。"^②澳大利亚学者约翰·波顿（John Burton）在案例研究中系统总结了建立伙伴关系的原则，分别为：以保持长期、信任的可持续关系为承诺；尊重原住民的传统文化、历史、生活经验；给予原住民决策权；合作的目的在于改善原住民和原住民社区的长期福祉；各参与主体为共同的目标和活动分担责任；将过程要素视为支持和形成伙伴关系的组成部分；致力于解决原住民面临的不平等或歧视的社会现象；对原住民采取不同的工作方式、主流方法并一定适应于原住民社区或者是有效的，因此要持开放的态度，因地制宜，按需施策。^③此外，研究者莫利（Morley）在《什么在有效的原住民社区管理项目和组织中起作用》（What Works in Effective Indigenous Community-managed Programs and Organisations）的报告中总结了形成良好信任合作关系的十余种方式，如雇用原住民工作人员管理本地特有的服务事项；对已经或未采取的行动提供反馈；确保原住民参与项目规划、执行和评估的所有阶段；与社区内现有的原住民领袖和组织结构合作等。^④可以看出，社区主导发展反贫困项目中的原住民职业教育，不仅需要原住民个体的积极参与，同时，离不开职业教育培训机构、企业雇主、政府等其他利益相关者的技术和资金支持，只有这样，才能确保反贫困任务取得良好的成效。

① PHILIPPE D, JULIE V D, ELINOR O. A sourcebook for poverty reduction strategies：chapter 9 community driven development［M］. Washington D. C：Word Bank Publications，2002：309.

② CAMPBELL D, PYETT P, MCCARTHY L. Community development interventions to improve aboriginal health：building an evidence base［J］. Health Sociology Review，2007（3-4）：304-314.

③ JOHN B. Opening doors through partnerships：practical approaches to developing genuine partnerships that address aboriginal and torres strait islander community needs［R］. Secretariat of National Aboriginal and Islander Child Care，2012.

④ MORLEY S. What works in effective Indigenous community-managed programs and organisations［R］. Australian Institute of Family Studies，Melbourne，2015.

（二）社区主导发展项目的信守原则

社区主导发展的职业教育项目在运行的过程中，形成了凸显人本思想和可持续的特点，是指导原住民可持续发展的综合减贫实践。

1. 突出原住民在反贫困中的主体性

社区主导发展反贫困理念是一个赋权的过程，赋权从本质上将贫困人口作为反贫困的主体，改变了传统上贫困人口在反贫困项目中的客体身份，"它能够促使贫困人口对本地区正在实施的反贫困项目更具主人翁意识和责任感，有助于帮助社区减少对外部力量的依赖，从而激励他们依靠自我内生动力战胜贫困"[1]。澳大利亚社区主导发展项目充分重视和尊重原住民的本土化知识和技能，强调反贫困工作是为了促进原住民发展实行的一项任务，而原住民不仅是发展的终极受益者，更是主导者和参与者。在反贫困和实现经济发展的过程中，只有突出强调人的发展，发展才是有意义的、全面的和可持续性的；只有人的主体性得到重视，人在减贫中的主动性才能够被强化。反贫困不仅是人类发展的目标，更是过程和结果，意味着贫困人口必须参与对其生活产生影响的过程，并发挥自身作用。忽视贫困人口的主体性地位和作用，将反贫困的利益主体排斥在贫困治理的队伍之外，容易导致其在反贫困过程中处于被动地位，出现本末倒置和顾此失彼之嫌。因此，社区主导发展反贫困的赋权行为，从机制和制度上确保和明确了原住民的参与权，并保障了原住民的公平权益，使他们及其生活的社区成为反贫困工作的决策主体、行动主体和受益主体，能够切实改变贫困人口和社区参与不足的状况。

2. 注重形成原住民的脱贫心理支持

贫困不仅是一种社会活动，也是与文化、人的心理密切相关的精神活动和心路历程。在原住民的脱贫中，对原住民文化中那些消极因素进行积极干预，以消解它的不利影响，就是根除贫困文化致贫的因素。众所周知，人是文化的产物，人的本质规定性是文化，它代表了某一群体的生存方式，决定着人以及社区的发展状况、发展方式和动力。社区和社区中的人是一种文化

---

① LIVINGSTONE D. Community development through empowerment of the rural poor ［R］. The University of New South Wales，2007.

存在。"没有原住民内心对美好生活的强烈向往和行动上的积极参与，我们所做的任何努力，都不可能取得良好的效果。"①原住民积极参与职业教育和培训的决策以及所有事务的过程，就是改变他们的被动文化心态，形成主动的心理态势，"获得或体悟谋求和参与促进社区集体事务发展带来的心理上的自豪感和自信心"②的过程。话语权、决策权和职业教育与培训机会，能够使其亲身体验到被尊重，改变漠不关心的态度，并主动积极依靠自己的力量去改变贫困状况。随着原住民个体和社区在职业教育反贫困中获得感的增强，一种积极的文化也随之形成，在社区的生活中他们相互影响、鼓励和支持，参与各种现有的反贫困项目。同时，他们自己也会谋求发起反贫困行动，有效增强所有社区人员对社区集体减贫事务的关注，减轻国家贫困治理的行政负担，以逐渐消除贫困文化以及阻断它的代际传递，为彻底脱贫奠定文化心理基础，形成摆脱贫困的心理支持机制。

3. 追求可持续发展和永久脱贫效用

社区主导发展作为当前被国际社会普遍认可的减贫理念，强调社区和社区成员的内生性发展，其中对"本人"或"自己"的重视，抓住了反贫困的关键，确证了贫困者自己应在脱贫中处于主体性地位的认识，明确了反贫困应是唤醒发展意识和激发贫困群体创造力量的过程。社区主导发展作为有别于传统上过分依赖外在力量的自主发展项目，是促进贫困人口脱贫和发展的一次创新和转变，创立了一套行之有效的范式，保障了贫困人口在反贫困项目中的话语权和决策权，使反贫困的成效更具持久性。社区主导发展理念下的职业教育项目，积极吸引原住民社区和原住民的广泛参与，通过自下而上的组织方式，充分发挥原住民社区的凝聚力和主导优势，激发原住民参与职业教育反贫困项目的全过程。社区主导发展与职业教育的有效结合，不仅赋予了原住民参与职业教育反贫困项目设计、管理的权利，更给予其实施权利和职业发展的技能，使其从根本上具备了自主长久脱贫和抑制返贫的综合能

---

① Flinders University Marketing And Communications. Indigenous involvement vital to close the gap [EB/OL]. [2020-01-05]. http: //blogs. flinders. edu. au/flinders-news/tag/mr-mick-gooda/#.

② Katy O. Indigenous vocation education and training: at a glance [R]. National Centre for Vocational Education Research, 2005.

力，有助于帮助他们实现从"被动扶贫""我要脱贫"到"自主造血脱贫"，以不断减少对国家福利政策的过度依赖，促进原住民社区经济增长和逐步实现减贫。

（三）"WETT"的社区主导发展项目的实施

社区主导发展的贫困治理理念被广泛应用于澳大利亚各个原住民社区的脱贫项目中。澳大利亚原住民分布在各个州和领地，其中北领地（North Territory）是澳大利亚一个直属联邦政府的领地，位于澳大利亚大陆中北部，约占澳大利亚面积的20%，是古老原住民文化的发源地，人口多为原住民及其后裔，是澳大利亚唯一由原住民自主管理的区域。改善北领地原住民的教育和培训现状，提高原住民教育成果和就业水平，对加强北领地的安全和传播原住民文化具有重要意义。鉴于此，本研究以北领地的"波尔皮里教育培训信托"（Warlpiri Education Training Trust，简称 WETT）项目为研究案例，探讨其是如何基于社区主导发展的理念提高原住民脱贫的内生动力，开展职业教育和培训的。

2005年，波尔皮里地区的教师和纽蒙特矿业公司①（Newmont Mining）的传统所有者成立了 WETT 项目，利用该矿业公司的特许权使用费改善北领地塔纳米地区波尔皮里人的教育和培训结果。WETT 项目在波尔皮里的4个社区进行，分别是尼瑞皮（Nyirripi）、威洛瓦（Willowra）、耶都姆（Yuendumu）和拉贾玛努（Lajamanu），它为幼儿、青少年和成年人提供学校和语言支持项目、青年发展项目、社区学习中心项目、中学教育支持项目、儿童和父母教育项目五大类子项目。WETT 是针对不同原住民群体的反贫困项目，涉及从儿童早期干预到成年人补偿教育，可以满足个体的多样化需要。②在该项目实施的过程中，通过一整套的运行规则和机制，以职业教育和培训为抓手，从

---

① 纽蒙特矿业公司位于北领地塔纳米沙漠，在波尔皮里人土地所有区内。根据《联邦政府原住民土地权利（北领地）法案》的规定，"要开发矿产资源，必须和传统所有者进行咨询；在沟通一致的情况下双方签订合同，合同内容应该包括支付原住民土地使用费，为原住民提供职业培训、就业服务。"在上述法案的约束下，纽蒙特矿业公司于2003年与传统所有者签署了采矿协议，并承诺拨付土地使用费支持波尔皮里人发展教育。

② DANIELLE C，JANET H. Community development in central Australia：broadening the benefits from land use agreements ［R］. Central for Aboriginal Economic，Australian National University，2010.

赋权、合作等四个方面，破解原住民的贫困问题。

1. 通过赋权，提高原住民的社会参与力

澳大利亚社区主导发展的职业教育反贫困，强调以项目为依托，通常设有原住民咨询委员会、管理委员会或者其他咨询小组，"原住民分别在这些组织内担任不同的角色，他们的所有活动都以服务和满足本社区的发展需要为出发点"[①]。WETT 咨询委员会（WETT Advisory Committee）是确保原住民参与讨论和决策的主要机构之一，成员包含纽蒙特矿业代表、中部土地理事会（Central Land Council）代表和在教育、原住民事务治理方面的专家等其他相关利益者。WETT 咨询委员会每年至少召开3次会议，将原住民作为职业教育反贫困资源配置的主要决策者、执行者和受益者，以使其对影响自身发展的职业教育反贫困项目更具拥有感和获得感。在会议期间，来自4个社区的16名原住民代表根据本社区内民众的需求，积极向咨询委员会的各个成员表达他们的诉求，自主决定优先开展哪些项目、通过什么形式开展职业教育和培训等。同时，在会议讨论中，原住民可以就职业教育和培训项目的经费、管理等问题发表自己的意见，确保外部扶贫资源（技术、资金）的支持具有现实需要的针对性。

社区主导发展的理念注重社区成员的平等，讨论和决策的过程，有助于原住民成员之间相互学习以及与其他群体增进理解和感情，潜意识地增强原住民社区成员的团队能力、问题解决能力、管理能力和权益表达能力等社会参与力，提高社区发展的水平。

2. 建立合作，形成多方联动的反贫困共同体

澳大利亚 WETT 项目的实施，离不开地方政府、非政府组织和职业教育培训机构等多个组织的合作，通过对资源的有效整合，有助于加快社区和原住民脱贫的进度和提高脱贫成效。参与 WETT 项目的各组织各司其职，且又保持密切联系（如图5-8所示）。作为纽蒙特矿业公司的传统所有者，库拉原住民公司（Kurra Aboriginal Corporation）是 WETT 项目基金的信托人（trustee），

---

① BOUGHTON B，DURNAN D. Best practice and benchmarking in aboriginal community-controlled education [R]. Federation of Independent Aboriginal Education Providers，1997.

其成员由纽蒙特矿业公司的原住民所有者构成。库拉 WETT 委员会（Kurra WETT Committee）是负责纽蒙特矿业公司资金使用的决策机构，库拉原住民公司的董事是其主要成员，该委员会每年召开两次会议，主要商讨和明确本年度对 WETT 各个子项目的拨款金额。为了确保拨款的金额能够满足不同原住民社区和群体的教育和培训需求，库拉 WETT 委员会充分听取包括原住民在内的咨询委员会的建议，对 WETT 项目拨款金额做出最终决议。2017年和2018年，库拉 WETT 委员会商议决定继续为 WETT 项目拨款840万澳元。[①] 中部土地理事会作为联邦政府的法定权力机构，由90名原住民共同组成理事会成员，为维护原住民的土地权利发挥了重要的作用，是为原住民争取个人权益的机构之一。同时，它也受库拉原住民公司的委托，对 WETT 项目的管理和运行提供智力支持。巴彻勒学院（Batchelor Institute）和波尔皮里青年发展原住民公司（Warlpiri Youth Development Aboriginal Corporation）是 WETT 项目的教育提供者，它们都有专门的社区指导员协助原住民社区开展培训。例如，巴彻勒学院的指导员主要负责了解原住民的学习经历和兴趣，设计和实施社区的培训项目，指导和支持他们获得所需的技能，并对其学习进行监测等。[②] 不同组织机构之间互信合作，充分发挥其优势，形成合力，共同对 WETT 项目进行开发、资金投放、管理和监督，原住民在这个过程中参与到不同的组织中，对 WETT 项目的实施起到了实质性的决策和控制作用，切实保障了该项目的运行。

---

① Central Land Council. Community development news: summer 2018［EB/OL］.［2020-01-06］. https://www.clc. org. au/files/pdf/Newsletter_2018_Summer-WEB. pdf.

② Indigenous Employment Australia. Learning community centre coordinator/Mentor［EB/OL］.［2020-01-06］. http: //atsijobs. com. au/jobs/learning-community-centre-coordinatormentor/.

信托人

纽蒙特矿业公司 →拨款→ 库勒原住民公司 → 库勒WETT委员会 →最终决策

库勒WETT委员会 →建议→ WETT咨询委员会

中部土地理事会 →支持→ WETT咨询委员会

WETT咨询委员会 WETT项目

职业教育和培训提供者 →合作→ 4个原住民社区：尼瑞皮、威洛瓦、耶都姆、拉贾玛努

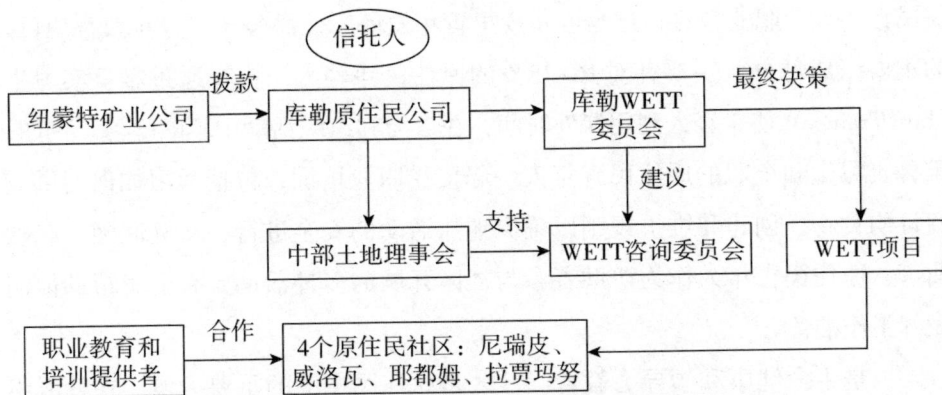

图 5-8　不同机构参与 WETT 项目的合作运行框架

3. 精化培训内容，给予全方位教育关照

文化代表了某一群体的生存方式，是其在特定时代、特定民族和特定地区中占主导地位的生存模式。[①]原住民在发展的过程中形成了独特的原住民传统文化，其中也有一些与时代进步要求相背离的贫困文化因素。稳定的文化生存模式在一定程度上具有较大的惯力和惰性，对与其群体文化不一致的外部文化有一定的排斥性，如果外部文化或价值观不能与特定地区的文化的某些要素结合起来，那么外部开展的活动就难以发挥其作用。[②]为了实现原住民的现代化发展，WETT 项目的职业教育和培训内容丰富多样，除了通常的基础技能和职业技能培训外，还包括与现代社会文明接轨的促进生命发展的知识，充分弘扬原住民传统的优秀文化，消除阻断原住民发展的贫困文化。

一是就业教育。职业教育反贫困的首要目标是通过赋予原住民生存和发展的职业技能，提高原住民的就业技能，帮助原住民顺利获得就业，促进原住民摆脱贫困。澳大利亚北领地有54%的原住民不把英语作为第一语言，而具有一定的英语表达能力和识字能力，对于原住民顺利就业和与外界交流、了解公共场所的基本信息等至关重要。[③]因此，原住民成年人识字、读写等基础技能成为就业教育培训的内容之一。WETT 项目另一方面是开展针对原

---

① 衣俊卿.文化哲学：理论理性和实践理性交汇处的文化批判［M］.昆明：云南人民出版社，2001：10.

② 高香芝，徐贵恒.贫困文化对民族地区反贫困的多层次影响［J］.理论研究，2008（2）：52-54.

③ BAUER R. Adult literacy and socio-cultural learning at Pina Pina Jarrinjaku（Yuendumu learning centre）［J］. Australian Journal of Adult Learning, 2018（1）：126-145.

住民青年人的职业教育，这是波尔皮里青年发展原住民公司"青年教育项目"的重要组成部分，主要针对16~25岁的原住民年轻人，旨在通过雅鲁实习生（Jaru Trainee）使年轻人利用课外时间，在参与和组织活动中不断学习。例如，雅鲁实习生和全职的原住民青年人一起接受职业培训，包括学习如何向供应商订购食物、创建和维护规则以确保趣味活动的安全进行、从互联网下载歌曲等，原住民青年人作为协助者参与社区开展的多种活动，有助于帮助他们做好工作准备。①

二是生命健康和领导力教育。社区是原住民生活的重要区域，在社群组织内原住民具有的某种传统思想，形成了彰显原住民价值观的文化，久而久之，其中消极的文化会影响他们的学业成就和行为，对社区的安全构成一定的威胁。因此，为了建设一个安全、健康的社区和家庭环境，促进原住民儿童的健康成长，降低犯罪率和自杀率，WETT项目着重加强对原住民的生命健康教育，倡导文明的生活方式，营造安全的群居生活环境，具体内容包括：法律知识教育、反暴力教育、健康饮食教育、卫生教育、网络安全和反欺凌教育等，以引导原住民树立积极向上的生活观，强化原住民的主人翁意识，提高原住民的健康福祉，维系社区良好的人际关系。此外，领导力教育（leadership education）也是WETT项目培训内容的组成部分，着重在团队合作中增强原住民，尤其是年轻人对社区发展的关注，培养他们的参与意识，并在团队中担任重要的领导角色，以提高原住民青年人在职业教育反贫困决策中的综合能力。②

三是语言和文化教育。一个民族的语言和文化是该民族认同的根基，语言不仅是一个民族文化形态的载体和表现形式，更是民族文化的基础构成要素，因此，一个民族历史悠久的传统文化作为本民族的宝贵财富，有助于增强本民族内不同成员的认同感。澳大利亚波尔皮里人是原住民的一个重要群体，他们大多数讲波尔皮里语，当前有约6000名波尔皮里人居住在北领地的

---

① Warlpiri Youth Development Aboriginal Corporation. Warlpiri youth development aboriginal corporation overview［R］. Alice Spring，2016.

② GILLIAN S. An evaluation of the Warlpiri youth development aboriginal corporation youth development program，incorporating the WETT（Warlpiri Education Training Trust）Youth Program［R］. Bowchung Pty Ltd，2015.

农村。①波尔皮里地区拥有澳大利亚古老的原住民文化，为了传承原住民文化，提高社区成员的认同感，WETT 项目对适龄原住民的职业培训还包括波尔皮里语言和文化教育，以不断增强青年人对原住民传统文化的了解，保护原住民文化。

4. 采取各种方式，提升原住民培训的积极性

人才培养是促进原住民增能的关键，WETT 项目大力优化职业教育和培训的人才培养方式，以助推原住民有效地获得拔穷根的资本。1996 年，OECD 教育部长会议一致通过制定"全民终身学习"战略的决议，认为终身学习应该是从摇篮到坟墓，贯彻一个人的整个生命过程，并认为其包括正规学习（formal learning）、非正规学习（non-formal learning）和非正式学习（informal learning）。② 作为学校正规教育的补充，非正规和非正式学习的形式贯穿于不同年龄段，而且涉及人们生活的多个方面，对于提高学习成果具有重要的意义，成为澳大利亚构建技能型大国的重要举措。为了提高原住民的学习成果，形成时时学习、处处学习的学习环境和氛围，WETT 项目开展多种形式的职业教育，以提高原住民的学习积极性。

一是融入原住民日常生活的非正式学习。非正式学习实际上是一种在社会交往过程中的社会文化学习，通过与他人的互动，人们获得学习和发展思维技能。识字是原住民成年人学习的主要内容之一，与其日常生活密切相关，每日的识字练习主要通过以下形式进行，如与周围的邻居交流、使用钥匙卡、发短信、检查银行卡余额、阅读社区海报、听广播、参加会议、收发电子邮件、填写表格、阅读报纸、在线聊天等。非正式学习是无组织和无系统的双向过程，嵌入到原住民个体的日常生活中③，它可以发生在任何地方，不受时间和地点的限制，甚至在无意识的双向或多项互动中进行。

二是涵盖不同群体的多形式非正规学习。非正规学习接纳不同年龄段的

---

① WIKIPEDIA. Warlpiri people［EB/OL］.［2020-01-06］. https：//en. wikipedia. org/wiki/Warlpiri_people.

② OECD. Recognition of non-formal and informal learning［EB/OL］.［2020-01-06］. http：//www. oecd. org/education/skills-beyond-school/recognitionofnon-formalandinformallearning-home. htm.

③ BAUER R. Adult literacy and socio-cultural learning at Pina Pina Jarrinjaku（Yuendumu learning centre）［J］. Australian Journal of Adult Learning，2018（1）：126-145.

受教育者，学习的场景通常在教育机构、工作场所、家庭或校外学习机构，具有较为明确的学习目标，包括关于生活知识、生活技能、工作技能、一般文化知识等文化课程。非正规教育有特定的教育对象，根据学习者的共同需求，通过教育解决他们面临的难题。①WETT项目的非正规学习针对原住民和原住民社区存在的问题，通过专题讲座、工作坊、组织青年人定期与年长者一起去丛林旅行、参观博物馆、开展青年论坛等活动，为原住民成年人和青年人提供促进其生命健康的知识，通过亲身体验和参与帮助原住民建立乐观和自信的心态。此外，WETT项目的非正规学习囊括了原住民青少年和成年人不同的学习群体，学习组织形式灵活，有时依托社区学习中心和互联网等载体促进原住民的学习，扩大了原住民接受非正规学习的途径。

三是以学校职业教育为中心的正规学习。正规学习是国家行为的普通学校的全日制教育，有专门的机构和组织实施，明确的教学目标和学习计划，最后学生可以获得文凭或证书。WETT项目正规学习是经国家认证的职业资格证书教育，主要由巴彻勒学院为原住民提供职业教育和培训。巴彻勒学院是澳大利亚唯一一个只招收原住民的教育机构，是原住民进行职业教育和培训的主要机构之一，它提供商业和管理、社区服务、建筑、儿童早期教育和护理、成人教育、家庭福祉、健康、视觉艺术、新闻传媒、土地保护10个专业领域的专业技能培训和识字等基础技能培训，这些专业与原住民的传统文化密切相关，原住民学生毕业后可以获得Ⅰ级到Ⅳ级职业资格证书和文凭。②

澳大利亚北领地WETT项目基于贯穿原住民整个生命周期的视角，通过教育和培训确保不同年龄段的原住民获得可持续发展的知识和技能，使每个原住民在不同的人生阶段都能够战胜贫困，有效阻断了贫困的代际传递。2017年，中部土地理事会发布了WETT项目的评估报告，评估团队通过对4个社区的实际调查和访谈172名利益相关者，发现近十年来WETT项目的职业教育和培训取得了巨大的成功，"它的自治政策、社区参与思想、伙伴合作关系极大地提高了原住民决策权"；"以项目设计和需求为导向的职业教育和

---

① 樊星星. 当代教育的三种形态及比较研究［D］.上海：上海师范大学，2016：48.

② Batchelor Institute. VET courses［EB/OL］.［2020-01-06］. https：//www. batchelor. edu. au/students/courses/ vet-courses.

培训内容，赋予了原住民个体、家庭和社区多种知识、技能，有效提高了原住民的就业能力、领导力和幸福感"；"语言和文化学习促进了对原住民传统优秀文化的保护"[①]。

　　需求驱动的 VTEC 项目和社区主导发展的职业教育项目作为澳大利亚促进原住民脱贫的典范，它们在实践的过程中，一是将原住民和原住民社区作为反贫困的主体，增强他们自我发展能力的主动性和能动性，帮助原住民实现从"被动扶贫"到"我要脱贫"；二是强调以自下而上的组织方式提高原住民参与职业教育的积极性，确保职业教育项目精准对接原住民和原住民社区发展的实际需求；三是职业教育课程和教学内容的设置，都在尊重原住民传统文化和习俗的基础上，对职业教育的内容、环境和结构进行重新改造，按需施策，增强职业教育内容和原住民文化的衔接性与黏合性，使其能够适应原住民的文化和心理诉求，以减少原住民对外部文化的排斥性。四是两种项目在实践中都不是一个机构的独唱，而是形成了多元主体协同参与的职业教育反贫困共同体，有效保障了原住民职业教育反贫困的质量。他们最大的不同之处在于，原住民参与职业教育决策的形式和程度有差异。VTEC 项目中的社区参与，更多地将原住民作为职业教育的对象和参与者，但在职业教育决策、管理中参与的深度还不够。社区主导发展中的赋权机制，更加强调在职业教育项目实施的各个阶段，对参与者的权利再分配和重组，这种分配使一直被排斥在主流群体外的原住民被容纳进来，成为决定自我发展事务的决策主体，使原住民在不同组织机构与其他群体进行平等商谈的过程中，拥有了更多的选择权、控制权和管理权。

---

① Central Land Council. Review, assessment and development of future options for the warlpiri education and training trust（WETT）and its programs［R］. Ninti One Limited, 2017.

第六章

澳大利亚原住民职业教育反贫困的反思

　　澳大利亚在原住民职业教育反贫困的历程中，进行了诸多有意义的探索和实践，有效提高了原住民的人力资本，确保了更多的原住民获得了体面就业，增强了原住民的自信心和福祉。同时，反思原住民职业教育反贫困实践的具体成效，能够全面、客观了解澳大利亚原住民职业教育反贫困取得的经验和存在的不足。

一、澳大利亚原住民职业教育反贫困的经验

　　自20世纪70年代以来，经过不断的实践与探索，澳大利亚原住民职业教育在反贫困中积累了丰富的经验，主要表现在以下五个方面。

（一）以实现原住民的教育公平为前提

　　教育是现代社会实现社会分层和流动的动力，教育资格决定一个人的成功与否。教育公平是社会公平的基础，在缩小原住民和主流群体差距的反贫困进程中，澳大利亚政府坚持公平的目标和原则，倡导职业教育公平，致力于构建满足原住民需求的公平的职业教育体系，促进原住民和原住民社区的可持续发展。

　　澳大利亚政府着力优化原住民职业教育体系，力争满足原住民的个性化需求，确保在起点上使每个原住民都能接受公平的职业教育。"帮助贫困人口摆脱贫困，需着眼于他们受教育的每个阶段，改善受教育条件，从而通过教

育解决贫困人口正在经历的贫困代际传递和失业问题。"①澳大利亚原住民人力资本薄弱,受教育水平普遍低于非原住民,通常,一般意义上的职业教育课程,无论从难易程度还是实现减轻贫困的目标上而言,并不能完全满足原住民的脱贫需求,也无法实现真正意义上的教育公平。鉴于此,澳大利亚政府根据原住民的需求,对职业教育资源进行合理分配,制定不同于其他主流群体的职业教育和培训项目,为原住民提供优质的教育资源,以确保他们可以享有同等的受教育机会,实现教育起点的公平。同时,澳大利亚职业教育公平还遵循原住民个体的差异和禀赋性特点,有针对性地面向偏远地区、残疾人、失业者、年轻人和有被监禁背景的原住民提供各类培训项目,不仅关注原住民群体的教育公平,同时也注重个体的受教育质量,使不同背景的原住民获得平等和公平的对待。另外,职业教育和培训过程凸显原住民文化,将原住民文化融入原住民的职业培训项目,这不仅是对原住民文化的尊重,而且能够提高职业教育的适切性,在推进职业教育反贫困中促进教育公平发展。

起点公平保障原住民可以获得优质的教育机会,过程和结果的公平则确保原住民在受教育中获得同等水平的教育资源,并以多种方式促使他们顺利完成学业,提高完成率,保障了原住民职业教育的质量。为了帮助偏远地区的原住民接受优质的职业教育,澳大利亚通过远程教育等方式深化对偏远地区职业教育的改革,确保缩小原住民与其他地区群体的教育差距,消除因地理位置不同所带来的教育隔离,促进原住民在过程中享有公平的教育。实现结果公平的职业教育,关键在于确保原住民在学业结果、就业方面和主流群体同样获得成功。为此,澳大利亚政府注重为原住民提供种类多样的就业服务和支持,这些服务一直伴随原住民职业培训和就业的所有阶段,从而扫除影响他们就业的所有障碍和不利因素,促使他们长期稳定就业,以在结果上确保原住民可以和主流群体共享社会发展文明的成果。

(二)建立长效的职业教育反贫困机制

在全球反贫困的行动中,福利扶贫被认为是治理贫困的方式和手段之一。

---

① The Senate. A hand up not a hand out: renewing the fight against poverty[EB/OL].[2020-01-10].
http://www.aph.gov.au/senate_ca.

20世纪初，英国经济学家霍布森（Hobson）指出应该增加社会福利总量，消除收入不平等和财富分配不均的问题。1912年，英国经济学家阿瑟·庇古（Arthur Pigou）认为福利是个人获得的效用和满足，应使社会上较多的人获得较大程度上的满足，根据边际效用递减的规律，如果将富人一部分收入转给穷人，那么富人损失的福利小于穷人获得的福利，净福利是正的，因此整个社会的福利总量也因此增加，具体措施表现为向穷人提供各种社会补助和救济、向富人征收累进所得税等。[①] 在福利制度和反贫困理论的支持下，很多西方国家开始通过福利支持的手段解决贫困人口的生计问题。澳大利亚是世界上最早建立社会福利制度的国家之一，是一个高福利社会，福利种类多样，面向因失业、单亲家庭、年老、身体残疾、无劳动能力等缺少足够经济收入的贫困弱势群体。澳大利亚福利主要通过津贴的形式发放，如失业津贴、家庭津贴、交通津贴、住房津贴、家长津贴、原住民青年津贴、残疾人补助、老年优惠卡、单亲家庭补助、儿童保育补助和生育津贴等，覆盖了社会上所有的贫困群体。1972年，惠特拉姆政府领导的工党上台后，对澳大利亚的社会福利政策进行了大幅度的改革，新设了四种津贴，要求提高发放额度，建立全国社会福利的保障性框架，以从根本上解决弱势群体的贫困问题。[②] 澳大利亚完善的社会福利制度，尽管能够帮助贫困群体将津贴补助转化为经济收入，用于个人和家庭生活开支，减轻贫困造成的不利影响。然而，高额度的社会福利支出，一方面增加了澳大利亚政府的财政负担，一定程度上加剧经济状况的恶化；另一方面对于原住民，尤其是有劳动能力的原住民来说，他们完全依靠福利获得"收入"，久而久之则会加深他们对福利的依赖，而这也意味着国家要投入大量的财政支出"养懒汉"。随着依赖和享受心理的形成，原住民则就业意愿不强烈，不会主动依靠自我能力提升来摆脱贫困，甚至是甘愿贫困，以依靠国家的福利度日。因此，完全依靠国家和社会的福利与救济，仅仅只是消除贫困的简单办法，并不是最佳的解决方案。

澳大利亚福利补贴政策受到了民众的诟病，为了提高贫困人口脱贫的积极性和主动性，澳大利亚前总理陆克文在2007年明确表示，走英国工党提出

---

① 厉以宁，吴易风，李懿. 西方福利经济学述评 [M]. 北京：商务印书馆，1984：40.

② 秦德占. 澳大利亚惠特拉姆工党政府福利建设论析 [J]. 北京行政学院学报，2011（4）：55-59.

的"第三条道路",即建立积极的福利社会,改变"从摇篮到坟墓"的福利制度,用"责任社会"来代替"福利国家",旨在培养个人的独立意识和提高个人对自己负责的积极精神,消灭"福利懒虫"滋生的温床。[①]陆克文政府对传统福利制度的改革,从"消极福利"向"积极福利"过渡,加大对教育和培训的财政投入和支持,在促进经济发展的前提下实现社会公平。积极福利制度更加强调贫困人口的主体地位和价值,注重以贫困人口的能力提升为福利保障的突破口,引导贫困人口树立自我发展和自主脱贫的意识。安德鲁·弗里斯特在《建立平等—弗里斯特评论》调查报告中,对当前政府实施的原住民福利政策进行了批判,明确提出要打破福利循环(break the welfare cycle),他强调:"对太多的澳大利亚人来说,福利帮扶已经成为临时安全网和陷阱,人们不会也不可能去工作,因为福利津贴为他们的生活提供了足够的保障,在许多情况下,福利政策的帮扶已经使大多数人上瘾和产生依赖,养成了不良的习惯,这些习惯会让他们丧失学习、培训或工作的动力,甚至是丧失能力。"[②]杰里·米凯(Jeremy Kee)提出:"澳大利亚福利制度的安全网不应是一个有保障的施舍品,而应该是一个有保障的谋生机会。"[③]

"就业是促进参与经济活动、获得经济安全和独立的有效途径,对大多数澳大利亚人来说,参与经济活动意味着有偿就业。……政府希望更多的原住民通过继续上学和就业来发挥他们的潜力,而不是依靠福利度日。"[④]因此,帮助更多的原住民获得为工作做好准备所需的技能和信心,成为澳大利亚政府一项重要的任务。[⑤]为了避免"养懒汉",提高补助津贴的利用效率,减少原住民对外界资源的依赖,澳大利亚政府与原住民社区建立伙伴合作关系,使原住民参与到反贫困项目的开发和决策中,培训内容凸显原住民的需求,尊

① 安东尼.吉登斯.第三条道路:社会民主主义的复兴[M].郑戈,译.北京:北京大学出版社,2000:82.

② ANDREW F. Creating parity: the Forrest review [R]. Department of the Prime Minister and Cabinet, 2014.

③ ANDREW F. Creating parity: the Forrest review [R]. Department of the Prime Minister and Cabinet, 2014.

④ Australian Government. Indigenous economic development strategy 2011–2018 [R]. Canberra, 2011.

⑤ Australian Government. Indigenous economic development strategy 2011–2018 [R]. Canberra, 2011.

重原住民文化；发挥职业教育的普惠性和公共性特点，对接受培训的原住民提供经济资助，帮助他们减轻因学而产生的经济成本；加大职业教育体系建设，构建公平的职业教育体系，增强职业教育吸引力，从而促使更多原住民主动参与培训。澳大利亚联邦政府倡导的"积极福利"政策，有效地减轻了原住民的依赖性，提高了原住民主动摆脱贫困的综合能力。

（三）着力促进原住民的可持续发展

长期以来，教育一直与个体的终身福祉和反贫困紧密联系在一起，被认为是"摆脱贫困的通行证"（passport out of poverty）。[①] 当前，随着全球化和知识经济的快速发展，终身学习已经成为21世纪人们生存和发展的基本素质，个体很难再凭借一成不变的知识一劳永逸，必须不断接受新的知识和技能，以便从科学和技术变革带来的机会中受益，从容地应对知识经济时代的各种困难与挑战。终身学习强调从摇篮到坟墓的各种学习，即"活到老学到老"（life-long and life-wide），是个体获得发展能力的关键，也是学会生存的必由之路。随着现代经济的发展和技术变革的日新月异，终身学习被认为是提高人力资本和减少贫困的有效途径，OECD 在1994年发布的研究报告《就业研究》（Jobs Study）中指出，在知识经济时代，人力资本较之前更加不可或缺，人力资本的投资应融入终身学习的框架，通过终身学习促进人力资本的提升。[②] 1994年联合国教科文组织在韩国召开的第二届国际职业教育大会上，明确提出"终身教育是一个有着许多支径的旅程，职业技术教育是该旅程中必不可少的一部分"[③]。21世纪初，联合国教科文组织和国际劳工组织发布的联合声明进一步指出，教育和培训能够传授增加收益的知识与技能，促进人的个性发展，提高劳动生产率，帮助人们有效摆脱贫困。[④] 可以看出，促使年轻

---

① MCNAMARA P, HARVEY A, et al. Passports out of the poverty：raising access to higher education for care leavers in Australia ［J］. Children and Youth Services Review, 2017（7）：1–9.

② Centre For Educational Research And Innovacion, OECD. Human capital investment：an international comparison ［R］. Paris, 1998.

③ 赵中建. 全球教育发展的研究热点：90年代来自联合国教科文组织的报告［M］. 北京：教育科学出版社, 2003：424–426.

④ 联合国教科文组织和国际劳工组织的联合声明［Z］. 汉城会议, 1999.

人和成年人终身学习，成为实现联合国消除贫困目标的关键方式。

澳大利亚为了适应新的国际发展形势，提高国民教育水平和增强国际竞争力，在21世纪初相继颁布了《技能和终身学习的营销战略2000》（Marketing Strategy for Skills and Lifelong Learning 2000）和《澳大利亚终身学习2003》（Lifelong Learning in Australia 2003）等文件，强调通过正式学习、非正式学习、自我激励学习（self-motivated learning）和自我资助学习（self-funded learning）等方式建立学习型社会，扩大不同群体的受教育机会，鼓励个体自主地持续性接受教育。澳大利亚将终身学习贯穿于国家整个教育系统，尤其非常重视职业教育在促进国民终身学习中的作用。2003年国家培训总局发布的《塑造未来国家战略》指出，职业教育的目标之一是"提供促进就业的知识和技能，帮助国民终身学习"[1]。同时，第一个专门针对原住民职业教育的政策《学习型文化中的伙伴》强调："确保实现原住民与非原住民享有同样的职业教育参与权，鼓励和促进原住民终身学习。"[2]基于终身学习的理念，澳大利亚在反贫困的实践中，坚持以能力为标准和导向，以原住民的实际脱贫需求为基本诉求，建立了"学习—工作—再学习—再工作"的终身学习模式，为原住民的终身学习提供了灵活多样的发展道路。同时，在教育教学的过程中，注重培养原住民终身学习的意识和能力，使其养成主动学习的习惯，最终通过终身学习而减轻贫困，获得可持续就业和发展。正如有研究表明，一个人接受教育和培训的时间越长，说明其掌握的技术技能越扎实，持有更高等级的职业资格证书，被雇用的可能性也就越大，随着就业机会的获得则会产生边际效应，即为个体带来更高的经济收入、更加健康的身体和更强的理财能力。[3]

（四）建立以检测脱贫成效为目的的测评机制

监测评估作为职业教育反贫困工作的最后一项任务，是反贫困成功与否

---

[1]　Australian National Training Authority. Shaping our future: Australia's national strategy for vocational education and training 2004–2010 [R]. Brisbane, 2003.

[2]　Australian National Training Authority. Partners in a learning culture: Australia's national aboriginal and torres strait islander strategy for vocational education & training 2000—2005 [R]. Brisbane, 2000.

[3]　LEISHA F. Poverty reduction and lifelong learning [R]. National Institute of Adult Continuing Education, 2009.

的关键环节之一。只有解决好反贫困的"最后一公里"问题，才能够全面保证反贫困的质量，有效促进原住民脱贫致富，使其获得满足感和幸福感。

一是形成了多方参与的反贫困监测评估组织。监测评估组织机构是职业教育质量评价的主体，监测评估是关于职业资格的重要问题，通常，由谁来评估决定了职业教育监测评估的公信力。[1] 为了提高职业教育反贫困监测评估的科学性、公正性和客观性，确保准确评估原住民职业教育的完成情况和质量，澳大利亚政府形成了多方参与的评估组织机构，主要由官方机构、半官方机构和第三方机构构成，包括政府、国家质量委员会、澳大利亚技能质量署、行业培训咨询服务委员会、注册培训机构、原住民事务管理机构和其他研究机构等，他们按照一定的监测评估方法、标准和指标，共同对原住民职业教育的绩效进行监测和评估。例如，从2002年开始，澳大利亚政府理事会委托指导委员会就原住民不利状况的关键指标，定期编写研究报告，其中，指导委员会的工作组由澳大利亚政府、原住民全国代表大会、澳大利亚统计局、澳大利亚卫生和福利研究所的代表组成，协同对原住民不利状况的调查研究进行评估。[2] 此外，澳大利亚政府非常注重原住民社区和原住民在职业教育反贫困监测评估中的作用，包括资金使用、反贫困项目调查等，以增强原住民自我发展和管理的能力，提高职业教育反贫困工作的效率和瞄准度。例如，北领地的原住民社区和原住民，积极对本社区主导发展的职业教育项目的运行和成果进行监测与评估，取得了良好的成效。[3]

二是建立了连续动态的反贫困绩效监测机制。反贫困是一项长期而艰巨的工程，周期长，反贫困成果和影响也难以在短时间内显现，因此，建立长效、动态的反贫困监测评估机制，能够及时发现反贫困过程中存在的问题，以不断提高反贫困的成效，为有效的信息反馈机制奠定基础。[4] 澳大利亚主

---

① 李鹏，朱德全.职业教育质量监测评估：英、美、德、澳的经验与启示 [J].西南大学学报（社会科学版），2018（6）：51–58.

② Productivity Commission. Overcoming indigenous disadvantage [EB/OL]. [2020–01–10]. https://www.pc.gov.au/research/ongoing/overcoming–indigenous–disadvantage.

③ The Mandarin. Indigenous evaluation? we've got that right here: land council [EB/OL]. [2020–01–10]. https://www.themandarin.com.au/69653–indigenous–evaluation–strong–in–grassroots–programs/.

④ 孙璐.扶贫项目绩效评估研究：基于精准扶贫的视角 [D].北京：中国农业大学，2016：92.

要基于过程和结果对职业教育反贫困的成效进行监测评估。一方面，从宏观和中观角度对职业教育反贫困项目的进展进行评估。为了及时了解每一项针对原住民的发展计划、职业教育和就业项目的实施情况，澳大利亚以绩效指标为评判标准，定期对全国或各州的各类反贫困政策、计划和项目进行调查，明确反贫困资金使用、原住民参与度、反贫困资源配置是否得到落实，并为后续反贫困项目的继续进行提供有效的建议。如2017年10月，澳大利亚国家审计署向议会提交了社区发展项目的审计报告，对社区发展项目的设计和实施成效进行了全面调查和总结。[①] 另一方面，从微观角度对原住民参与职业教育的结果进行评估。澳大利亚政府对职业教育结果的评估侧重于服务质量评价，主要采用企业满意度调查、专家德尔菲法、学生自陈问卷调查、课堂观察、访谈法和学生测试等方法。[②] 同时，充分利用网络测评技术，根据"我的技能"（My Skills）网络评估系统和"唯一的学生标识符"（unique student identifier）系统，对原住民学生的职业技能进行测试和质量认证，根据测评结果发布官方报告。

三是建立了多渠道的反贫困信息反馈机制。为了更加及时和准确了解原住民职业教育反贫困实施的状况与成效，澳大利亚政府非常重视对原住民职业教育和培训结果的反馈。澳大利亚政府在对职业教育反贫困过程动态监测的基础上，建立了多渠道的反贫困信息反馈机制，将监测评估的结果以报告的形式呈现，定期对职业教育反贫困取得的成效和存在的问题进行总结，并将结果公布和反馈给相关机构部门和大众，以确保原住民和各机构了解最新的反贫困动态，增强不同部门之间的沟通，避免后续反贫困项目的重复实施。例如，澳大利亚政府首相内阁部门从2008年开始，每年发布一份首相内阁报告——《缩小差距》，该报告覆盖了原住民婴幼儿和儿童、教育、就业、经济发展、健康、社区安全和原住民文化发展等监测评估指标，总结了近年来原住民在上述几个方面的发展情况。生产力委员会作为澳大利亚关注原住民贫

---

① Departmrnt Of Prime Minister And Cabiner，Department Of Employment，Department Of Social Services. The design and implementation of the community development pragramme［R］. ANAO Report No.14 2017–2018 Performance Audit，2017.

② 李鹏，朱德全. 职业教育质量监测评估：英、美、德、澳的经验与启示［J］. 西南大学学报（社会科学版），2018（6）：51–58.

困问题的政府部门之一，从2003年开始，每隔两年发布一份名为《克服原住民劣势》（Overcoming Indigenous Disadvantage）的报告，该报告从原住民儿童早期发展、教育和培训、健康生活、经济参与、家庭环境、安全和支持性社区建设等维度，衡量了原住民生存和发展的福祉。《克服原住民劣势》是对国家颁布的原住民政策、反贫困计划实施状况的真实与客观反映，准确呈现了原住民反贫困取得的成绩，以及突出存在的问题。[①]此外，除了政府部门之外，很多研究机构也是原住民贫困问题研究与核心报告发布的生力军，如澳大利亚国家职业教育研究中心、澳大利亚国立大学原住民经济政策研究中心等机构。他们非常关注原住民的贫困问题，对原住民贫困与职业教育等议题进行了大量的研究，发布了诸多具有代表性和创新性的研究成果。这些信息反馈成果不仅帮助政府深入了解了原住民职业教育的现状，而且为政府进一步完善和制定政策提供了依据。此外，澳大利亚政府充分利用互联网对原住民的职业教育和培训信息、就业信息、雇主招聘信息等进行网络化管理，通过大数据提高职业教育反贫困的科学化。

（五）注重反贫困与社区治理协同推进

在20世纪90年代初，各个国家从纯粹的经济发展向可持续性的发展过渡，坚持以人为本，将发展的重点聚焦到个人生活质量和社会福祉上，强调通过提升社会公共服务水平和社区的参与，实现社会资源和福利的资源优化配置。[②]随着发展理念的变化，社区发展的诸多概念集中关注社区内获得的资产、资源及优势，人们将社区发展视为一种发掘社区资源、进行能力建设的过程。[③]因此，社区能力建设（community capacity building）成为国际社会的主流政策。与政府主导的发展项目不同，这是一种新兴的社会政策视角。当前，学界对于社区能力建设的研究还没有形成一个统一的概念，主要从两个

[①]　Productivity Commission. Overcoming indigenous disadvantage［EB/OL］.［2020-01-12］. https://www. pc. gov. au/research/ongoing/overcoming-indigenous-disadvantage.

[②]　徐延辉，黄云凌. 城市低收入居民的幸福感及其影响因素研究［J］. 经济社会体制比较，2013（4）：158-168.

[③]　陈立周. 迈向能力建设：发展型社会政策视野下的边疆民族社区发展研究［M］. 西安：西安交通大学出版社，2016：59.

方面对其进行了探讨，一是将社区能力建设等同为社区发展，认为社区能力建设主要是通过投资人力资本、培育社会资本和组织建设等手段措施，提升社区治理能力，其实质上是社会改革发展过程的反映；二是认为二者之间有着本质的差别，社区发展的概念更加宽泛，社区能力是社区发展的推动力。①

社区是社会的基础和具体形式，社区能力建设是以社区的能力提升为对象，社区是建设的主体，以赋权的方式扩大自身的行动空间和范围，挖掘自身的潜能，提高社区组织和社区成员的内生能力。社区能力建设以社区成员的发展为基本诉求，主张通过赋权和增能，获得自治和自我管理的权利，社区同时将自治权利转移给社区成员，增强他们在社区经济建设中的参与度，强化他们的决策权。社区能力建设强调社区在组织和管理的过程中不应该破坏社区成员的文化和价值观念，根据成员的需求和意愿实施项目。随着贫困问题的加剧，以及在全球贫困治理趋向以人为本的价值取向下，社区基层组织承担的职能越来越多元，与民众的生活更加密切，很多研究将社区能力建设应用到贫困治理中，解决社会贫困问题。

1996年，社区能力建设成为澳大利亚公共政策领域的主要热点议题，联邦政府将社区能力建设的理念应用于原住民社区，以改善原住民社区治理的状况，包括减少原住民对福利的依赖、促进原住民社区参与决策、与政府建立合作伙伴关系等。②澳大利亚各州和领地政府积极做出响应，努力改善原住民社区的治理，与原住民社区管理人员保持沟通，增加原住民成员的参与率，赋予原住民社区更多的自治和决策权；此外，各州和领地政府实施灵活多样的财政支持，并根据原住民社区和原住民成员的文化意识、价值观念确定资源配置。③从根本上来说，治理是关于权利、关系以及代表和问责的过程，关系到谁具有影响力、谁做出决定以及决策者如何承担责任，治理能够代表民

---

① 徐延辉，黄云凌 . 社区能力建设与反贫困实践［J］. 社会科学战线，2013（4）：204–210.

② HUMPAGE L. Experimenting with a 'whole of government' approach［J］. Policy Studies，2005（1）：47–66.

③ JANET H. Capacity development in the international development context：implications for indigenous Australia［R］. Centre for Aboriginal Economic Policy Research，2005.

众的权益和福利。①澳大利亚政府发挥原住民社区的凝聚力和主导优势，通过原住民社区能力建设提高反贫困的成效，将扶贫开发与原住民社区治理结合起来，使原住民社区治理和反贫困协同发展。在职业教育反贫困过程中，原住民参与职业教育项目的全过程，实现了民主决策、管理和监督，增强了原住民社区的治理能力，而且通过赋权的方式挖掘了原住民更多的潜能，提高了他们自主脱贫的积极性和内生动力，对于原住民社区能力建设和原住民脱贫来说，都具有非常重要的意义。

二、澳大利亚原住民职业教育反贫困的成效

教育活动发生后，教育投入和产出的互相作用就开始产生，其便与个人和社会产生密不可分的关系。职业教育反贫困作为一种加大原住民人力资本的投资，对于原住民个人和原住民社会都具有非常显著的看得见的显性成效和体验感受到的隐性成效。正如有研究指出，"职业教育和培训对原住民的发展具有积极的作用，无论是原住民个体获得的外部经济收益和资本，还是内部的文化资本积累，知识存量增长和自信心提高，都是他们从职业教育和培训中受益的结果"。②

（一）原住民文化资本和经济资本增加的货币化收益

人力资本依附在贫困人口身上，表现为贫困人口所获得的知识、技能、经验和技术熟练程度等。通过职业教育投资所积累起来的人力资本存量通常表现为劳动者所掌握的各种专业的实用技术技能，总的表现为劳动者的就业能力和综合素质。职业教育投资收益的外显形式为以贫困人口的教育水平、就业状况反映出来，即原住民职业教育反贫困的货币化收益。

---

① HAWKES, D C. Indigenous peoples: self-government and intergovernmental relations [J]. International Social Science Journal, 2001 (16): 153–161.

② MAREE A, ROSE P, GEORGINA W. Indigenous participation in VET: understanding the research [R]. National Centre for Vocational Education Research, 2017.

1. 原住民人力资本得到增加

谋生的知识和技能是助推原住民获得就业与实现脱贫的根本，职业教育作为澳大利亚原住民反贫困的主要手段，有效增加了原住民的人力资本。

第一，原住民接受职业教育的人数逐年增多。接受优质的教育是一个人成功的基础，完成12年级学业的人更有可能在毕业后找到工作。澳大利亚联邦政府与各州与领地政府、教育部门、学校和原住民社区广泛开展合作，着力提高原住民的教育成就，在过去的10年时间里，澳大利亚在支持原住民获得12年级教育资格和接受高等教育方面取得了巨大的进步。[①]2017年，学者乔治娜·温德蕾（Georgina Windley）对2005—2015年原住民职业教育和培训情况进行了研究，发布了研究报告《原住民职业教育和培训参与、完成和结果：过去十年的改变》（*Indigenous VET Participation，Completion and Outcomes：Change over the Past Decade*）。她根据国家职业教育研究中心、国家职业教育培训机构、国家学徒和受训生以及学生结果调查统计的数据，对原住民职业教育和培训的参与率、完成率和就业情况等进行了深入探讨，详细阐述了原住民职业教育和培训的概况。在2005—2015年，原住民参与职业教育的人数不断增长，由2005年的8.19万人增长至2015年的10.51万人，上升率为22.1%。有研究表明，与高等教育相比，原住民学生接受职业教育的可能性更大，尤其15岁以上的原住民学生对职业教育表现出极大的热情，这和他们对自我兴趣与能力的正确认知有重大关系。[②]而且，很多原住民在青年时期就开始接受职业教育，他们参与职业教育的比例要高于非原住民学生。[③]在2015年，超过16.5万的原住民学生学习了职业教育课程，而接受高等教育的原住民学生仅约1.6万人，只有参与职业教育人数的十分之一。[④]

---

① Department Of Prime Minister And Cabinet. Chapter three：education［EB/OL］. https：//closingthegap. pmc. gov. au/education，2019-12-24.

② MAREE A，ROSE P，GEORGINA W. Indigenous participation in VET：understanding the research［R］. National Centre for Vocational Education Research，2017.

③ MISKO J，KORBEL P，BLOMBERG D. VET in School students：characteristic and post-school employment and training experiences［R］. National Centre for Vocational Education Research，2017.

④ GEORGINA W. Indigenous VET participation，completion and outcomes：change over the past decade［R］. National Centre for Vocational Education Research，2017.

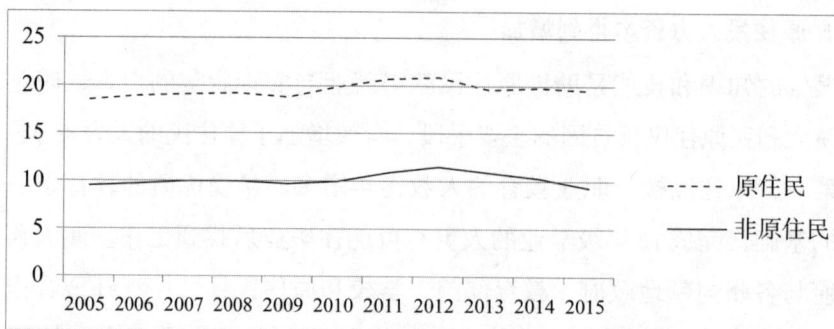

图 9 2005—2015 年 15–64 岁原住民和非原住民参与职业教育的比例（%）

从图 9 可以看出，从 2005 年到 2012 年，原住民参与职业教育比例基本呈上升趋势，尤其到 2012 年，原住民接受职业教育的比例达到了 20.9%，而非原住民只有 11.5%，这在很大程度上可以从《国家技能和劳动力发展协定》（National Agreement for Skills and Workforce Development）的颁布，各部门大力开展职业教育和培训受到鼓励得到解释。政策杠杆作用的有效发挥，使得参与职业教育的原住民人数大量提升。2012 年之后，澳大利亚政府在教育政策和财政政策上做出调整，尽管接受职业教育的人数有所减少，但这并没有降低原住民参与职业教育的热情和积极性。在 2015 年，原住民的比例为 18.7%，而非原住民只有 9.3%。

第二，原住民获得 I 级和 II 级职业资格证书人数多于非原住民。澳大利亚职业教育提供 I–X 级共 14 种全国统一的资格等级证书，层级分明，其中，I 级和 II 级证书能够使受训者获得和掌握入门级技术、程序性知识或工作领域所需的基本技能；而 III 级和 IV 级证书使受训者掌握的知识更加全面，能够熟练运用基本技能独立完成一般的常规工作，并且可以运用专业技能完成较为复杂的工作等，具备了各类工作情景中所需的理论联系实际、解决问题的能力。相较于 III 级及以上的职业资格证书，I 级和 II 级的职业资格证书课程门槛较低，属于入门级别的职业技能培训，对学习者的文化程度要求较低，因此这类职业资格证书课程受到了原住民的广泛欢迎。尤其对于很多成年原住民来说，更是如此。培训结束获得国家认证的职业资格证书后，他们就可以直接进入工作岗位，在服务行业或农业等领域从事一些不是特别复杂的工作，这有助于原住民逐渐改善生活条件，提高其生活质量。

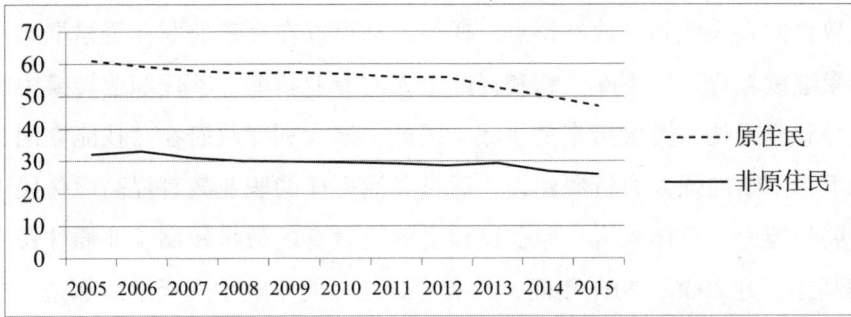

图10　2005—2015 年原住民和非原住民参与 I 级和 II 级职业资格培训的比例（%）

第三，获得职业资格 III 级及以上证书的原住民人数不断增长。近年来，随着澳大利亚对原住民职业教育的重视，其采取多项政策和措施鼓励原住民接受更高层次的职业教育。另外，由于自我发展意识的增强，原住民不断自主提高职业技能，继续深造学习高级别的职业资格课程。从图11可以看出，到2015年，原住民具有 III 级及以上职业资格证书的比例已达到将近60%，和2005年相比，增长了近20%。

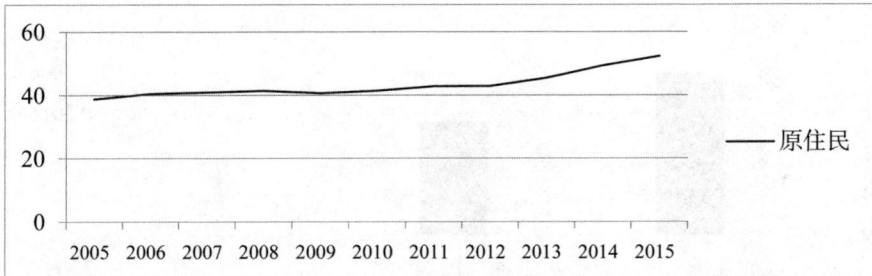

图11　2005—2015 年原住民参与 III 级及以上职业资格证书的比例（%）

第四，获得更高等级文凭的原住民数量也呈上升趋势。为了帮助更多的原住民接受高层次的职业教育，获得文凭证书，澳大利亚政府不断加强对原住民的资助，以解决原住民因贫而退学的困境，帮助原住民提高其职业能力。从区域分布来看，接受文凭或更高层次教育的原住民主要分布在主要城市（major cities），在过去的10年内，主要城市地区原住民接受文凭以上职业教育和培训的比例从6.3%上升到了12.4%，而偏远和非常偏远地区在近10年一直没有突破5%。

第五，接受继续教育的原住民数量基本和非原住民持平。由于澳大利亚职业教育的人人性和开放性特点，任何人都可以在完善的职业资格框架制度下接受继续教育，以不断更新和提高个人的专业技能，胜任职业转换中的不同工种和应对技术升级带来的挑战。因此，澳大利亚政府在"技能立国"的背景下，不断加强人力资源建设，通过灵活多样的职业教育提高原住民谋生和发展的能力。总体来说，原住民接受继续教育的数量较高于非原住民，如图12所示。在2006—2016年间，约有三分之一的毕业生选择继续深造。从职业资格证书获得上来看，具有高级和Ⅰ、Ⅱ级资格证书、文凭的原住民更愿意接受继续教育，而Ⅲ级职业证书的培训有时是面向特定岗位的就业（如贸易培训），所以这一部分群体接受继续教育的可能性相对较小。如图13所示，具有Ⅳ级及以上证书和文凭的原住民接受继续教育的比例高于非原住民，其他方面接受继续教育的人数较低于非原住民。

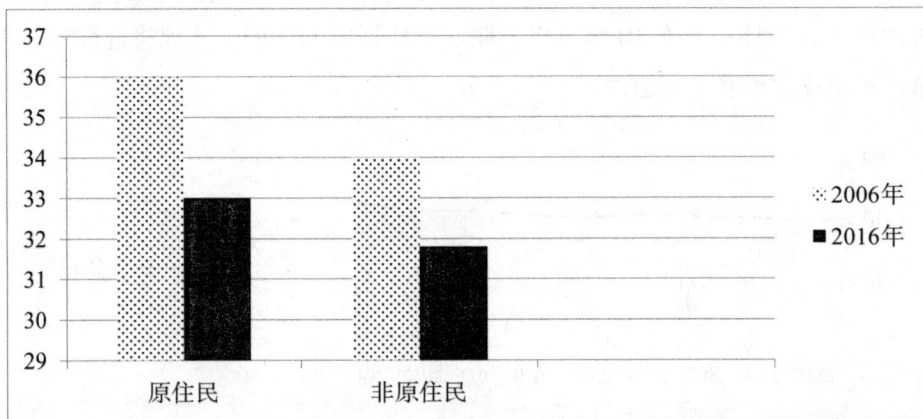

图12　2006—2016年原住民和非原住民毕业生继续深造的比例（%）

　　总体来说，原住民接受职业教育的人数和层次在不断提升，一方面在12年级高中教育和同等学历教育的完成率，尤其是在Ⅰ级和Ⅱ级职业资格证书培训课程方面，原住民参与率较高；另一方面，尽管因受各种内外部因素的影响，在职业教育学习过程中存在诸多困难，但是仍有很多原住民在国家补偿政策支持下，不断积极提高自我，主动接受更高层次的职业教育。

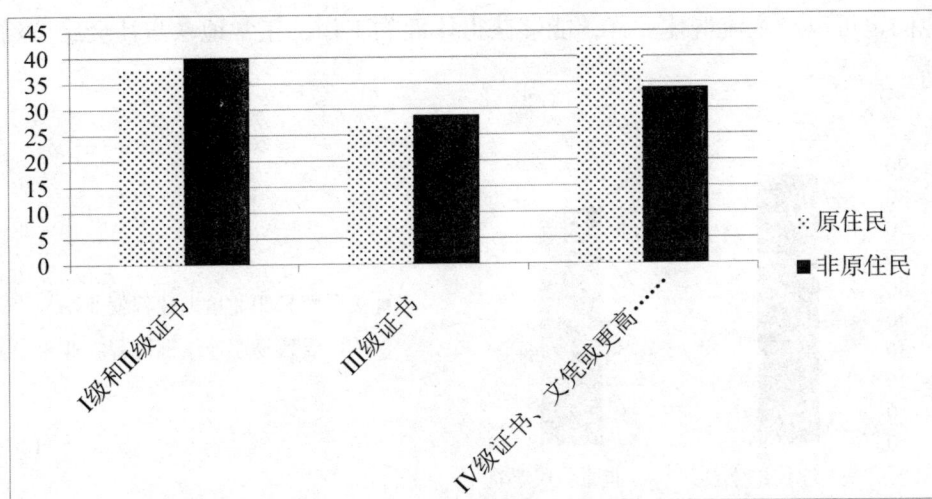

图 13　2006—2016 年具有不同资格证书的原住民和非原住民继续教育的比例（%）

2. 原住民就业结果得到改善

有研究表明，人力资本的高低对劳动力在主要和次要劳动力市场就业有着决定性的影响，人力资本程度越高，劳动者在劳动力市场中获得的经济报酬就越高。[1]因此，原住民获得的职业证书等级越高，表明其职业技能水平越高，越容易在劳动力市场中获得较高的经济收入。根据国家职业教育研究中心 2015—2016 年学生结果调查（student outcomes survey）统计，是否接受学徒制培训和就业结果之间存在着正相关关系，如图 14 所示，原住民学徒接受贸易职业培训的就业率是 89.2%，非原住民学徒的就业率为 77.9%，较低于原住民，而原住民没有接受培训的就业率只有 41.9%，二者的就业比差距达 1 倍之多。[2]另外根据学者卡梅尔（Karmel）2014 年和克劳福德（Crawford）、比德尔（Biddle）2017 年的研究，受教育水平较高的原住民，如具有文凭和高级职业资格证书，或具有学士及以上学位，其就业率和非原住民持平。[3]这说明教育水平的高低对促进就业具有重要的影响，而且随着原住民人力资本的增加，

---

① 孟照海. 教育扶贫政策的理论依据及实现条件：国际经济与本土思考 [J]. 教育研究,2016（11）: 47–53.

② GEORGINA W. Indigenous VET participation, completion and outcomes: change over the past decade[R]. National Centre for Vocational Education Research, 2017.

③ MAREE A, ROSE P, GEORGINA W. Indigenous participation in VET: understanding the research [R]. National Centre for Vocational Education Research, 2017.

他们也可以和主流群体一样，能够获得体面的工作，正常地参与社会经济活动。

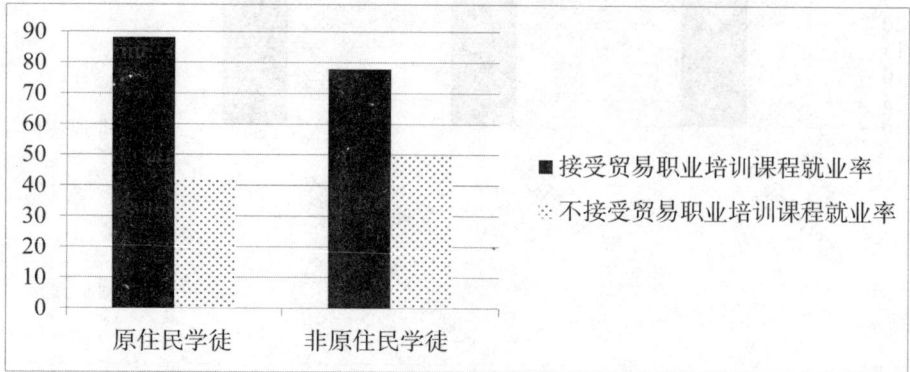

图 14　原住民学徒和非原住民学徒是否接受贸易培训课程的就业比例（%）

澳大利亚政府针对原住民设计的职业培训和就业项目，有效提高了原住民职业技能，促进了他们就业。根据联邦政府2018年发布的《缩小差距》报告可以发现，各类培训和就业项目在促进原住民就业中发挥了关键的作用。一是就业服务机构的一体化支持极大提升了原住民就业率，如 Jobactive 自实施以来，三分之二的服务对象是原住民求职者，已帮助原住民获得约81000个就业岗位；VTEC 提供商截止到2017年12月31日，已帮助7617名原住民顺利就业，有4320人实现了26周的就业成果。二是促进了原住民在公共部门就业。截止到2017年6月底，原住民在澳大利亚联邦政府公共部门的就业比例为2.7%，尽管离政府设定的3%的目标还有一定的距离，但是随着公共部门就业政策的颁布和大力改革，构建和谐包容的工作环境，积极吸引原住民劳动力的参与，以促进公共部门的多样化发展。三是原住民青年人和残疾人就业率得到提升，如每年大约有4600名原住民青年从"过渡到工作"服务项目受益。"残疾人就业服务"大约帮助10800名原住民残疾人扫除了就业的障碍，参与人数从2010年的4.5%增长至2017年的5.7%，在26周就业成果方面，原住民残疾人就业率从2010年的3.5%上升至2017年的6%。

（二）原住民和原住民社区缄默性资本发展的非货币收益

澳大利亚政府消除原住民贫困的行动是一项整体、全面和综合的计划（holistic approaches），政府在与原住民民族和解及促进他们发展的过程中，不仅重视原住民的经济、教育和就业等难题，还特别关注原住民的心理创伤、情感和原住民传统文化的传承与保护、原住民社区的建设等。[①] 从澳大利亚原住民职业教育反贫困产出的结果来看，非货币化收益表现为原住民个体的收益和原住民社区的收益。

1. 原住民个体的非货币化收益

原住民个体的非货币化收益是职业教育投资作用于原住民个人产生的收益，这是一种间接性的反贫困收益，成效直接投射在原住民身上，映射在他们的行为表现之中。

（1）改善了原住民的身体健康状况

一直以来，原住民的身体健康状况是影响其自身发展的主要因素之一，也是其陷入贫困的重要表现。健康水平和教育程度具有相互影响的关系，具有较高教育水平的人通常会获得更加全面的健康知识，这些储备会促使他们适时管理自己的身体，具有更多接受医疗保健的经济资本，从而不断改善个人的健康状况。如有研究表明，受教育程度越高，死亡率下降的速度越快，受过大学教育的人的预期寿命会增加7年。[②] 因此，改善原住民的身体健康水平，提高他们的预期寿命，成为澳大利亚政府解决原住民生存问题的重点。澳大利亚在职业教育和培训中适度增加有关生命健康方面的内容，规范原住民个体的行为，引导其树立积极向上的生活观，养成良好的生活习惯，形成健康的生活方式。根据澳大利亚健康和福祉所（Australian Institute of Health and Welfare）2018年发布的一项有关原住民健康绩效框架（health performance framework）的报告，1998年至2015年，原住民的死亡率下降了15%，0~4岁原住民儿童的死亡率下降了33%，这得益于原住民妇女在怀孕期间的吸烟率

[①] Department Of Prime Minister And Cabinet. Closing the gap: Prime Minister's report 2018 [R]. Commonwealth of Australia, 2018.

[②] WONG M D, SHAPIRO M F, BOSCARDIN W J, ETTNER S L. Contribution of major diseases to disparities in mortality [J]. The New England Journal of Medicine, 2002（20）: 1585-1592.

从2006年的54%下降至2014年的46%；原住民吸烟率从2002年的51%下降到2014年的42%，下降了9个百分点，其中15岁及以上的原住民吸烟率降低了15%；从2008年到2015年间，15岁及以上原住民饮酒的比例也有所下降，其中一次饮酒从38%下降至31%，终身饮酒从19%减少到了15%。[①]尽管原住民的健康状况和主流群体还存在一定的差距，在某些方面他们依然是弱势群体，但随着接受职业教育和培训人数的增多，他们的健康意识和生活方式都逐渐有所增强和改进。

（2）增强了原住民的主观幸福感

主观幸福感（subjective well-being）是指个体对自己生活质量和满足感所做的情感性、认知性的评价[②]，这种评价具有稳定性和整体性的特征，是个体在一段相对较长的时间内，基于对生活的体验和满意程度所总结出来的。有学者从情感的维度对主观幸福感进行了解释，如认为主观幸福感表示个体体验到的快乐、开心、愉悦等正向的情绪，以及较少感受和体验到的悲观或消极情绪。[③]可以看出，人们对幸福感的认知并非在实际中发生了什么，而是人们在情绪上对周围事情做出的解释和评价。由于主观幸福感作为衡量和评估人们生活满意度和情感体验结果的内容与手段，澳大利亚非常重视提升原住民的生活质量以及他们的情感体验、福祉，增强他们的主观幸福感。政府2018年颁布的《缩小差距》报告提出："在缩小差距战略的进程中，最为重要的是原住民如何定义成功，即他们的感受和体验是衡量该战略实施成效的关键。"[④]

反贫困归根到底是为了人的发展，是实现贫困人口和贫困地区的发展。澳大利亚原住民职业教育在反贫困的过程中，对原住民内生能力的提高不仅表现为提高他们谋生的就业能力、关键能力和社会参与能力，还表现为着力

---

① Australian Institute Of Health And Welfare. Aboriginal and torres strait islander health performance framework 2017 report［R］. Australian Government，2018.

② NEUGARTEN B L，HAVIGHURST R J，TOBIN S S. The measurement of life satisfaction［J］. Journal of Gerontology，1961（16）：134-143.

③ FARID M，LAZARUS H. Subjective well-being in rich and poor countries［J］. Management Development，2008（10）：1053-1065.

④ Department Of Prime Minister And Cabinet. Closing the gap：Prime Minister's report 2018［R］. Commonwealth of Australia，2018.

增强他们过上文明幸福生活的能力。"和其他澳大利亚人一样，原住民也有权利在安全的社区内生活，在社区内他们共同努力创建健康文明的家庭、参与教育和就业，为社区和社会的发展做出贡献。同时，原住民在情感和社会福利方面，也应该享有同等的待遇。"①可以看出，原住民在脱贫过程中的感知和体验，是检验他们脱贫成效的重要指标之一。有学者根据原住民和非原住民居住地的偏远程度，从生活水平、健康、生活满足感、关系、安全、社区和未来保障7个维度，对他们的主观幸福感进行了量化研究，结果表明，与大城市相比，农村生活更具优势和吸引力；偏远原住民社区的基础设施尽管落后于城市，但是原住民在原住民社区内更容易建立安全、和谐的亲属关系，能够扩大原住民个人的社会网络，这为他们提供了安全保障，有助于原住民在互相交往的过程中形成较大的凝聚力，对本社区内的事务更具责任感，维护和弘扬原住民传统文化。②

（3）提高了原住民的自信心和自主能力

"获得自我发展（self-development）是原住民参与职业教育所期待的重要结果之一。"③在很多相关的研究中，研究者都认为职业教育和培训对减轻原住民贫困具有积极的作用。2005年国家职业教育研究中心发布了一项题为《原住民职业教育和培训概况》（*Indigenous Vocational Education and Training：At a Glance*）的研究报告，报告指出，尽管有时原住民无法立刻获得有报酬的就业机会，但是职业教育和培训能够提高他们的自尊感，即使没有完成培训，原住民在参与的过程中自信心也得到了提高。④同年，国家职业教育研究中心开展的一项调查强调，90%的原住民学生认为职业教育提高了他们的自信心、自尊感、沟通表达和与他人相处的能力，将近70%的学生指出他们在社区中

① Department Of Prime Minister And Cabinet. Closing the gap：Prime Minister's report 2015［R］. Commonwealth of Australia，2015.

② ADRIAN J T，DAVID M，ROBERT T. Geographic differences in subjective well-being among indigenous and non-indigenous Australian adolescents and adults［J］. Journal of Community Psychology，2017（1）：81-89.

③ CYDDE M. Aspects of training that meet indigenous Australians' aspirations：a systematic review of research［R］. National Centre for Vocational Education Research，2005.

④ KATY O. Indigenous vocational education and training：at a glance［R］. National Centre for Vocational Education Research，2005.

作为榜样的能力得到了提升。①同样，根据澳大利亚"2015—2016年学生结果调查"发现，无论是培训后就业还是没有就业的原住民都认为职业教育和培训在多个方面对他们有利，首先是个人职业技能提升被认为是最大的收获，所占比例为75%；其次是成就和满足感的获得，均占到了65%；再次是提高了个体的交流沟通技能，在培训后没有就业的原住民之中有58%的人认为这项技能尤为重要。②

自力更生是原住民摆脱福利依赖和消除贫困文化的关键。澳大利亚开展的多项职业教育项目，以及在反贫困过程中对原住民施与的人文和精神关怀，改变以前原住民参与性不强、坐等扶贫的被动等、靠、要的情况。中部土地委员会主任大卫·罗斯（David Ross）在演讲中指出："原住民在职业教育、就业和经济发展中的控制权、参与权和决策权，带来了巨大的成功，不仅提高了原住民的职业技能，同时原住民的自信心也得到增强，而且原住民的主动性和自主能力也随之不断提高。"③

2. 原住民社区的非货币化收益

原住民社区的非货币化收益表示原住民个体的收益发散到原住民社区而产生的脱贫影响，这种收益是间接性的，以原住民个体和群体的脱贫收益促进整个原住民社区在文化传承、环境建设、安全性保障等上得到增强。

（1）原住民传统文化得到保护与传承

原住民艺术和语言对原住民的福祉和身份至关重要，在促进原住民社区的可持续发展、增强原住民社区活力和积蓄原住民社区能量等方面发挥着不可替代的作用。原住民对于保护本民族文化的呼声和愿望越来越强烈，鉴于此，澳大利亚政府在缩小差距的进程中，将挖掘原住民艺术、培养专门从事原住民艺术行业的专业人才、原住民语言教育作为职业教育和培训的内容之一。为了加大对原住民传统文化的保护力度，澳大利亚政府投入大量的资金

① CYDDE M. Aspects of training that meet indigenous Australians' aspirations: a systematic review of research [R]. National Centre for Vocational Education Research, 2005.
② GEORGINA W. Indigenous VET participation, completion and outcomes: change over the past decade[R]. National Centre for Vocational Education Research, 2017.
③ The Mandarin. Indigenous evaluation? we've got that right here: land council [EB/OL]. [2020-01-13]. https://www.themandarin.com.au/69653-indigenous-evaluation-strong-in-grassroots-programs/.

和制定专门的计划，用来支持保护、弘扬和振兴原住民传统文化。如2017年政府承诺投资1000万澳元保护原住民语言，每年提供约2000万澳元用于"原住民语言和艺术项目"的运行。[①]总体而言，自从2008年联邦政府提出"缩小差距"的目标以来，澳大利亚政府、企业和非营利部门纷纷加入保护原住民文化的队伍中，不断提高对原住民传统文化的重视程度，以多种形式展示、宣传和传播原住民传统文化，从而有效促进社会大众增加对澳大利亚第一民族悠久文化和历史的尊重、了解与认知，切实增强了原住民群体对本民族传统文化的认同感和文化自信。[②]

（2）原住民社区的安全性得到提升

生活在安全和舒适的社区，是每个原住民的基本权利。然而现实中，原住民比其他群体更容易遭受到虐待、忽视、家庭暴力和其他形式的暴力犯罪并被监禁。因此，建立一个安全的原住民社区是澳大利亚政府发展原住民事务的优先领域之一，"这对于缩小原住民群体与主流群体的差距至关重要，它能够确保其他促进原住民发展的事情成为可能，如原住民儿童有学上并取得不错的成绩，原住民成年人顺利就业"[③]。"在安全的社区里，人们更有可能获得权利、安全感、自豪感、幸福感，以及增强适应力"[④]，免受伤害，身心获得健康成长和发展。在"缩小差距"的战略中，澳大利亚联邦政府和原住民社区开展了诸多密切合作，共同设计了一系列干预措施，充分发挥职业教育的早期干预功能，提高原住民的就业率，帮助原住民树立正确的价值观，提高他们的行为控制力，抑制原住民犯罪，创造非货币化收益；同时，为具有监禁背景和早期辍学的原住民提供补偿性质的职业技能培训，以教化、规训和感化每个原住民，使其转换为一个完整的社会人，发挥他们的社会价值。澳大利亚以职业教育为主要手段的反贫困行动，有效改善了原住民的生存环境，

---

① Department Of Prime Minister And Cabinet. Closing the gap: Prime Minister's report 2018 [R]. Commonwealth of Australia, 2018.

② Department Of Prime Minister And Cabinet. Closing the gap: Prime Minister's report 2018 [R]. Commonwealth of Australia, 2018.

③ Australian Government. Safety and wellbeing [EB/OL]. [2020-01-13]. https：//www. indigenous. gov. au/safety-and-wellbeing.

④ Australian Institute Of Health And Welfare. Aboriginal and torres strait islander health performance framework 2017 report [R]. Australian Government, 2018.

在一定程度上降低了家庭暴力事件发生率、犯罪率和药物滥用率，减少了代际创伤，为原住民儿童提供与建立了一个安全、具有支持性的家庭和社区环境，切实保证原住民享有健康和文明的生活，提高了原住民的幸福感和福祉，使原住民社区的安全性得到了极大提升。

三、澳大利亚原住民职业教育反贫困的挑战

尽管澳大利亚在原住民职业教育反贫困行动中取得了比较理想的成绩，但是和联邦政府2008年提出的"缩小差距"目标相比，原住民在职业教育完成率、高等级职业资格证书获得和就业方面，仍和非原住民存在一定的差距，这也将是澳大利亚政府未来不断努力的方向和所要改进的地方。具体而言，澳大利亚当前职业教育反贫困面临的挑战主要表现在以下几个方面：

（一）偏远地区原住民获得职业资格证书的等级较低

在澳大利亚，有一部分原住民已经从农村转移到城市就业，但是仍有很多原住民生活在偏远和非常偏远的地区。为了帮助他们减轻贫困，澳大利亚政府先后实施了多项面对偏远地区原住民的职业教育和就业项目，旨在提高他们的生活水平，助力他们摆脱贫困。虽然偏远和非常偏远地区的大部分原住民通过职业教育和培训实现了就业，但是他们获得的职业资格证书主要是Ⅰ级和Ⅱ级，如图15所示，在2010年以前，原住民获得Ⅰ级、Ⅱ级证书的人数远远高于获得Ⅲ级、Ⅳ级证书的人数，二者人数相差1倍左右，从2011年开始，偏远和非常偏远地区原住民获得Ⅲ级、Ⅳ级证书的人数逐渐增多，但是和其他地区相比，获得高级职业资格证书的比例仍较低。从人力资本投入与产出的角度来看，产出效益直接体现为经济收入的高低，劳动力市场通常根据求职者的学历水平进行筛选，而拥有Ⅰ级、Ⅱ级职业资格证书的原住民和更高学历水平的求职者相比则处于劣势，往往从事简单、初级的工作，导致他们的经济收入相对较低。

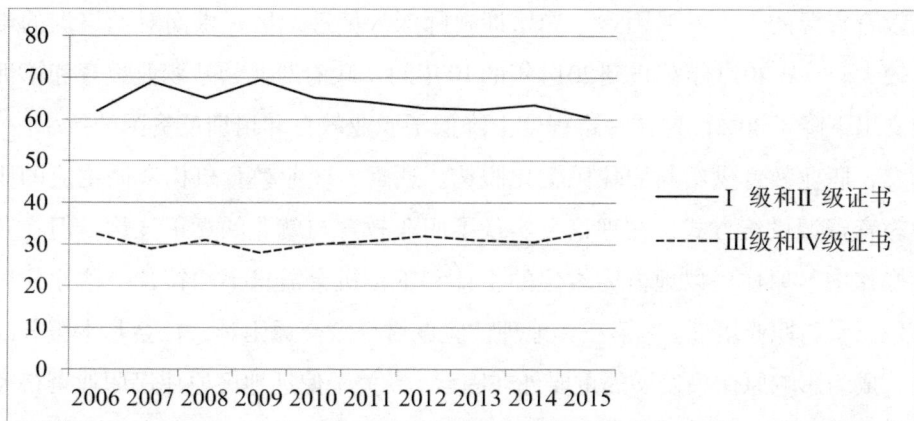

图15　2006—2015年偏远和非常偏远地区原住民获得Ⅰ-Ⅳ级职业资格证书的比例（%）

（二）偏远地区原住民职业教育的完成率较低

从整体上来看，原住民职业教育的参与率高于非原住民，由于他们的积极参与，持有职业资格证书的人数不断增加，原住民的就业状况也得到了有效改善。但是，对于偏远和非常偏远地区的原住民来说，他们当中部分群体的职业教育完成率较低，为10%~20%，也就是说很多人选择中途放弃，尤其是面对较低等级的职业资格证书培训课程。[①] 如根据表6，偏远地区原住民获得各类证书的总体完成率只有16.6%，比非原住民的完成率低了近12个百分点。Ⅰ级培训课程较低的完成率引起了人们的担忧，尤其在偏远地区有四分之一的群体都没有完成Ⅰ级证书的培训，而在澳大利亚其他地区注册培训的学生中，这一比例为6.5%。[②]

澳大利亚政府制定了多项政策和采取了不同措施关照偏远地区原住民的生存与发展状况，对促进原住民人力资本增加和生活状况改善发挥了积极的作用，然而，由于主客观因素的限制，原住民职业教育和培训的参与率和完成率不是非常理想。根据对相关研究成果的分析发现，偏远地区原住民职业教育质量不高的原因主要表现在：第一，经济成本是制约向偏远地区供给职

---

① GUENTHER J，BAT M，STEPHENS A，et al. Enhancing training advantage for remote aboriginal and torres strait islander learners［R］. National Centre for Vocational Education Research，2017.

② GUENTHER J，BAT M，STEPHENS A，et al. Enhancing training advantage for remote aboriginal and torres strait islander learners［R］. National Centre for Vocational Education Research，2017.

业教育资源的一个重要因素，如培训教师深入偏远地区提供面对面培训的难度较大。① 从2013年截止到2014年的10年间，政府对北领地职业教育和培训的支出下降了30%，这在一定程度上降低了职业教育和培训反贫困的效率。② 第二，职业教育供给与原住民文化脱钩。通常，职业教育机构遵循主流的职业教育资源供给方式，在理论上实现了职业教育与就业的真正挂钩，但在实际操作中与原住民以地方为本位的生计和工作机会需求不相符，一些原住民不乐意参与职业培训。③ 第三，地理位置偏僻导致交通困难，社会基本服务缺乏，成为影响原住民发展的重要外在因素。④ 关于偏远地区原住民职业资格完成率低的问题，还有研究者提出了不同的观点，指出尽管这是一个有趣的论断，但是未得到证据的证明，而且该论断没有从承认学习者的角度认识职业教育的效率。⑤

表6　2014年偏远地区原住民和非原住民政府资助的职业教育项目完成率

	原住民（%）	非原住民（%）
文凭及以上	34.7	35.3
Ⅳ级证书	28.1	35.3
Ⅲ级证书	15.8	27.5
Ⅱ级证书	18.6	24.0

---

① Health Workforce Australia. Growing our future：final report of the aboriginal and torres strait islander health worker project［EB/OL］.［2020-01-13］. http：//docplayer. net/docview/19/323581/#fi le=/storage/19/323581/323581. pdf.

② Pproducitivity Commission. Report on government services 2016，chapter 5，volume B，vocational educationandtraining［EB/OL］.［2020-01-13］. https：//www. pc. gov. au/research/ongoing/report-on-government-services/2016/childcare-education-and-training/vocational-education-and-training/rogs-2016-volumeb-chapter5. pdf.

③ GUENTHER J，MARAE W. Does education and training for remote aboriginal and torres strait islanders lead to "real" jobs?：evidence from the 2011 census［R］. AVETRA Secretraiat，17th Australian Vocational Education and Training Research Association Conference，2017.

④ HERNAN C，NEHEDA B，MALCOLM T. Youth，belonging and transitions：identifying opportunities and barriers for indigenous young people in remote communities［R］. Youth Research Center，Melbourne Graduate School of Education，2015.

⑤ GUENTHER J，BAT M，STEPHENS A，et al. Enhancing training advantage for remote aboriginal and torres strait islander learners［R］. National Centre for Vocational Education Research，2017.

	原住民（%）	非原住民（%）
Ⅰ级证书	10.6	22.9
总共	16.6	28.1

资料来源：GUENTHER J，BAT M，STEPHENS A，et al. Enhancing training advantage for remote aboriginal and torres strait islander learners［R］. National Centre for Vocational Education Research，2017.

（三）原住民和主流群体的差距还没有完全缩小

澳大利亚原住民的贫困与不同政党的执政理念和政策密切相关，联邦政府成立后，澳大利亚联邦的第一大党——工党提出"白澳政策"。为了建设一个没有任何有色人种和混血人种的社会，澳大利亚政府将原住民排斥在主流社会之外，将原住民儿童从家中强行带走，产生了所谓的"被偷走的一代"。20世纪50年代和60年代，澳大利亚自由党和乡村党结成联盟，牢牢把控联邦政府长达23年，将工党彻底排挤出权利核心之外。自由党在执政期间实施了"同化政策"，通过对原住民的监控，强制要求原住民改变原有的生活方式，放弃自己的传统文化和习俗，可以说是"白澳政策"的变种，导致原住民与联邦政府的矛盾更加尖锐和深化。澳大利亚不同政党都将原住民认为是异类群体，这种认知也反映在针对原住民的政策上，除了排挤和歧视原住民之外，并没有针对原住民的弱势和边缘地位，提出有效增加他们人力资本和改善其生活状况的具体措施，导致原住民不仅心理上受到了极大的创伤，而且加剧了原住民的贫困，使原住民贫困和民族矛盾成为澳大利亚日后一个严重的社会问题。1972年澳大利亚工党获得了执政权，以"多元文化主义"政策为治国理念，废除了"白澳政策"。工党积极履行国际组织反对种族歧视的法规，废除了澳大利亚的种族歧视政策，从法律上保障原住民的土地权益，同时在住房、医疗、教育、卫生、就业等领域加大投资力度和对原住民的政策关照，此外赋予原住民自决权利，实现澳大利亚各民族真正意义上的平等。尤其2008年工党陆克文政府对原住民做出诚挚道歉和提出了"缩小差距"的战略，虽然之后各个政党轮流执政，但是原住民事务已然成为澳大利亚政府的优先关注事项。

　　尽管澳大利亚政府提出多项政策，从各个领域增加原住民的人力资本，但是由于原住民的贫困根深蒂固，影响因素多样，澳大利亚原住民反贫困的道路，并不是一帆风顺，缩小原住民和主流群体差距的成效并不是很明显。正如2018年2月澳大利亚政府发布的第十份"缩小差距"的年度报告显示，在改善原住民生活的7个目标中，只实现了3个目标，包括在2018年前5岁以下原住民儿童死亡率减半、2020年前95%的4岁原住民儿童接受早教课程、2020年前原住民与其他群体进入12年级学习的人数差距减半。终结一代人的寿命差距、2018年前就业差距减半、读写和计算能力差距减半、消除入学率差异性的目标还在努力中。[①]贫困是绝对的，也是相对的，尽管职业教育已经在一定程度上增加了原住民的人力资本，改善了原住民的生活状况，但是澳大利亚消除原住民和主流群体差距的既定目标还未实现，相对贫困还将长期在澳大利亚存在。

---

① DEPARTMENT OF PRIME MINISTER AND CABINET. Closing the gap: Prime Minister's report 2017[R]. Commonwealth of Australia, 2017.

结　语

　　贫困是世界性公认的难题，在任何国家，贫困人口都是社会的弱势和边缘群体，贫困表现在基本生活条件差、教育程度低、发展能力不足、权利缺失、机会和利益分配不平等。反贫困作为一项巨大和复杂的工程，是人类的共同使命和责任，人类社会与贫困作斗争的历史就是人类从愚昧走向文明的奋斗史，也是人类从落后走向繁荣的发展史。原住民作为澳大利亚最早的本土人口，经历了种族灭绝政策、白澳政策和同化政策，遭受了被屠杀、被驱逐和被同化的悲惨命运。面对越来越尖锐的民族矛盾和国际社会对澳大利亚的谴责，澳大利亚政府逐渐开始正视原住民的权利和身份问题，在20世纪70年代实行多元文化主义政策，要求消除偏见和歧视，倡导人人平等，尊重原住民和原住民文化；2007年澳大利亚政府承认《联合国原住民权利宣言》，一年后澳大利亚政府郑重向原住民道歉，民族和解的步伐进一步加快，并在提高原住民住房、卫生、教育、就业、医疗、经济等方面提出了"缩小差距"的反贫困战略，吹响了21世纪原住民反贫困的号角。在澳大利亚原住民反贫困的斗争中，职业教育作为促进原住民社会阶层向上流动的"阶梯"，为原住民提供了生存与发展的知识、技能和综合能力，提高了原住民自主可持续发展的内生动力；各项职业教育和培训项目、就业咨询服务都根据原住民的个性化需要，因地制宜，按需施策，做到了精准发力和精准帮扶；在反贫困的过程中，强调赋予原住民参与权、决策权、知情权和话语权，使反贫困资源精准对接原住民的需要，而且极大地提高了他们的自主能力；反贫困是消除原住民贫困的行动，澳大利亚政府在反贫困的过程中积极加强原住民社区能力建设，以建立一个安全、支持和稳定的居住环境。澳大利亚政府在治理原住民贫困的行动中，制定的一系列干预和补偿矫正措施，取得了积极的成效，原住民在现代经济中的参与程度逐渐提高，住房、卫生、教育和就业情况得到进一步改观。原住民由于遭遇了长达数百年的殖民统治，加之主流群体的排斥和歧视，贫困程度更加不同于其他群体，这必然增加了反贫困工作的难度，带来了巨大的挑战。尽管如此，澳大利亚政府在原住民职业教育反贫困过程中积累了丰富的经验，能够为世界不同国家的减贫提供一定的参照。

反贫困的概念具有三层递进的关系，分别是减少贫困、消除贫困和预防贫困，表示反贫困是人类为获得更高级的文明和进步而终身不断抗争的目标。随着社会经济的发展，人们对贫困的认识不断深入，贫困从传统上的静态现象转变为动态现象，贫困的内容和表现形式更加丰富，使贫困的划分不仅仅以贫困线为唯一的标准，贫困发生的时间也随着家庭变故、个人情况的变化而延长或缩短。虽然绝对贫困在一段时间段内可以彻底被消除，但是相对贫困会长期存在。另外，反贫困不单纯是教育学、经济学问题，更是涉及社会学、人类学、人口学、政治学等跨学科的问题，而职业教育反贫困不仅与职业教育自身的发展有着紧密的关系，更和影响人们社会阶层流动的社会制度和政策有关，如社会保障制度、就业制度、户籍制度、企业招工用人制度等。因此，只有多管齐下，畅通和完善确保贫困人口生存与发展的制度和政策，职业教育和培训的反贫困效果才能够更加凸显。所以，无论从贫困的概念和内涵上而言，还是从职业教育发展的规律而言，职业教育反贫困都是一项系统复杂的工程，对它的研究还有很大的空间，这些问题都有待更进一步地探讨和研究，以助力实现联合国提出的"到2030年在全世界消除一切形式的贫困"的宏伟目标。

参考文献

一、中文参考文献

专著：

［1］石伟平.比较职业教育［M］.北京：高等教育出版社，2012.

［2］李延平.职业教育公平问题研究［M］.北京：教育科学出版社，2009.

［3］阿马蒂亚·森.贫困与饥荒：论权利与剥夺［M］.王宇，王文玉，译.北京：商务印书馆，2016.

［4］周勇.少数人权利的法理：民族、宗教和语言上的少数人群体及其成员权利的国际司法保护［M］.北京：社会科学文献出版社，2002.

［5］斯图亚特·R.林恩.发展经济学［M］.王乃辉，倪凤佳，范静，译.上海：格致出版社，2009.

［6］西奥多·舒尔茨.对人进行投资：人口质量经济学［M］.吴珠华，译.北京：商务印书馆，2017.

［7］阿马蒂亚·森.以自由看待发展［M］.任赜，于真，译.北京：中国人民大学出版社，2013.

［8］约翰·罗尔斯.正义论［M］.何怀宏，何包钢，廖申白，译.北京：中国社会科学出版社，1988.

［9］徐筑燕.发展经济学［M］.北京：科学出版社，2017.

［10］斐迪南·滕尼斯.共同体与社会［M］.林荣远，译.北京：商务印书馆，1999.

〔11〕和震.职业教育政策研究〔M〕.北京：高等教育出版社，2012.

〔12〕阿比吉特·班纳吉，埃斯特·迪弗洛.贫穷的本质：我们为什么摆脱不了贫穷〔M〕.景芳，译.北京：中信出版集团，2018.

〔13〕玛莎·C.纳斯鲍姆.寻求有尊严的生活：正义的能力理论〔M〕.田雷，译.北京：中国人民大学出版社，2016.

〔14〕安东尼·吉登斯.第三条道路：社会民主主义的复兴〔M〕.郑戈，译.北京：北京大学出版社，2000.

〔15〕李强.中国扶贫之路〔M〕.昆明：云南人民出版社，1997.

〔16〕李炳全.文化心理学〔M〕.上海：上海教育出版社，2007.

〔17〕左大培，杨春花.经济增长理论模型的内生化历程〔M〕.北京：中国经济出版社，2007.

〔18〕普兰纳布·巴德汉，克利斯托书·尤迪.发展微观经济学〔M〕.陶然，等译.北京：北京大学出版社，2002.

〔19〕李通屏，朱雅丽，邵红梅，等.人口经济学〔M〕.北京：清华大学出版社，2014.

期刊：

〔1〕李鹏，朱成晨，朱德全.职业教育精准扶贫：作用机理与实践反思〔J〕.教育与经济，2017（5）.

〔2〕李延平，陈琪.西部农村"互联网+"职业教育精准扶贫的制度创新〔J〕.电化教育研究，2016（12）.

〔3〕周飞舟.分税制十年：制度及其影响〔J〕.中国社会科学，2006（6）.

〔4〕叶普万.贫困概念及其类型研究述评〔J〕.经济学动态，2006（7）.

〔5〕吴理财."贫困"的经济学分析及其分析的贫困〔J〕.经济评论，2001（4）.

〔6〕梁伟军，谢若扬.能力贫困视阈下的扶贫移民可持续脱贫能力建设研究〔J〕.华中农业大学学报（社会科学版），2019（4）.

〔7〕王霆，曾湘泉.高校毕业生结构性失业原因及对策研究〔J〕.教育与经济，2009（1）.

［8］罗文彦.从"被偷走的一代"看澳大利亚同化政策的失败［J］.西华大学学报（哲学社会科学版），2010（12）.

［9］沈红.穷人主体性建构与社区性制度创新［J］.社会学研究，2002（1）.

［10］李忠斌，单铁成.少数民族特色村寨建设中的文化扶贫：价值、机制与路径选择［J］.广西民族研究，2017（5）.

［11］尹利民，赖萍萍.精准扶贫的"供给导向"与"需求导向"：论双重约束下的精准扶贫地方实践［J］.学习与实践，2018（5）.

［12］孟照海.教育扶贫政策的理论依据及实现条件：国际经济与本土思考［J］.教育研究，2016（11）.

［13］徐延辉，黄云凌.城市低收入居民的幸福感及其影响因素研究［J］.经济社会体制比较，2013（4）.

［14］陈鹏，王晓利."扶智"与"扶志"：农村职业教育的独特定位与功能定向［J］.苏州大学学报（教育科学版），2019（4）.

［15］康智彬，胡媚，谭素美.比较视野中教育扶贫的国际经验与中国路径选择［J］.比较教育研究，2019（4）.

学位论文：

［1］孙璐.扶贫项目绩效评估研究：基于精准扶贫的视角［D］.北京：中国农业大学，2016.

［2］廖敏文.《联合国土著民族权利宣言》研究［D］.北京：中央民族大学，2009.

［3］陈浩.人力资本与农村劳动力非农就业问题研究［D］.南京：南京农业大学，2007.

［4］陈福祥.公共性职业教育培训的有效供给：基于制度分析的视角［D］.重庆：西南大学，2011.

［5］张宇.新型城镇化进程中失地农民教育补偿研究［D］.天津：天津大学，2015.

［6］陈婷婷.澳大利亚原住民教育优惠政策研究［D］.兰州：西北师范大学，2010.

[7] 胡阿丽. 人力资本投资对农民非农就业的影响研究 [D]. 咸阳: 西北农林科技大学, 2012.

[8] 岑艺璇. 国外新职业主义教育的理论与实践研究: 以核心技能形成的职业教育机制为中心 [D]. 长春: 东北师范大学, 2015.

二、英文参考文献

专著:

[1] ANEEL K. Reducing poverty through employment [M]. New York: Palgrave Macmilln, 2011.

[2] EVERSOLE R, MCNEISH J, CIMADAMORE A. Indigenous peoples and poverty; an international perspective [M]. London: Zed Books, 2006.

[3] BARDHAN P, UDRY C. Development microeconomics [M]. Oxford: Oxford University Press, 1999.

[4] BEHRENDT L. Indigenous Australia for dummies [M]. Milton: John Wiley & Sons Australia PTY LTD, 2012.

[5] BERESFORD Q. Separate and unequal: an outline of Aboriginal education 1900–1996 [M]. Crawley: UWA Publishing, 2012.

[6] GERHARD L, LAN G M, et al. The habitat of Australia's aboriginal languages: past, present and future [M]. Berlin: Walter de Gruyter, 2008.

[7] Narayan D. Empowerment and poverty reduction: a sourcebook [M]. Washington D. C: World Bank, 2002.

[8] NINA B, FRANCES W, KAREN V. Indigenous education: a learning journey for teachers, schools and communities [M]. Rotterdam: Sense Publisher, 2012.

[9] TOWNSEND P. Poverty in the United Kingdom. a survey of household resources and standards of living [M]. Harmondsworth: Penguin Books, 1979.

[10] PHILIPPE D, JULIE V D, ELINOR O. A sourcebook for poverty reduction strategies: chapter 9 community driven development [M]. Washington D.

C: Word Bank Publications, 2002.

［11］PRICE K. Aboriginal and torres strait islander education: an introduction for the teaching profession［M］. Cambridge: Cambridge University Press, 2012.

［12］United Nations Development Programme. Human development report［M］. Oxford: Oxford University Press, 1990.

［13］Word Bank. Vocational education and training reform matching skills to markets and budges［M］. Oxford: Oxford University Press, 2000.

期刊:

［1］GUNDERSON C. Measuring the extent, depth, and severity of food insecurity; an application to American Indians in the USA［J］. Journal of Population Economics, 2008（1）.

［2］ADRIAN J T, DAVID M, ROBERT T. Geographic differences in subjective well-being among indigenous and non-indigenous Australian adolescents and adults［J］. Journal of Community Psychology, 2017（1）.

［3］BAUER R. Adult literacy and socio cultural learning at Pina Pina Jarrinjaku（Yuendumu learning centre）［J］. Australian Journal of Adult Learning, 2018（1）.

［4］FARID M, LAZARUS H. Subjective well being in rich and poor countries［J］. Management Development, 2008（10）.

［5］GARY J, BERESFORD Q. A formidable challenge: Australia's quest for equity in indigenous education［J］. Australian Journal of Education, 2008（2）.

［6］MCNAMARA P, HARVEY A, ANDREWARTHA L. Passports out of the poverty: raising access to higher education for care leavers in Australia［J］. Children and Youth Services Review, 2017（7）.

［7］THOMAS B, KATHERINE M C, et al. Beyond employment engagement: measuring education-employment linkage in vocational education and training programmes［J］. Journal of Vocational Education & Training, 2018（4）.

［8］TOM W. The future of Australia's indigenous population, 2011-61［J］. Population Studies, 2016（3）.

报告：

［1］Warlpiri Youth Development Aboriginal Corporation. Warlpiri youth development aboriginal corporation overview［R］. Alice Spring, 2016.

［2］Word Bank. Poverty and shared prosperity 2016: taking on inequality［R］. Washington, 2016.

［3］Australian Government. Commonwealth aboriginal and torres strait employment strategy［R］. Australian Public Service Commission, 2015.

［4］Australian Institute Of Health And Welfare. Aboriginal and torres strait islander health performance framework 2017 report［R］. Australian Government, 2018.

［5］Australian Institute Of Health And Welfare. Housing circumstances of indigenous Australians: tenure and overcrowding［R］. Canberra, 2014.

［6］Australian Institute Of Health And Welfare. The health and welfare of Australia's aboriginal and torres strait islander peoples: 2015［R］. Canberra, 2015.

［7］Hunter B. Taming the social capital hydra ? indigenous poverty, social capital theory and measurement［R］. Centre for Aboriginal Economic Policy Research, Australian National University, 2014.

［8］Central Land Council. Review, assessment and development of future options for the warlpiri education and training trust（WETT）and its programs［R］. Ninti One Limited, 2017.

［9］Departmrnt Of Prime Minister And Cabiner, Department Of Employment, Department Of Social Services. The design and implementation of the community development pragramme［R］. ANAO Report No.14 2017–2018 Performance Audit, 2017.

［10］GEORGINA W. Indigenous VET participation, completion and outcomes: change over the past decade［R］. National Centre for Vocational Education Research, 2017.

［11］GILLETTE H H, Harry A P. Indigenous peoples, poverty, and development［R］. Work Bank，2014.

［12］GUENTHER J，BAT M，STEPHENS A，et al. Enhancing training advantage for remote aboriginal and torres strait islander learners［R］. National Centre for Vocational Education Research，2017.

［13］MATTHEW G，BOYD H，SHAUN L. Increasing indigenous employment rates［R］. Australian Institute of Health and Welfare，2012.

［14］MCLACHLAN R，GILFILLAN G，GORDON J. Deep and persistent disadvantage in Australia［R］. Productivity Commission Staff Working Paper，2013.

［15］MISKO J，KORBEL P，BLOMBERG D. VET in school students：characteristic and post-school employment and training experiences［R］. National Centre for Vocational Education Research，2017.

［16］Nation Rural Health Alliance. Income inequity experienced by the people of rural and remote Australia［R］. Australian Capital Territory，2014.

［17］WALLACE R. Reluctant learners；their identities and educational experience［R］. National Centre for Vocational Education Research，2008.

电子文献：

［1］Rmit University. Indigenous tutorial assistance scheme（ITAS）［EB/OL］.［2019-12-26］. https：//www. rmit. edu. au/students/support-and-facilities/student-support/aboriginal-and-torres-strait-islander-students/indigenous-tutorial-assistance-scheme-itas.

［2］The Conversation. Tutors are key to reducing Indigenous student drop out rates［EB/OL］.［2019-12-26］. https：//theconversation. com/tutors-are-key-to-reducing-indigenous-student-drop-out-rates-86130.

［3］The Guardian. Nearly all indigenous adults in remote NT are not literate enough for workplace，study finds［EB/OL］.［2019-07-19］. https：//www. theguardian. com/australia-news/2017/sep/14/most-indigenous-adults-in-remote-nt-are-not-literate-enough-for-workplace-study-finds.

［4］Unesco. Second international congress on technical and vocational education ［EB/OL］.［2019-07-12］. http：//www. unesco. org/education/educprog/tve/ nseoul/docse/pdoce. html.

［5］Unesco. About the language, literacy and numeracy programme ［EB/ OL］.［2018-09-13］. http：//litbase. uil. unesco. org/?menu=4&letter= T&programme=133.

［6］United Nations. Indigenous peoples ［EB/OL］.［2019-08-01］. https： //sustainabledevelopment. un. org/majorgroups/indigenouspeoples.

［7］Zuluaga B. Different channels of impact of education on poverty： an analysis forColombia, discussionpaper ［EB/OL］.［2019-06-20］. https：//www. econ. kuleuven. be/CES/discussionpapers/ Dps07/Dps0702. pdf.

［8］The Guardian Weekly. We are begging for housing： the crisis in indigenous communities ［EB/OL］.［2017-08-20］. https：//www. theguardian. com/australia-news/2017/aug/20/we-are-begging-for-housing-the-crisis-in- indigenous-communities.

［9］Inter Press Service. Poverty rates strikingly high among indigenous populations ［EB/OL］.［2019-07-23］. http：//www. ipsnews. net/2012/06/ poverty-rates-strikingly-high-among-indigenous-populations/.